AF250110

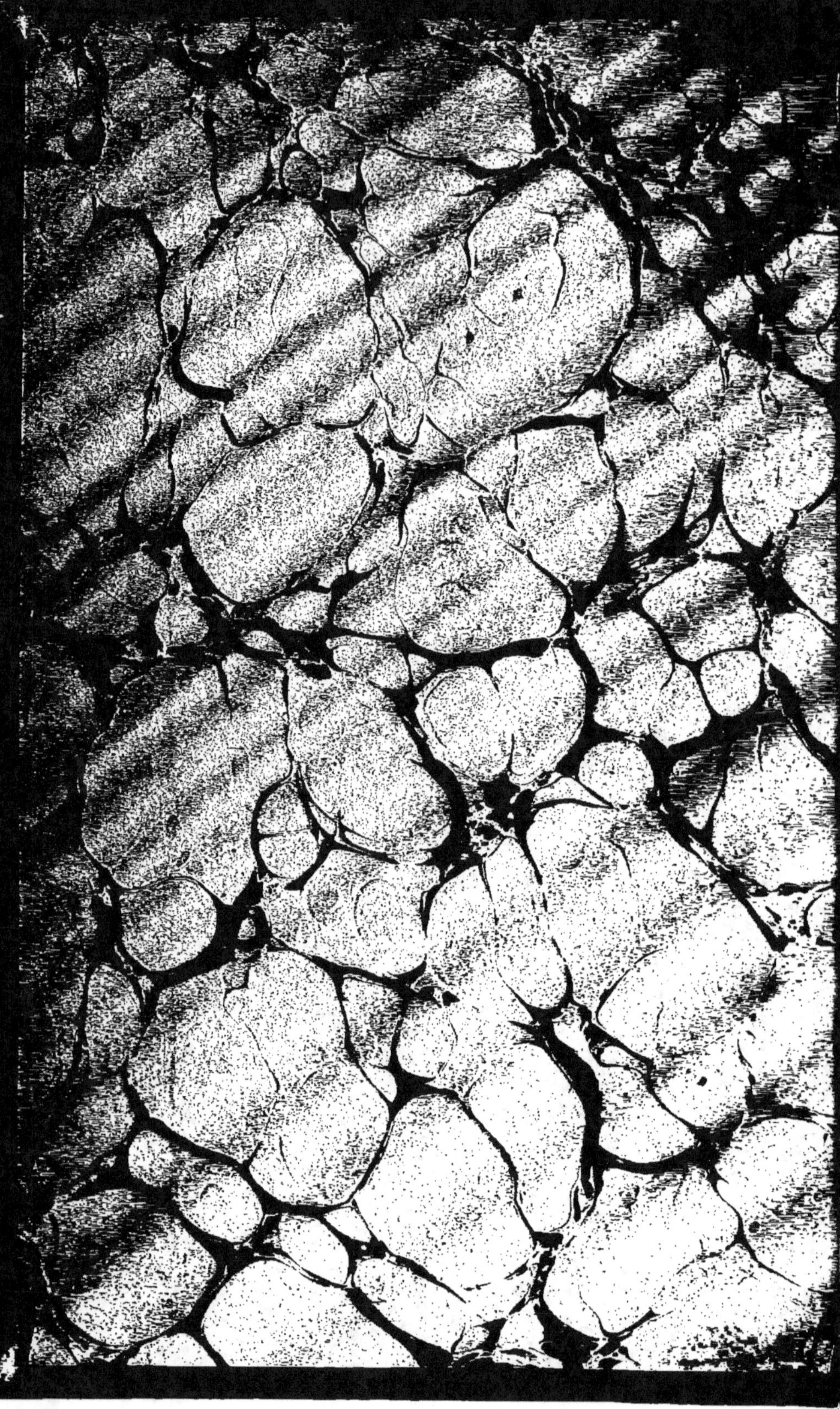

PARIS. — TYPOGRAPHIE MORRIS ET COMPAGNIE
64, rue Amelot

BIBLIOTHÈQUE MUNICIPALE

PUBLICATIONS

ADMINISTRATIVES

PAR

LOUIS LAZARE

1280

TOME TROISIÈME

PARIS

EN VENTE CHEZ L'AUTEUR

10, BOULEVARD DU TEMPLE

1863

PUBLICATIONS ADMINISTRATIVES

ÉTUDES

SUR

LE PLAN DE PARIS [1]

VI

Les projets émanant de l'Autorité Municipale, depuis la nomination du Préfet actuel, constituent, selon nous, un ensemble des plus remarquables et révèlent un administrateur de premier ordre.

On sent que le Magistrat obéit à une haute impulsion et qu'il entend donner pleine et entière satisfaction à deux grands intérêts : celui de la sécurité publique, le premier de tous, et l'intérêt de la splendeur de Paris, qui est solidaire de la stabilité du pouvoir.

Sans doute on rencontre çà et là dans cette étude

(1) Voir le 1er volume de notre *Bibliothèque Municipale*, pages 200 à 242.

complète du plan de Paris, quelques erreurs de détails; mais ces imperfections proviennent évidemment de la traduction défectueuse que certains employés ont faite des idées de l'administrateur.

Rappelons d'abord les conceptions les plus remarquables ; nous dirons ensuite celles qui nous paraissent moins heureuses.

L'ouest de Paris a été, selon nous, merveilleusement étudié. Les avenues qui rayonnent autour de l'arc de Triomphe de l'Étoile, de ce monument qui résume nos gloires les plus vives, nos gloires nationales, sont parfaitement agencées.

Le quartier d'Europe, mesquinement compris avant 1854, a été repris en sous-œuvre et largement percé.

Les abords du chemin de fer du Havre nous semblent moins bien compris, et nous croyons aussi que la nouvelle gare monumentale du chemin de fer du Nord n'aura pas tous les dégagements proportionnés à son importance.

Quant à la gare de Strasbourg, elle possède une voie splendide qui se continue jusqu'à la place du Châtelet sous le nom de Sébastopol, se poursuit dans la Cité, comme avenue de Lutèce, pour se compléter sur la rive gauche avec la dénomination prochaine d'avenue Saint-Michel.

C'est là, selon nous, une des plus belles créations des temps modernes en faveur de Paris, c'est la grande voie perpendiculaire au fleuve par excellence.

Elle n'a pas été toutefois à l'abri de certaines critiques ; il est utile de les rappeler dans cette collection municipale, et de reproduire les réponses que nous leur avons faites.

Voici ce qu'on lisait dans le journal *l'Opinion Nationale* du 11 avril 1861 :

ÉDILITÉ PARISIENNE.

(2ᵉ article.)

A Monsieur le Rédacteur en chef de *l'Opinion Nationale.*

« Monsieur,

» Le bon accueil que vous avez fait à mes premières observations m'encourage fort à poursuivre dans votre journal l'examen critique des grands travaux entrepris par la Ville de Paris.

» Je ne me dissimule pas cependant les difficultés de ma tâche. Le bon public parisien, et à plus forte raison les étrangers, ont pris l'habitude d'admirer sur parole les magnificences improvisées chez nous depuis quelques années. Or, à des yeux longtemps éblouis, rien n'est plus difficile que de faire voir clair du premier coup.

» Ce qui s'est accompli tient du prodige, je suis le premier à en convenir. Cela tient de la féerie, on croit rêver ou lire un conte des *Mille et une Nuits.*

» Reste une question à examiner.

» Est-ce là de la vraie gloire ou bien de la folie ?

» Selon moi, c'est beaucoup de l'une pour un peu de l'autre. C'est un peu d'admiration légitime acheté au prix de sacrifices insensés, tandis qu'une gloire

plus solide et moins contestable eût pu être obtenue à
bien meilleur marché, avec un peu plus de bon sens
et moins de précipitation.

» J'ai déjà dit comment ; j'ai déjà rappelé les principes tutélaires dont la prudente observation pouvait
seule sauvegarder convenablement les graves intérêts
engagés dans la question.

» Mais ces principes, ces procédés un peu surannés,
j'en conviens, étaient trop simples, étaient surtout
trop lents pour les fées à baguette d'or qui semblent
actuellement présider aux destinées de l'édilité parisienne. Les fées ne connaissent point d'obstacles, et
tiennent en général assez peu de compte des considérations purement pratiques. Grâce à leur pouvoir magique, elles arrivent en un rien de temps à des résultats splendides ; mais, il faut bien le reconnaître, ces
résultats éblouissent plus facilement l'œil qu'ils ne sa-
tisfont la raison. Tout s'y ressent plus ou moins du
caprice, et l'on s'aperçoit souvent, à la manière dont
s'exécutent les plus grands travaux, qu'on ne s'en était
aucunement rendu compte au début.

» Prenons pour premier exemple *l'histoire du boulevard de Sébastopol* :

» Le hasard avait placé la plus monumentale des
gares de Paris, celle du chemin de fer de Strasbourg,
dans je ne sais quelle rue transversale du faubourg
Saint-Denis, sur un point montueux et de difficile
abord. Il était convenable d'en faciliter l'accès.

» Un beau jour donc, sous une influence quelconque, l'idée vint à l'administration d'ouvrir, droit en

face de la gare, une large avenue qui descendrait en pente douce jusqu'au boulevard Saint-Denis, ménageant ainsi un beau point de vue aux promeneurs qui fréquentent ce boulevard.

» L'idée, assez dispendieuse, il est vrai, ne manquait pas de grandeur. La ville de Paris pouvait bien se passer ce luxe. Tout le monde y applaudit.

» Or, rien ne tourne la tête plus que le succès. L'effet de cette voie nouvelle était si satisfaisant, que la fée municipale, tout enivrée de son triomphe, se demanda immédiatement pourquoi elle ne continuerait pas aussi bien son avenue de l'autre côté du boulevard. Il y en aurait plus long, donc ce serait encore plus beau. Ainsi raisonnent les fées.

» Un de ces dignes échevins du temps jadis, en qui se personnifiait le bon sens de la bourgeoisie parisienne, se serait demandé peut-être : « Mais que vont devenir la rue Saint-Denis et la rue Saint-Martin, ces deux grandes voies commerçantes, déjà si rapprochées l'une de l'autre, entre lesquelles on veut ouvrir encore une autre voie parallèle de première importance, qui les touchera presque en certains endroits, et dont la prospérité ne pourra se fonder qu'aux dépens de la leur ? *Ne serait-il pas plus simple et bien plus économique de rectifier la rue Saint-Martin et la rue Saint-Denis, d'élargir seulement l'une d'entre elles* OU TOUTES LES DEUX, *ce qui respecterait toutes les habitudes du commerce et ne déplacerait ni industries ni populations ouvrières.*

» — Y pensez-vous? lui aurait répondu la fée; sacrifier

la ligne droite, le point de vue, l'immense perspective!

» — Je suis infiniment sensible à la perspective, aurait probablement répliqué l'échevin, mais celle-là, vous me la faites si longue, que, sous le ciel brumeux de notre vieille Lutèce, j'en apercevrai bien rarement le bout, même avec mon télescope. La ligne droite, j'en conviens, a bien aussi son charme; mais comptez-vous pour rien soixante-dix bons millions consacrés à l'expropriation d'immeubles aujourd'hui habités par plus de soixante mille individus représentant par excellence les industries propres à la ville de Paris? Comptez-vous pour rien le trouble que vous allez jeter dans les habitudes du commerce et de la population ouvrière? Ces rues, je le reconnais, sont parfois malsaines à force d'être resserrées. L'émeute, la guerre civile ont souvent trouvé une retraite assurée dans leurs sombres détours. Eh bien ! soit; donnez de l'air et du jour à ces quartiers industrieux; supprimez quelques ruelles, élargissez quelques rues; mais ne commencez point par mettre la population en fuite et par raser tout le quartier, sous prétexte d'assainir l'un et de contribuer au bien-être de l'autre. »

» Ainsi eût raisonné peut-être un échevin du temps jadis, mais, Dieu merci, il n'y a plus aujourd'hui d'échevins qui puissent contrecarrer les fées dans leurs opérations magiques, et la charrue municipale a pu triomphalement continuer son sillon à travers toute cette plaine plantée de maisons, qui s'étend depuis le boulevard Saint-Denis jusqu'au bord de la Seine... »

Ferdinand de Lasteyrie.

Voici le travail que nous avons publié dans la *Revue Municipale*, nº 376 du 10 juin 1861, en réponse à cet article :

« Cette rédaction de M. Ferdinand de Lasteyrie est charmante. C'est une jolie femme dont la parure est un petit poëme de coquetterie. Mais cette coquetterie, avec ses feux croisés, laisse parfois plus de repentirs à la beauté qui en abuse qu'aux innocents qui s'y laissent prendre.

» En effet, ses agaceries improvisent des désirs qui détachent trop vite les épingles, écartent trop tôt les crinolines, et livrent en un seul baiser une réalité dont la possession si prompte et si peu disputée dissipe toutes les illusions, effeuille toutes les roses.

» Mais laissons là ce gazouillement Pompadour, ce style pailleté de M. de Lasteyrie, pour emprunter à nos Échevins leur argumentation qui tranche comme l'acier.

» Au milieu d'un flot de paroles, voici la critique qui essaye de surnager :

L'Autorité Municipale, dont l'écrivain a voulu faire une fée par dérision et qu'il traite en bacchante, est coupable de folie pour avoir entrepris, commencé, terminé le boulevard de Strasbourg et celui de Sébastopol, qui le continue jusqu'à la place du Châtelet. Mieux eût valu élargir SOBREMENT, selon M. de Lasteyrie, la rue Saint-Martin et la rue Saint-Denis.

» Mon Dieu ! c'est bien là l'idée qui doit germer dans l'esprit des écrivains qui, par hasard, par opposition ou désœuvrement, s'amusent à discuter l'Édilité parisienne.

» Mais les hommes sérieux qui font de l'administration leur étude spéciale, l'affection comme le devoir de toute leur vie, ceux-là sourient à tant d'innocence et ne peuvent en vouloir à des raisonnements qui n'ont pas même atteint l'âge de puberté.

» Rappelons d'abord l'origine des deux boulevards de Strasbourg et de Sébastopol.

» Depuis longtemps l'Autorité municipale sentait la nécessité de créer de grandes voies perpendiculaires à la Seine, surtout sur la rive droite, où la circulation depuis des siècles a toujours été plus active que de l'autre côté du fleuve.

» En effet, la *rue du Temple* est une ruelle longue et sinueuse ; *la rue Saint-Martin* est tellement étroite, qu'en certains endroits deux voitures ne sauraient y circuler de front et à l'aise.

» La *rue Saint-Denis* décrit des courbes comme les anneaux entortillés d'un serpent.

» La *rue Montmartre*, élargie d'hier, est insuffisante aujourd'hui.

» Sous le rapport des voies parallèles à la Seine. Paris avait à peu près le nécessaire en possédant les quais, la rue de Rivoli, la rue Saint-Honoré, la rue de Rambuteau et les boulevards intérieurs.

» Mais, comme nous venons de le dire, au point de vue des voies perpendiculaires au fleuve, l'indigence était des plus tristes.

» Dans le courant de l'année 1849, un homme d'une

grande intelligence, *M. de Chambine*, soumettait à l'Autorité municipale le projet d'ouverture d'une rue dans l'axe de l'embarcadère de Strasbourg, jusqu'au boulevard Saint-Denis.

» La voie proposée avait pour but de mettre en contact la double ligne des quais, les rues de Rivoli, Saint-Honoré, de Rambuteau, les boulevards, et de faciliter ainsi, en leur enlevant leur caractère meurtrier, tous les mouvements stratégiques que pourrait nécessiter la sûreté de l'État.

» Une autre raison fortifiait l'auteur dans cette grande et utile pensée ; cette raison était toute d'humanité. En effet, dans le centre de Paris se trouvaient entassées les maisons les plus étroites et les plus malsaines ; le choléra trois fois en avait décimé la population si fatalement agglomérée. Le nouveau boulevard devait donc servir de grand ventilateur, assainir ces quartiers du centre en permettant aux rayons bienfaisants et joyeux du soleil de circuler partout.

» A cette considération de l'ordre le plus élevé, le plus humain et de celles qui doivent plaire à Dieu, se rattachaient d'autres idées utiles et pratiques.

» N'oublions pas que le commerce et l'industrie se sont établis depuis des siècles du nord au midi de la ville, dans cette direction où se trouvent les affluents les plus importants, où viennent aboutir les gares les mieux dégagées, les gares du Nord et de Strasbourg, qui desservent l'Angleterre, la Belgique et l'Allemagne.

» Les barrières existaient encore, mais les véritables administrateurs comprenaient déjà que les embarcadères de nos chemins de fer étaient prochainement appelés à devenir les véritables barrières de Paris.

» Malgré ses grandes qualités, ce projet fut dès son origine taxé d'utopie, et rejeté par le Conseil Général de la Seine, dans sa séance du 8 novembre 1850.

» Ce résultat n'avait rien d'étonnant; on sortait d'une révolution, et la majorité de la nouvelle Commission Municipale, composée sans aucun doute d'hommes bien intentionnés, mais ignorant pour la plupart l'histoire de Paris, ses besoins, ses nécessités de grandeur, devait envisager cette belle question comme l'a traitée M. de Lasteyrie, dont la jeunesse administrative a droit à la même indulgence.

» Cet échec facile à prévoir, et plus facile encore à réparer, ne découragea pas l'auteur du projet. M. de Chambine s'était concilié les sympathies des 5ᵉ et 6ᵉ arrondissements de Paris, dont les vœux s'élevèrent jusqu'au chef de l'État.

» Les études furent reprises, et le 10 mars 1852 intervint un décret qui ordonnait l'exécution du boulevard de Strasbourg jusqu'au boulevard Saint-Denis, en assurant à la Ville de Paris le concours de l'État dans cette vaste opération.

» Ce percement fut exécuté par MM. Ardoin père et fils, au moyen d'une subvention de 7,500,000 francs payables par l'État et la Ville de Paris en quatre annuités.

» Le 10 décembre 1853, cette importante section d'une voie magistrale était livrée à la circulation dans un parcours de 775 mètres, sur une largeur de 30.

» Voilà comment s'est exécuté ce qu'on appelle aujourd'hui le boulevard de Strasbourg.

» La voie terminée, on sentit de suite la nécessité de la prolonger le plus tôt possible jusqu'au quai, et cette fois le Conseil Municipal fut unanime dans son approbation — les faits avaient parlé, le bien s'était produit.

» Un décret impérial en date du 29 septembre 1854, déclara ce prolongement création d'utilité publique ; il fut décidé que les deux tiers de la dépense seraient mis à la charge de la Ville, et que l'autre tiers complémentaire incomberait à l'État (décret du 18 octobre 1854).

» Dans son parcours, cette voie véritablement impériale, décorée du nom de Sébastopol, supprimait une partie de la *rue du Ponceau*, les *passages de la Longue-Allée, Basfour*, et tout ce bouge hideux connu sous le nom *d'enclos de la Trinité*, que remplace aujourd'hui la rue de Palestro. Les ruelles dites *Guérin-Boisseau, du Grand-Hurleur, du Bourg-l'Abbé, du Petit-Hurleur, Salle-au-Comte, des Trois-Maures, de la Vieille-Monnaie* et *l'impasse de Venise*, étaient heureusement effacées de la carte de Paris.

» Mais tout en donnant satisfaction au présent, il fallait sauvegarder les nécessités de l'avenir et se préoccuper des voies destinées à devenir les affluents du boulevard de Sébastopol.

» En vertu du décret du 29 septembre 1854, dont nous venons de parler, *trois rues transversales* de 20 mètres de largeur furent décidées, savoir : la première au droit de la rue Réaumur, avec place devant l'église

Saint-Nicolas-des-Champs; la seconde entre les rues du Grand et du Petit-Hurleur ; la troisième à la hauteur de la rue aux Ours. — Une quatrième rue dut être percée en face de la nouvelle entrée du Conservatoire des Arts-et-Métiers (1).

» Ce même décret du 29 septembre prescrivit, en outre, la prolongation des rues *de la Grande-Truanderie, de la Cossonnerie* et *du Cygne*, enfin l'élargissement à 16 mètres des rues *Greneta, Aubry-le-Boucher* et *de la Reynie.*

» Tels sont les documents qui se rattachent non-seulement au boulevard de Sébastopol jusqu'à la place du Châtelet, mais encore aux autres voies publiques à élargir ou à créer d'après un système d'ensemble dont l'application était commandée dans l'intérêt de la circulation générale dans Paris.

» La longueur du boulevard de Sébastopol (rive droite) est de 1,346 mètres sur 30 de large.

» Maintenant, abordons franchement les critiques formulées par M. de Lasteyrie.

» Pour tout dégagement, la gare de Strasbourg ne possédait qu'une ruelle connue sous le nom de rue du Marché-Saint-Laurent. Fallait-il conserver pieusement cette ruelle ?

» Selon nous, il y avait grandement et manifestement nécessité publique à dégager la gare de Strasbourg par une large voie, par un boulevard.

« L'idée assez dispendieuse, il est vrai, ne manquait

(1) Cette voie a été remplacée par un square infiniment plus utile que la rue.

» pas de grandeur, dit M. de Lasteyrie, la Ville pouvait
» bien se passer ce luxe. »

» Nous répliquons : la création de ce boulevard n'é-
tait pas évidemment, dès le principe, une question de
luxe ; dans l'exécution si elle a révélé ce caractère,
c'est une qualité qu'il faut lui reconnaître, non un défaut qu'on doive lui reprocher. Le dégagement de la
gare de Strasbourg, qui est un véritable monument
dont la perspective est si heureuse, donne à Paris une
beauté de plus. En fin de compte le luxe n'est-il pas
nécessaire, indispensable à la Capitale d'un grand Empire, alors surtout que ce luxe couronne une idée généreuse et utile ?

» Tous nos monuments de Paris ne passeraient-ils
pas pour des monuments de luxe aux yeux de l'écrivain de *l'Opinion Nationale* ? et cependant ce sont ces
monuments qui ont exercé, qui exercent encore par
leur variété l'attraction la plus irrésistible sur les étrangers, les savants, les artistes et les riches, qui sont les
tributaires de Paris, et dont le superflu prestement
dépensé assure dans la grande Cité le nécessaire du
pauvre.

» — Maître Mansart, que coûtera la construction de
l'hôtel des Invalides ? disait un jour Louis XIV à son
premier architecte.

» — Quarante millions, Sire, pour élever un monument digne de Votre Majesté et de la grande nation
qu'elle représente.

» — Faites, monsieur, la France se chargera des
avances, les étrangers rembourseront.

» La création de l'hôtel des Invalides était bien une création de luxe aussi, mais il y avait là une idée manifestement utile. — C'était l'acquit d'une dette sacrée.

» Dans un ordre moins élevé, la belle gare de Strasbourg et le boulevard de Sébastopol avaient leur raison d'être. Paris ne doit pas regretter les sept millions et demi consacrés avec le concours de l'État au boulevard qui complète un établissement d'un beau caractère architectural.

» Maintenant, passons au boulevard de Sébastopol.

« Ne serait il pas plus simple et plus économique,
» dit M. de Lasteyrie, de rectifier la rue Saint-Martin
» et la rue Saint-Denis , d'élargir seulement l'une
» d'entre elles, OU TOUTES LES DEUX, ce qui respecterait
» toutes les habitudes du commerce et ne déplacerait
» ni industrie ni population ouvrière?... Ainsi eût
» raisonné peut-être un Échevin du temps jadis. »

» Vraiment, cette opinion, si légèrement formulée, accuse une absence si complète de notions administratives les plus élémentaires, qu'on se demande s'il est bien utile de se heurter contre une pareille argumentation, et s'il ne serait pas préférable de laisser à la réflexion des lecteurs de *l'Opinion Nationale* le soin et le devoir d'en faire justice.

» Malheureusement, la critique saupoudrée d'esprit est toujours sympathique à notre caractère parisien ; elle est si attrayante, qu'on ne lui en veut même pas de divorcer avec le jugement

» Un de nos anciens Magistrats avait l'habitude de dire : « On rencontre plus d'hommes spirituels à Paris

» que de pavés. Mais quant aux personnes à idées
» saines et droites, employant toute leur vie à creuser
» une science ou un art quelconque, il faut la lanterne
» de Diogène pour en trouver. »

» M. de Lasteyrie invoque le témoignage des vieux
Échevins de Paris. S'il nous était possible de ranimer
la poussière des siècles éteints, et de faire revivre pour
quelques instants nos anciens Édiles que nous avons
appris à honorer, en étudiant durant vingt-cinq années
leur administration si savante et si digne, ces Magistrats donneraient à l'écrivain qui les dénature dans
l'Opinion Nationale un démenti sans réplique.

» Ils lui diraient : la rue Saint-Martin, au moment
où l'on entamait le boulevard de Sébastopol, à la fin
de 1854, comptait 348 maisons, et la rue Saint-Denis
397, ensemble 745. Leur expropriation, immensément
coûteuse, n'eût pas suffi néanmoins à la transformation de ces deux rues, à leur donner une largeur commandée par les besoins toujours croissants de la circulation. Ne l'oubliez pas, la rue de Rivoli, ouverte
d'hier à 22 mètres de largeur, est déjà trop étroite aujourd'hui. Il eût donc été nécessaire, indispensable de
donner à la rue Saint-Martin comme à la rue Saint-
Denis, M. de Lasteyrie voulant les élargir *toutes les
deux*, une dimension égale, c'est-à-dire 30 mètres,
sous peine en favorisant l'une de tuer l'autre.

» Eh bien ! cet élargissement s'opérant d'abord au
profit de la rue Saint-Martin, dont les deux rangées de
maisons actuelles sont loin d'être parallèles, devait

forcer la Ville à mordre sur d'autres immeubles, à sacrifier encore 49 maisons en sus des 348 en bordure de la voie.

» La rue Saint-Denis, plus sinueuse, devait être plus exigeante encore ; il eût fallu s'emparer à nouveau de 54 propriétés au delà des 397 bordant les deux côtés de la voie actuelle.

» Ajoutez à ces chiffres les immeubles nécessaires à la *régularisation* des rues débouchant dans les deux grandes artères, plus les maisons à démolir pour former les amorces des voies *projetées*, l'on arrive au total effrayant d'un millier de maisons à jeter par terre, pour entreprendre l'opération soi-disant économique de M. de Lasteyrie.

» Maintenant, estimez chaque maison l'une dans l'autre à raison de 300 mille francs (nous ne voudrions pas être condamnés à payer ce qu'elles coûteraient en plus de cette somme), vous arrivez à un chiffre énorme seulement pour les *indemnités immobilières*.

»Quant aux *indemnités industrielles*, on sait que les deux rues Saint-Denis et Saint-Martin sont littéralement bordées de magasins très-importants , *tous* loués à bail ; personne n'ignore , en outre, que les quatre et parfois cinq étages de ces maisons, d'ordinaire sont occupés par des fabricants d'articles de Paris, et que *presque tous* ont également des baux.

» En fin de compte, l'idée émise par M. de Lasteyrie et que le rédacteur de *l'Opinion Nationale* estime si simple, si économique, et conséquemment préférable à l'exécution du boulevard de Sébastopol sur la rive droite, eût fait dépenser réellement CINQ FOIS plus d'argent à la Ville de Paris.

» Pour corriger le laisser-aller de cette plaisanterie, l'écrivain politique essayera de nous dire : Mais j'entendais rectifier simplement les deux rues Saint-Denis et Saint-Martin. — Nous répliquons : d'abord votre rédaction n'admet pas cette supposition, d'ailleurs insoutenable.

» Ce que tout Paris demandait, vous le savez comme nous, c'était une large voie stratégique aux deux côtés rigoureusement parallèles, pour rendre impossible le retour périodique de ces émeutes qui ont affligé la Capitale et contristé la France depuis 1789.

» Cette grande voie était également réclamée comme un précieux ventilateur balayant Paris du nord au midi, et permettant aux rayons bienfaisants du soleil d'assainir et d'égayer nos vieux quartiers du centre.

» Eh bien, ferez-vous croire qu'il était possible de créer une véritable voie stratégique en rectifiant simplement la rue Saint-Martin et la rue Saint-Denis ? vous n'eussiez obtenu que des lignes brisées, que des tronçons de rues dangereux en cas d'émeute, autant qu'insignifiants sous le rapport de la salubrité.

» Il fallait donc de toute nécessité pratiquer hardiment jusqu'au centre de Paris une large trouée, et faire bien comprendre tout ce que le canon pouvait faire, à cette fin que l'Autorité n'eût pas la douleur de s'en servir.

» Comme tous les hommes de cœur et de bon sens, vous eussiez créé, monsieur de Lasteyrie, une voie large, droite, une véritable artère, parce que l'intérêt de l'État et celui de la Ville de Paris la commandaient ainsi.

» Mais à laquelle des deux rues existantes eussiez-vous donné la priorité pour l'exécution ? A la rue Saint-Martin, parce quelle est moins estropiée que la rue Saint-Denis.

» Eh bien, il vous eût été impossible de faire une voie réellement stratégique de la rue Saint-Martin, sans entamer l'église Saint-Merri, le Conservatoire des Arts-et-Métiers et l'église Saint-Nicolas-des-Champs, à moins de changer le point de départ et celui d'arrivée de cette voie, en négligeant l'axe de la Porte-Saint-Martin.

» Maintenant, vous allez voir comment l'Autorité municipale, que vous traitez de folle, de dépensière, s'est conduite en cette occurrence.

» Elle s'est dit : « Il faut à Paris une grande perpendiculaire à la Seine. Toutefois, je ne puis corriger, effacer les défauts séculaires d'une ville, d'une Reine qui, sous sa robe de pourpre, cache tant de haillons. D'ailleurs, élargir les rues Saint-Denis et Saint-Martin serait effrayant de dépense. »

» Partant de cette vérité, l'Administration a sagement pensé à pratiquer sa trouée entre les deux voies anciennes, en n'attaquant que les derrières des maisons bordant les rues Saint-Martin et Saint-Denis.

» Qu'en est-il résulté ? d'abord une notable économie, ensuite un trouble moins préjudiciable au commerce et à l'industrie.

» Tous ces résultats évidents, sans réplique, piétinent sur les assertions du rédacteur de *l'Opinion Nationale.*

» En effet, où seraient allés les commerçants et les fabricants établis dans les rues Saint-Martin et Saint-Denis pendant la démolition des maisons en bordure de ces deux voies publiques? Les quartiers qui les environnent étaient-ils disposés à les recevoir, à leur fournir à tous des locations?

» M. de Lasteyrie les eût condamnés à une émigration instantanée et cruelle.

» Au lieu de cela, qu'avons-nous vu?

» Les grands industriels, les commerçants considérables, atteints par l'expropriation, ont successivement transporté leurs pénates dans le boulevard de Sébastopol, au fur et à mesure de ses développements.

» Maintenant cette grande artère a-t-elle tué les deux rues Saint-Denis et Saint-Martin? Pas le moins du monde. L'ouverture du boulevard de Sébastopol a été une heureuse saignée pratiquée dans des quartiers qui étouffaient, dans des rues où la circulation était difficile, souvent impossible. Enfin, depuis l'achèvement du boulevard de Sébastopol, le prix des locations dans les rues Saint-Martin et Saint-Denis n'a pas fléchi d'un centime.

» Avec le temps, ces deux voies se rectifieront, et deviendront, par rapport au boulevard de Sébastopol, deux rues de dégagement.

» Le trop plein de la grande voie se déversera dans les deux rues parallèles, comme le dégagement des anciens boulevards intérieurs s'opère, lors des grandes fêtes publiques, par les rues des Marais, du Château-d'Eau, des Petites-Écuries, etc.

» Au reste, Paris est un livre ouvert dans lequel tous les hommes d'intelligence et de cœur peuvent lire. Ils reconnaîtront, ils ont reconnu déjà, nous n'en doutons pas, que le boulevard de Sébastopol est, de toutes les créations modernes, la plus belle, comme la plus profitable à Paris. »

Louis Lazare.

VII

Telles sont les deux opinions extrêmes qui ont été formulées au sujet de cette grande voie parallèle à la Seine.

Maintenant, le lecteur se décidera en faveur de l'argumentation qui lui paraîtra la plus sérieuse, la plus vraie, la mieux concluante.

Tout en rendant plein et entier hommage à cette heureuse création, il est juste de reconnaître néanmoins que l'exécution n'a pas été irréprochable ; deux fautes ont été commises, mais si fâcheuses qu'elles soient, elles n'ôtent rien à l'utilité de la conception, elles n'altèrent pas la beauté de l'idée-mère.

La première de ces fautes est celle-ci: la place du Châtelet n'a que des dimensions insuffisantes. La seconde, est de n'avoir pas su profiter de la rencontre de la grande voie avec le boulevard Saint-Denis, pour créer là une place monumentale, au lieu d'offenser ces deux voies par une soudure mesquine et vulgaire.

En ce qui concerne la place du Châtelet, sa largeur était déjà de 61 mètres alors que cette voie ne desservait que la circulation entretenue par la rue Saint-Denis.

Avec le boulevard de Sébastopol et sa prodigieuse activité, cette dimension ne s'est augmentée que de 14 mètres 60. Au promeneur arrivant du nouveau pont au Change, la place du Châtelet a pour vis-à-vis le bâtiment de la Chambre des Notaires, lequel ne possédant que 10 mètres de largeur sur cette voie publique, produit l'effet d'une lame de couteau qui vous coupe le visage. — La place du Châtelet est une place pygmée pour un boulevard géant.

En ce qui concerne la rencontre du boulevard de Sébastopol avec le boulevard Saint-Denis, le Préfet de la Seine a taillé avec son canif de petits pans coupés sur des maisons cruellement bourgeoises.

Il y avait en cette circonstance pourtant un grand intérêt de magnificence à satisfaire ; il fallait à tout prix que la soudure fût riche, brillante et digne enfin de ces voies splendides.

Tels sont les deux défauts justement reprochés à l'Autorité Municipale dans l'exécution du boulevard de Sébastopol.

Le centre de Paris, nous nous plaisons à le reconnaître, a été sagement étudié.

L'agrandissement des Halles fait honneur à l'édilité actuelle, qui a su ménager à ce vaste établissement des abords convenables et dont nous allons faire apprécier les heureuses dispositions.

Au sud de la ville, deux ponts servent d'entrées aux quartiers de la rive gauche; le pont au Change et le pont Neuf. Mais il fallait pour ainsi dire les prolonger l'un et l'autre pour donner à ces quartiers des accès faciles dans les Halles centrales; en cette circonstance, l'Administration a fait preuve d'une grande habilité.

Du pont au Change on atteint la place du Châtelet ; puis s'ouvre une voie diagonale qui doit se continuer sous le nom de rue des Halles jusqu'à l'avenue séparant le massif des pavillons, pour déboucher ensuite en face de la rue Montmartre.

A la descente du pont Neuf, une place de 45 mètres de largeur doit être créée pour servir de déversoir à la circulation arrivant du sud de la ville; puis, une voie s'infléchissant légèrement vers la droite, absorbera la rue Estienne, partie de la rue Boucher, la rue Tirechape et celle de la Tonnellerie, en confondant le sol de ces voies publiques dans une rue de 20 mètres de largeur.

Au nord, la rue Montmartre dessert les Halles, qui seront merveilleusement dégagées de ce côté, lors de l'ouverture de la rue de Turbigo, qui est la continuation si heureuse du boulevard du Prince-Eugène jusqu'au centre de Paris.

A l'est, les affluents du boulevard de Sébastopol, tels que les rues de Rambuteau, de la Cossonnerie, aux Fers, de la Ferronnerie, de la Reynie etc., tous portés à des largeurs convenables, permettront aux voitures et aux piétons de circuler avec facilité dans ce grand établissement.

L'ouest enfin des Halles centrales, qui aura la rue du Louvre pour limite, doit communiquer avec cet immense dépôt de l'approvisionnement de Paris, au moyen d'une voie diagonale partant de la rue de Rivoli pour aboutir au pavillon situé à l'extrémité de la rue du Four-Saint-Honoré.

Mais, comme nous le dirons à l'article que nous consacrerons à l'*exécution* du plan d'ensemble, ce sont les voies appelées à exercer la plus heureuse influence sur la transformation du centre de Paris, et surtout des grandes hâlles, ce sont ces voies qu'on a laissées à l'état de projets ou dont l'exécution partielle est encore sans profit pour cette partie de la ville si encombrée.

A l'est de l'ancien Paris, la plus heureuse conception administrative est le boulevard du Prince-Eugène.

Comme voie stratégique, ce boulevard est le pendant du boulevard Mazas. Si ce dernier assure la ligne des quais de la rive droite, le boulevard du Prince-Eugène protége d'une manière efficace celle des boulevards intérieurs, de la Bastille à la Madeleine; l'un et l'autre se relient à l'avenue qui conduit au grand poste militaire de Vincennes.

Comme voie d'amélioration ou mieux de transformation, le boulevard du Prince-Eugène est précieux d'utilité publique. Dans son parcours, il traverse l'ancien quartier de Popincourt, composé en partie d'immenses terrains sans emploi fructueux et sur lesquels on bâtit maintenant de tous côtés.

Une circonstance heureuse, une mesure prise habilement, puis rapidement exécutée est venue décupler les avantages qu'on était en droit d'attendre de la création du boulevard du Prince-Eugène ; cette circonstance heureuse, c'est le croisement du nouveau boulevard avec le canal Saint-Martin.

Ce canal, avec ses anciens ponts d'une mobilité si lente à la circulation, frappait les quartiers nord-est d'une dépréciation énorme ; il était encore une cause d'abandon, de misère et de stérilité pour une partie de Belleville, pour tout Ménilmontant et Charonne.

Le premier projet, qui se bornait à substituer des ponts fixes aux ponts mobiles, n'eût été qu'un insuffisant palliatif.

L'Administration Municipale envisagea de haut la question et la résolut radicalement, en couvrant l'ancien canal Saint-Martin d'un revêtement sur lequel est établie la magnifique avenue récemment décorée du nom de Richard-Lenoir.

De cette façon, le raccordement du sol du boulevard du Prince-Eugène est devenu facile et les bienfaits d'une circulation rapide vont se répandre, comme le flot qui monte, vers les 11ᵉ et 20ᵉ arrondissements.

Le seul regret qu'on puisse exprimer à l'Administration, en étudiant le boulevard du Prince-Eugène et l'avenue Richard-Lenoir, est celui qui a rapport à la première de ces voies publiques.

Au lieu de ne lui assigner qu'une largeur de 22 mètres, dimension insuffisante surtout en prévision de l'avenir, l'Autorité municipale eût été plus heureusement inspirée en lui accordant ce qu'elle a donné au boulevard de Sébastopol, c'est-à-dire 30 mètres.

Le boulevard de Magenta est le pendant au nord-ouest du boulevard du Prince-Eugène.

Le boulevard de Magenta, dont la longueur sera de 1,910 mètres, doit établir une communication précieuse d'utilité publique entre la caserne du Prince-Eugène et l'ancienne barrière Poissonnière, pour se continuer ensuite dans le 18e arrondissement jusqu'à la porte de Clignancourt.

Cette voie diagonale recevra la circulation de deux chemins de fer et la déversera très-facilement à droite et à gauche, grâce à ses raccords bien disposés avec les rues ou boulevards conduisant soit vers l'ouest du côté de la Madeleine, soit à l'est dans les quartiers avoisinant la place de la Bastille.

Le prolongement de la rue de La Fayette, cette autre diagonale réclamée depuis tant d'années, complète les grands percements au nord de Paris.

Au midi de la ville, la voie la plus utile est sans contredit la continuation du boulevard de Sébastopol, qui va prendre le nom d'avenue Saint-Michel.

Seulement cette grande voie commence sur la rive gauche d'une façon aussi mesquine que le boulevard de Sébastopol débute sur la rive droite.

La place Saint-Michel, avec sa fontaine plaquée sur une maison ridiculement bourgeoise, est aussi vulgaire que la place du Châtelet avec son bâtiment exigu de la Chambre des Notaires.

Nos vieux Échevins entendaient plus noblement les beaux-arts, et quand ils se mêlaient de créer des places publiques, ils savaient leur imprimer un caractère bien autrement grandiose et monumental.

Au sud-ouest, le boulevard de 36 mètres de largeur entre le pont de l'Alma (rive gauche) et l'École Militaire, est une excellente création, surtout si l'on se rappelle qu'il vient se souder avec un autre boulevard servant sur la rive droite de prolongement au pont de l'Alma, du quai de Billy à l'avenue des Champs-Élysées.

L'avenue du Champ-de-Mars allant à l'extrémité de la rue Saint-Dominique, est une excellente création, ainsi que le prolongement de l'avenue de Latour-Maubourg jusqu'au pont des Invalides.

Comme voie perpendiculaire à la Seine, au sud de Paris, le prolongement de la rue de Rennes jusqu'au quai profiterait singulièrement aux 6ᵉ et 14ᵉ arrondissements.

En gagnant le sud-est, on rencontre le projet de boulevard Saint-Marcel, qui prolongera le boulevard du Mont-Parnasse jusqu'au boulevard de l'Hôpital.

Cette création est aussi indispensable au point de vue des intérêts de la circulation et du bien-être des 5ᵉ et 13ᵉ arrondissements que précieuse sous le rapport de la stratégie.

Dans son parcours, cette voie desservira d'importants établissements publics auxquels on n'arrive aujourd'hui qu'avec une grande difficulté ; savoir : l'hospice de l'Accouchement — l'hôpital Militaire du Val-de-Grâce — l'hôpital du Midi — la caserne de Lourcine — la manufacture impériale des Gobelins — la Boulangerie générale des Hôpitaux — le Jardin des Plantes et le Marché aux Chevaux.

Par le boulevard Saint-Marcel, l'École Militaire et l'hôtel des Invalides sont reliés à Vincennes.

Il suffit de jeter les yeux sur un plan de Paris, pour se convaincre que l'exécution de cette voie donnera satisfaction à tous les grands intérêts. L'Etat en profitera, parce que cette voie assurera une ligne stratégique des plus importantes. La Ville, en ce que cette artère complétera très-heureusement la ligne autrefois tronçonnée des boulevards du sud. L'industrie et le commerce, en faisant communiquer entre eux nos chemins de fer et de nombreuses usines — enfin, nos quartiers pauvres auxquels cette voie apportera le mouvement et la vie.

A cette création si intéressante du boulevard Saint-Marcel se rattachent : 1° l'embranchement de la rue Mouffetard à l'ancienne barrière d'Enfer ; 2° l'élargissement à 40 mètres de la partie de la rue Mouffetard entre la barrière d'Italie et le carrefour formé par les rues de Lourcine et Censier ; 3° l'ouverture d'une rue de 20 mètres de largeur entre ce carrefour et l'extrémité de la rue Soufflot ; 4° enfin, une autre rue de 20 mètres entre ce carrefour et la place Maubert.

Ces différentes études nous semblent très-heureuses et la réalisation de ces projets amènera certainement la transformation si désirée de cette partie de Paris jusqu'alors si déshéritée.

Mais il est une autre voie exécutée aujourd'hui et contre laquelle nous nous sommes élevé, parce que sa réalisation avait le tort de mutiler au nord-est le jardin du Luxembourg et de changer de place un petit monument, une fontaine qui tirait sa principale beauté de son délicieux entourage de verdure que toute la science de l'homme ne saurait lui rendre.

Voici en quels termes est désignée cette voie dans la convention entre l'État et la Ville de Paris, le 18 mars 1858 :

« ... Ouverture d'une rue de 20 mètres ISOLANT le » Luxembourg, allant du carrefour formé à la ren- » contre des rues de Vaugirard, Molière et Corneille au » boulevard de Sébastopol, en face de la rue Soufflot.»

D'abord cette voie n'isole pas le Luxembourg ; elle met au contraire ce palais dans la rue et coupe le jardin de la façon la plus disgracieuse. Cette horrible blessure fait grimacer la belle et noble physionomie du Luxembourg, qui se présente de côté et paraît mutilé.

Il fallait prolonger la rue de Vaugirard jusqu'au boulevard de Sébastopol et compléter le jardin à l'est, au lieu de le rapetisser en le rendant ridicule.

La fontaine de Médicis devait rester où une Reine l'avait mise. Démolir un monument, le réédifier ailleurs, lui donner un autre cadre que celui que les siècles lui ont assigné, c'est altérer son origine, fausser sa nature et faire mentir l'histoire.

Tel est le résultat déplorable de cette triste combinaison contre laquelle tout Paris s'est élevé.

Il nous reste à parler d'une grande voie circulaire commencée aujourd'hui sous le nom de boulevard Saint-Germain.

L'idée nous paraît excellente, mais le tracé, selon nous, est trop voisin de la Seine. En ce moment, la voie qui commence au quai Saint-Bernard, à l'angle de l'Entrepôt des vins, remonte en s'inclinant vers le sud-est pour s'arrêter au boulevard de Sébastopol, presque en face de la rue de l'Ecole-de-Médecine. Il eût mieux valu que la nouvelle voie égalisât la distance entre le fleuve et les anciens boulevards extérieurs, et que cette artère traversât par le milieu les quartiers compris entre ces deux limites.

Cette vérité est devenue plus saisissante encore depuis l'agrandissement de Paris.

Bien que le boulevard Saint-Germain ne dépasse pas aujourd'hui le boulevard de Sébastopol, le projet de l'Administration est de le continuer dans le quartier dont il a pris le nom provisoirement pour le faire aboutir au pont de la Concorde. Ce projet ne peut se réaliser qu'en faisant une trouée malheureuse dans des voies splendides, trouée qui ne peut être obtenue qu'en jetant par terre un certain nombre d'hôtels princiers.

Espérons en la sagesse de l'Autorité supérieure qui modifiera sans aucun doute un tracé mutilant un quartier aristocratique, le plus riche de Paris, et qui redoute une création dont il ne saurait tirer aucun avantage en compensation du préjudice qu'il aurait à supporter.

Telles sont les voies les plus importantes créées ou projetées par l'Administration actuelle dans l'ancien Paris.

En ce qui concerne la partie annexée depuis 1860, les idées arrêtées devaient se compléter dans la banlieue, en prolongeant dans ces localités jusqu'aux fortifications les voies principales qu'on avait précédemment tracées sur le plan d'ensemble.

Il fallait également faire communiquer entre elles les anciennes communes, les fusionner pour ainsi dire.

Ce travail complémentaire a été généralement bien conçu. La seule observation que nous ayons à formuler, concerne le retard apporté dans l'exécution. Comme nous l'avons déjà dit, le Conseil Général de la Seine avait invité le Préfet, dès 1850, à faire étudier le plan de Paris jusqu'aux fortifications. Si le Magistrat alors en exercice et celui qui lui a succédé en 1854 avaient tenu compte de cet excellent avis, l'Administration Municipale, dès le jour de l'annexion à Paris des communes suburbaines, eût été à même de commencer des travaux de voirie dans des localités qui subissent depuis près de deux années et demie le fardeau si pesant de l'octroi de Paris, sans avoir reçu jusqu'ici aucun dédommagement sérieux des sacrifices qui leur ont été imposés et de suite.

Dans notre quatrième volume, nous rappellerons le mode suivi par la Ville au sujet de l'exécution simultanée d'un grand nombre de plusieurs voies publiques dans l'ancien Paris. Nous dirons celles qui ont été commencées, suspendues, reprises tour à tour, au grand préjudice des finances de la Ville et de la tranquillité des propriétaires et industriels.

Nous démontrerons combien il eût été avantageux de procéder par ordre, c'est-à-dire de classer, avant tout, ces percements par degré d'utilité et par date d'exécution, à cette fin de faire coïncider, autant que possible, la durée des baux avec l'époque de la réalisation de ces différents projets.

Louis Lazare.

LES CRIERIES DE PARIS

PAR GUILLAUME DE LA VILLENEUVE

Dans la 2ᵉ édition qu'ils ont publiée des fabliaux et contes des poëtes français, MM. Barbazan et Méon s'expriment ainsi en parlant des crieries de Paris :

« Cette pièce, tout indifférente qu'elle paraisse au
» premier coup d'œil, servira beaucoup à nous faire
» connaître plusieurs usages de la fin du treizième
» siècle, temps auquel elle a été écrite. Elle ne contri-
» buera pas peu à faire connaître les mœurs de ce
» temps reculé. On doit plus que présumer que ces
» différents cris n'étaient pas nouveaux dans la vie de
» cet auteur, et que par conséquent ces différents usa-
» ges remontaient beaucoup plus haut.

» Ces cris sont extraits du manuscrit de la Biblio-
» thèque Impériale, n° 7218, folio 246. »

Quant à Guillaume de La Villeneuve, ils n'en disent rien, sans doute parce que, comme nous, ils ont trouvé tous les biographes d'un mutisme complet sur le compte de ce trouvère. En effet, si le poëte n'avait pris soin de mettre son nom en tête de son œuvre,

> Un noviau dit nom trueve
> Guillaume de La Villeneuve,

nul doute qu'elle n'eût été attribuée à l'un de ses contemporains, et il n'en manquait pas qui portaient le nom de Guillaume. Sans compter ceux qui n'ajoutaient rien à leur prénom, on en trouve dans la liste des poëtes du treizième siècle plusieurs que le populaire avait affublés de sobriquets tirés soit de leur profession, soit du lieu de leur naissance, de leurs goûts ou de leur figure, tels que Guillaume anelier, Guillaume au Faucon, Guillaume au court nez, Guillaume d'Amiens, etc.

C'était, du reste, une habitude chez les poëtes de cette époque d'inscrire leur nom en tête de leurs œuvres. Guillot en agit ainsi dans son *Dit des Rues de Paris :*

> Maint dit a fait de Roys, de conte,
> Guillot de Paris en son conte.

De tous les poëtes du treizième siècle, si l'on en excepte Rutebeuf, de la vie duquel on a quelques détails, la plupart ne sont connus que par leurs ouvrages. Cependant Rutebeuf lui-même, le protégé du comte de

Poitiers, de Thibaut de Navarre, du comte de Nevers et de la reine Isabelle de Navarre, prend la même précaution dans un de ses dits, en ayant soin d'expliquer son nom, *qui est dit de Rude et de Bœuf.*

Qu'avons-nous besoin d'ailleurs d'aller chercher auprès des biographes quelques détails intimes de la vie d'un auteur qui se peint si bien lui-même dans son œuvre?

Demandons-lui d'abord pourquoi il rime. Il nous répond comme Perse le satirique : qui donc apprit au perroquet à dire : bonjour? le ventre! la faim ! Guillaume de La Villeneuve ne rougit pas d'avouer que *povretez le justise* (l'y contraint). Type des futurs Gringoires, il est pauvre comme Guillot, qui *point d'heur bon as;* pauvre comme Rutebeuf, disant :

> Diex m'a fet compaignon de Job.

Rutebeuf était joueur et hantait la maison de Thibauld aux dez, située *devers l'Auçoirrois Saint-Germain.* Guillaume est gourmand, lui, jusqu'à mettre ses habits en gage pour satisfaire sa passion :

> Lecherie m'a desrobé
> (Gourmandise m'a tout pris.)
> Si ne sai mès que devenir
> Ne quel chemin puisse tenir.
> Fortune ma mis en sa roë (roue)
> Chacun me gabe et fet la moë (moue)
> Si ferai puis que suis en queche (ruine)
> Du meillor fust (bois) que j'aurai fleche.

Voilà le portrait de Guillaume de La Villeneuve peint par lui-même.

III.

Quand on en sait autant sur cet homme, où donc est le besoin d'en demander davantage?

La coutume de crier les denrées par les rues de Paris a commencé à se perdre depuis l'établissement de nombreux marchés dans les divers arrondissements de la grande ville. Quelques cris se font encore entendre, mais de plus en plus rares. Nous voyons encore l'étameur demander aux ménagères si les ustensiles de cuisine ont besoin de réparations. L'écaillère traîne encore sa petite voiture à deux bras. Des choux, des poireaux, des carottes, navets, navets! comme au temps jadis. La raie, la raie tout en vie! Du bon cresson de fontaine, la santé du corps! Du mouron pour les petits oiseaux! Voilà l' plaisir, mesdames, voilà l' plaisir (l'oubloier d'autrefois)! Oh! le vitrier! Qui veut des balais! Marchand de parapluies!

Ces cris et quelques autres se répètent encore, mais à mesure que la boutique stable a été substituée à la boutique roulante, la montre a remplacé l'annonce à haute voix, et bientôt cet usage sera tombé dans l'oubli, comme tant d'autres que nous avaient légués nos pères. — Maintenant place au poëte, place à Guillaume de La Villeneuve :

> Un noviau dit ici nous trueve
> Guillaume de la Villeneuve
> Puisque povretez le justise (1)
> Or vous dirai en quele guise

(1) L'y contraint.

Et en quelé manière vont
Cil qui denrées à vendre ont,
Et qui penssent de lor preu fere (2),
Que jà ne fineront de brere (3).
Parmi Paris jusqu'à la nuit,
Ne cuidiez vous qu'il lor anuit (4),
Que jà ne seront à sejor :
Oiez con crie au point du jor.
Seignor, quar vous alez baingnier,
Et estuver sans delaier (5),
Li baing sont chaut, c'est sanz mentir.
Puis après orrez retentir.
De cels qui les frés harens crient
Or au vivet (6) li autres dient.
Sor et blanc harenc frés poudré (7),
Harenc nostre vendre voudré (8).
Menuise vive orrez crier (9) ;
Et puis aletes de la mer (10).
Oisons, pijons et char salée,

(2) Et qui pensent en retirer profit.
(3) Ils ne cesseront de crier.
(4) Ne croyez pas qu'ils aient de la peine à quitter leur logis.
(5) Sans tarder.
(6) Vive, poisson de mer.
(7) Harengs saurs. Harengs nouvellement salés.
(8) Allons, je veux me défaire de mes harengs.
(9) Petites vives.
(10) Espèce d'oiseau de proie vivant de poisson. Aletes, en vieux langage, signifie faucon.

Char fresche moult bien conraée (11),

Et de l'aillie (12) a grant plenté.

Or au miel, Diex vous doinst santé.

Et puis après, pois chaus pilez,

Et feves chaudes par delez (13).

Aus et oingnons à longue alaine (14).

Puis après cresson de fontaine,

Cerfeuil, porpié tout de venue ;

Puis après porete menue (15),

Letues fresches demanois (16),

Vez ci bon cresson orlenois (17).

Li autres crie par dalez

J'ai bons mellens frés et salez (18).

L'aguille pour le viex fer ai (19).

Or ça bon marchié en ferai.

L'eve por pain, qui veut, si praingne (20),

J'ay bon fromage de Champaingne,

(11) Viande fraîche bien découpée, bien parée.

(12) Sauce composée d'huile et d'ail.

(13) A côté.

(14) Dont on conserve l'odeur longtemps.

(15) Ciboulette.

(16) Laitue fraîchement cueillie. Demanois veut dire aussitôt, sur-le-champ.

(17) Cresson alenois.

(18) Merlans frais et salés.

(19) Je donne des aiguilles pour du vieux fer.

(20) Les précédents commentateurs traduisent eve par eau. L'auteur n'aurait-il pas voulu dire : levure, — levain pour faire du pain?

Or i a fromage de Brie,
Au burre frés n'oublie mie.
Or i a gruel et forment (21)
Bien pilé et menuement.
Farine pilée, farine
Au lait (22), commere, ça voisine.
Cras pois i a, aoust de pesches (23),
Poires de chaillou (24), et nois fresches :
Primes ai pommes de rouviau (25),
Et d'Auvergne le blancduriau (26).
Al balais (27) si com jc l'enten,
L'autres crie qui veut le ten (28),
L'autres crie la busche bone,
A deux oboles le vous done;
Huile de nois, or au cerniaux.
Vinaigre qui est bons et biaus,
Vinaigre de moustarde i a.
Diex! a il point de lie là (29)?
J'ai cerises, or au verjus ;
Or à la porée ça jus (30) ;

(21) Gruau et froment.
(22) Bouillie.
(23) Pois au gras.
(24) Poires de Caillaux (en Bourgogne).
(25) Pommes de Calleville rouge.
(26) Pommes de Calleville blanc.
(27) Qui veut des balais?
(28) Qui veut des mottes ?
(29) Qui vend de la lie de vin, par ici?
(30) Venez chercher des herbes de ce côté.

Or i a oès, or aus poriaus (31),
Chaus pastéz i a, chaus Gastiaus.
Or i a poisson de Bondies (32),
Chaudes oublées renforcies (33),
Galetes chaudes, eschaudéz
Roinssolles, ça denrée aux dez (34),
Cote et la chape par covent (35),
Clerc i sont engané sovent.
Cote et surcot rafeteroie (36),
Et le cuvier relieroie (37) :
Huche et le banc sai bien refere,
Je fai moult bien que je sai fere (38).
J'ai jonchéure de jagliaus (39),
Herbe fresche, les viez housiaus (40),
Les solers viez, et soir et main (41).
Aus freres de Saint-Jaque pain (42),

(31) Des œufs, des poireaux.
(32) Poisson de Bondy.
(33) Oublies doubles. Des gauffres.
(34) Espèce de pâtisserie. On en donnait suivant ce qu'on amenait de points en jetant les dés.
(35) Soutane, manteau pour les religieux qui sont exposés à être souvent trompés.
(36) Je raccommode.
(37) Je mets des cercles au cuvier.
(38) Très-bien.
(39) Glaïeuls dont on jonchait les rues lors des cérémonies religieuses.
(40) Vieilles culottes.
(41) Je répare les vieux souliers soir et matin.
(42) Vous entendez crier : du pain, s'il vous plaît, pour les Jacobins.

Pain por Dieu aus freres menors (43),

Cels tieng-je por bons perneors (44),

Aus freres de Saint-Augustin (45),

Icil vont criant par matin

Du pain aus Sas (46), pain aux Barrez

Aus povres prisons enserrez (47),

A cels du val des Escoliers (48)

Li uns avant, li autre arriers,

Aus freres des Pies demandent (49),

Et li croisié pas nes atandent (50),

A pain crier metent grant paine,

Et li avugle à haute alaine (51)

Du pain à cels de champ porri

Dont moult sovent, sachiez, me ri (52).

(43) Donnez du pain, pour l'amour de Dieu, aux Cordeliers ou frères Mineurs.

(44) Je tiens ceux-là pour bons preneurs : ils ne se lassent pas de demander.

(45) Les Grands-Augustins.

(46) Du pain aux religieux Sachets, aux carmes Barrés.

(47) Aux pauvres prisonniers.

(48) Aux religieux de Sainte-Catherine du Val-des-Écoliers.

(49) Chanoines réguliers de Sainte-Croix-de-la-Bretonnerie. Nommés frères de la Pie, parce qu'ils portaient, comme tous les Croisés, une croix sur leur poitrine (leur pis).

(50) Et ceux-ci ferment l'oreille.

(51) Les aveugles de Champ-Pourri. Les Quinze-Vingts. Établis par saint Louis sur un terrain nommé le Champ-Pourri et dépendant de la censive de l'évêque.

(52) Ce nom (Champ-Pourri) me fait toujours rire.

Les Bons Enfants orrez crier (53)

Du pain, nes vueil pas oublier.

Les Filles Dieu sevent bien dire (54)

Du pain, pour Jhesu nostre Sire.

Ça du pain por Dieu aus Sachesses (55).

Par ces rues sont granz les presses (56),

Je vous di de ces genz menues,

Orrez crier parmi ces rues :

Menjue pain (57). Diex, qui m'apele?

Vien ça, vuide ceste escuele.

Or viengne avant gaaigne pain (58),

J'esclarciroie pos d'estain,

Je relieroie hanas.

Du poivre por le denier qu'as (59),

Or aus poires de hastivel (60),

Jorroises ai à grand revel (61)

(53) Le collége des Bons-Enfants ou Écoliers-Saint-Honoré, était situé au douzième siècle dans une voie nommée chemin de Clichy, depuis rue des Bons-Enfants.

(54) Savent bien dire.

(55) Les Sachettes, qui avaient leur communauté dans la rue qui a porté successivement le nom de rue aux Sachettes, du Cimetière-Saint-André-des-Arts et Suger.

(56) Dans les rues il y a foule de nécessiteux.

(57) Mendiant.

(58) On voit aussi des gagne-petit criant : Je rends brillants les vases d'étain ; je raccommode les gobelets, les coupes.

(59) Vous pouvez acheter du poivre pour un denier.

(60) Petites poires précoces encore connues sous le nom de poires de hativeau.

(61) Fruit rouge et long, fort aigre (suivant M. Méon).

Frés jonc à moult grant alenée (62).

Or ça à la longue denrée.

Noel, Noel, à moult granz cris (63),

J'ai raïs de l'archaut, raïs (64).

Cil qui crie, biau se deporte (65)

Qui vent le viez fer, si l'aporte.

Li autres dit autres noveles (66),

Qui vent viez pos, et viez paieles (67).

Li autres crie à grand friçon (68)

Qui a mantel ne peliçon,

Si le m'aporte à rafetier ;

Li autres crie son mestier (69).

Chandoile de coton, chandoile (70),

Qui plus art cler que nule estoile.

Aucune foiz, ce m'est avis

Crie-on le ban le Roy Loys (71),

Si crie l'en en plusors leus (72),

(62) Ils crient à perdre haleine : Jonc frais ! jonc d'une grande longueur !

(63) Noëls ou cantiques.

(64) J'ai des treillages en fil de fer.

(65) Celui-là s'amuse à crier : Que celui qui a du vieux fer à vendre me l'apporte.

(66) Les autres annoncent des marchandises différentes.

(67) Vieux pots et vieilles poêles.

(68) D'une voix perçante : Qui m'apporte son manteau ou sa pelisse à raccommoder ?

(69) Chacun crie suivant son métier.

(70) Chandelle de coton qui éclaire plus qu'une étoile.

(71) Le roi saint Louis. Convoquer des troupes ou racoler.

(72) Plusieurs endroits.

Le bon vin fort à trente deux (73),

A seize, à douze, à six, à huit ;

Moult mainent criéor grant bruit (74).

Crier orrez qui a à moudre (75)

J'aporte bones nois de coudre (76).

Les flaons chaus pas nes oublie (77) ;

J'ai chastaingnes de Lombardie,

Figues de Melites sans fin (78),

J'ai roisin d'outremer, roisin (79).

J'ai porées, et s'ai naviaus (80),

J'ai pois en cosse toz noviaus.

L'autres crie feves noveles ;

Si les mesure à escueles (81).

Hanni d'aoust flerant com bausme (82),

L'autres crie chaume, i a chaume (83).

J'ai jonc paré por metre en lampes (84),

Bones eschaloingnes d'Estampes (85),

(73) Tren'e-deux deniers.

(74) Ces crieurs font grand bruit.

(75) Qui a du blé à moudre ?

(76) Bonnes noisettes.

(77) Flans ou tartes chaudes.

(78) Figues de Malte, à foison.

(79) Raisin.

(80) Poireaux et navets.

(81) Je les mesure à l'écuelle.

(82) Anis qui embaume.

(83) De la paille.

(84) Au lieu de coton, on mettait dans les lampes la moelle d'une espèce de jonc dont on enlevait l'enveloppe.

(85) Bonnes échalottes d'Étampes.

J'ai savon d'outre mer, savon.

Des poires de Saint-Riule avon (86).

L'autres crie sanz delaier

Je sers de pingnes à resoier (87).

Quant mort i a home ne fame (88),

Crier orrez, proiez por s'ame

A la sonete par ces rues.

Dont orrez autres gens menues

Poires d'angoisse crier haut (89).

L'autres pommes rouges qui vaut (90).

Aiglentier por du pain l'en crie (91),

Verjus de grain à fere aillie (92).

Li uns borgons, li autres veilles (93),

Cornilles méüres, cornilles (94),

Alies i a d'aliïer (95),

(86) Poires de Saint-Rieul.

(87) Les précédents commentateurs traduisent : Je vends des peignes à faire des réseaux, des rets, *retia* (filet). Résoyer serait bien plutôt le verbe dont le participe est : raiz, *tondu, rasé*, c'est-à-dire je vends des peignes pour tondre.

(88) Si quelqu'un mourait dans un quartier, un crieur muni d'une sonnette s'en allait disant : Priez pour son âme. Cette coutume existe encore dans certains villages de Picardie.

(89) Poires d'une saveur très-âcre, qui ne sont bonnes que cuites.

(90) Qui veut.

(91) Rosiers.

(92) Grappes de verjus pour faire de l'aïoli (sauce à l'ail).

(93) Deux espèces de champignons.

(94) Cornouilles.

(95) Fruit de l'alisier.

Or i a boutons d'aiglentier (96),

Proneles de haie vendroie (97).

Oiselés por du pain donroie (98).

Nates i a et naterons (99),

Cerciaus de bois vendre volons.

L'autres crie gastiaus rastis (100).

Je les aporte toz fetis,

Chaudes tartes et siminiaus (101),

L'autres crie chapiaus, chapiaus,

Gastel à feve orroiz crier (102),

Charbon le sac por uns denier,

Nesfles méures ai à vendre.

Le soir orrez sanz plus atendre,

A haute voiz sanz délaier,

Diex, qui apele l'oubloier (103)?

Quant en aucun leu a perdu (104)

De crier n'est mie esperdu,

(96) En langue vulgaire gratte c...

(97) Prunelles.

(98) Je donnerai des petits oiseaux pour du pain.

(99) Tapis de jonc dont autrefois on garnissait les murailles. Paillassons.

(100) Gâteaux sortant du four.

(101) Sorte de pâtisserie.

(102) Gâteau des rois.

(103) Le marchand d'oublies.

(104) Celui qui a perdu quelque chose ne se fait pas faute de crier près de la porte de la maison dont il sort : Aidezmoi, grand Dieu! suis-je assez malheureux! me voilà dans un grand embarras!

Pres de l'uis crie où a esté,

Aïde Diex de maïsté,

Com de male eure je fui nez

Com par sui or mal assenez,

Et autres choses assez crie,

Que raconter ne vous sai mie (105) ;

Tant i a denrées à vendre,

Tenir ne me puis de despendre (106).

Que se j'avoie grant avoir,

Et de chascun vousissc avoir

De son mestier une denrée,

Il auroit moult corte durée.

Tant poi i ai mis que j'avoie (107),

Tant que provretez me mestroie.

Après mise ma robe jé,

Lecherie m'a desrobé :

Si ne sai mès que devenir (108),

Ne quel chemin puisse tenir.

Fortune m'a mis en sa roë (109)

Chacun me gabe et fet la moë (110),

(105) Que je ne saurais vous dire.

(106) Il y a tant de choses qui me tentent, que je ne puis m'empêcher de dépenser, d'acheter. Si j'avais la bourse bien garnie et que je voulusse avoir un peu de chaque chose, elle serait bientôt à sec.

(107) J'ai si peu ménagé ce que je possédais. Je suis dans le dénûment. Pauvreté me maîtrise. La gourmandise m'a fait vendre mes habits.

(108) Je ne sais plus où aller ni que faire.

(109) Sa roue.

(110) Chacun se moque de moi et me fait la grimace.

Si ferai, puis que suis en queche (111),
Du meillor fust que j'aurai fleche.

LES TABLEAUX DE PARIS

INTRODUCTION.

Il y a quelques mois, un de nos anciens Magistrats nous conseillait en ces termes cette extension à donner à notre œuvre :

« Votre publication municipale, nous disait-il, a pour but principalement de faire connaître à vos lecteurs tous les actes et projets qui concernent la ville de Paris. Ce sont là sans doute de graves intérêts dont la discussion doit préoccuper la plus grande partie de vos lecteurs.

»Mais à côté du Paris matériel, pourquoi ne pas montrer le Paris moral ? Vous nous détaillez avec complaisance, avec amour, chaque parure offerte à cette ville, à cette Reine, ne trouverions-nous pas aussi de précieux enseignements, si l'on nous montrait ses qualités, ses défauts, ses passions, ses grandeurs et ses petitesses.

(111) Eh bien ! puisque je suis dans la misère, je ferai flèche du meilleur bois que je pourrai.

»Vous vous donneriez en même temps, comme écrivain, un horizon plus vaste, à votre publication, plus de mouvement, plus de variété, et conséquemment plus de prosélytes.

— Maître, répondis-je, votre idée est excellente, mais saurais-je la féconder ?

— Essayez.

— Si j'échoue ?

— Il vous sera beaucoup pardonné.

— Pourquoi ?

— Parce que cette tentative est déjà un témoignage de respect et de déférence envers des lecteurs qui sont indulgents pour ces sortes de hardiesses, en vue de leur plaire et de les bien servir.

CHAPITRE Ier

POPULATION DE PARIS.

1783 — 1863

Parmi les écrivains qui ont pris Paris pour sujet de leurs études, *Mercier* est sans contredit celui qui a compris le plus heureusement et expliqué le plus spirituellement la grande Cité. Ses ouvrages, utiles à consulter, sont amusants et instructifs, qualités qui fleurissent rarement ensemble.

Mercier est Parisien pur sang ; c'est l'enfant joyeux de la cité gauloise par excellence, où l'on dit avec raison que l'intelligence et l'esprit sont dans l'air.

Mais tout en rendant un pieux et sincère hommage à Mercier, il n'en faut pas moins reconnaître cette vérité : le Paris de 1863 n'a presque plus de ressemblance avec le Paris de 1783, dont les traits ont été si agréablement esquissés par l'écrivain sous le règne de Louis XVI. Si Paris a gagné au physique, Paris aurait-il perdu au moral ? C'est ce que nos lecteurs décideront, en nous suivant avec attention dans les rapprochements que nous allons faire.

Disons-le tout d'abord : du temps de Mercier, le Parisien était un type curieux à étudier ; aujourd'hui, le Parisien est étouffé, perdu, noyé sous plusieurs couches provinciales.

Laissons parler Mercier :

« ... Les Auvergnats font à Paris le métier de chaudronniers, de raccommodeurs de faïence, de parasols, de rémouleurs. L'enfant, dès l'âge de huit ans, suit son père, qui, quoiqu'il traverse toute la France, s'arrête plus volontiers dans la Capitale. Semblables aux oiseaux que le froid chasse dans une plus vive contrée, ce peuple fuit la neige qui couvre huit mois de l'année ses montagnes. Il y retourne tous les ans, fait un enfant à sa femme, la laisse entre les mains des vieilles et du curé, et parcourt ensuite le royaume, sans avoir un domicile fixe.

» Chaque Auvergnat, l'un portant l'autre, rapporte quatre ou cinq louis d'or dans sa triste patrie. L'enfant de dix ans en a gagné deux ; ils les cousent dans la ceinture de leurs culottes, et les enfants mendient le long des chemins.

» Ces hordes voyagent ainsi depuis Jules César, et plus anciennement encore.

» Les Savoyards sont décrotteurs, frotteurs et scieurs de bois ; les Auvergnats presque tous porteurs d'eau ; les Lyon-

nais sont ordinairement crocheteurs et porteurs de chaises;
les Normands, tailleurs de pierre, paveurs et marchands de
fil.... » (Tome V, page 9.)

Ainsi s'exprimait Mercier en 1783, et Mercier disait
vrai. Aujourd'hui, parcourez nos provinces les plus
éloignées, entrez dans les chaumières les plus tristes
et les plus misérables, interrogez le journalier, le garçon de ferme, la servante, la gardeuse de moutons, et
demandez quelle est l'ambition, le rêve, la folie de ces
pauvres gens ; tous vous diront : PARIS !...

Il y a quatre années environ, je me trouvais en Nor-
mandie, dans une campagne, près de Cherbourg. J'a-
visai un garçon de ferme avec lequel j'engageai conversation :

— Êtes-vous heureux ici ? lui demandai-je.

— Je suis bien nourri, suffisamment payé ; mais
c'est égal, quand j'aurai amassé quelque argent, je
prendrai le chemin de fer, et j'irai à Paris !

— Mais votre mère, votre femme et votre enfant ?

— Si je réussis, je les ferai venir.

— Si vous échouez ?

— Oh ! alors... alors... »

Il n'acheva pas. Je le regardai dans les yeux, et je
terminai sa phrase : « Vous les abandonnerez. »

En effet, dis-je en moi-même, pas de milieu : si cet
homme se conduit bien et gagne à Paris quelque argent, il ne retournera pas au pays l'année suivante,
comme du temps de Mercier, faire un enfant à sa
femme ; sa province ne le verra plus. Sa femme appelée par lui se fera faire à Paris un, deux, trois en-
III.

fants, et toute la nichée normande sera bientôt parisienne.

Si cet homme tourne mal, le voleur normand se naturalisera voleur parisien. Ainsi des autres provinces de France.

Quelques jours après, j'entrai dans une buanderie ; au fond de la salle j'aperçus, presque cachée dans l'ombre, une pauvre jeune fille dont les traits amaigris accusaient une grande souffrance. Elle tordait son linge comme pour se venger d'une vive douleur ; en la considérant de près, je sus à quoi m'en tenir ; cette malheureuse était grosse.

Le paysan, pour tromper, pour déshonorer une pauvre jeune fille, le paysan est cent fois plus rusé, plus perfidement habile que le lovelace bourgeois le plus souple, que le dandy grand seigneur, le plus éloquemment séducteur.

« Marthe, lui dis-je, qu'allez-vous devenir ?

— Je me dépêche de gagner assez d'argent pour partir, me répondit-elle. J'ai dit à mon père que je voulais être servante à Paris, mais je crains de ne pouvoir m'en aller assez vite et qu'on ne s'aperçoive de mon état. »

Puis la jeune fille pleura tout bas, bien bas, en se retournant, de peur que ses compagnes ne découvrissent sa faute au bruit de ses sanglots.

Je donnai de l'argent à Marthe, et la jeune fille partit.

Quelques mois après, dans une de ces ruelles étroites et sombres qui ont eu le malheur d'échapper dans

Paris au marteau de la démolition, je fus accosté par
une de ces malheureuses qui font commerce de leur
corps ; je me retournai, c'était Marthe ; — la pauvre
lavandière normande était devenue prostituée parisienne.

Ainsi se recrutent les trois quarts des filles publiques de Paris ; c'est toujours la même histoire : une
paysanne champenoise, normande ou picarde est sé-
duite, Paris est son refuge et son impunité. Elle met
au monde un enfant, et le Parisien qui n'a pas eu
l'agrément de le faire, est condamné à le nourrir.

Puis, visitant la prison de Cherbourg, j'avisai un
gros gaillard dont le visage noirci portait l'emblème
de son état, c'était un garçon serrurier, qui avait trouvé
fort naturel d'utiliser sa profession en faisant de fausses
clefs à l'aide desquelles il s'introduisait nuitamment
pour voler dans les maisons.

Arrêté en flagrant délit, il avait été condamné comme
il le méritait.

« Que ferez-vous, lui demandai-je, lorsque vous
sortirez de prison ?

— J'irai à Paris, me dit-il en se frottant les mains.

— Pourquoi ?

— Parce que dans mon pays ma faute étant connue,
je ne trouverais pas de travail. Le maire de ma commune sera bien aise de me donner un passe-port et
même de l'argent, en me disant avec gentillesse : « Va
te faire pendre ailleurs. »

En résumé, sur cent personnes qui entrent dans Paris pour s'y fixer, on en compte quatre-vingts au moins

venant tout réclamer de la Capitale, oui tout, jusqu'au pain de chaque jour.

Au reste, il faut bien qu'il en soit ainsi. Paris , en 1789, comptait à peine 600,000 habitants ; aujourd'hui Paris renferme plus de 1,800,000 individus.

Ne l'oublions pas, la Capitale avait mis douze siècles à se composer une population de 600,000 âmes, et il n'a fallu que quatre-vingt-trois années pour tripler cette population.

L'on ne viendra pas nous dire peut-être que cette augmentation inouïe provient de la vigueur des Parisiens, qui ont fait 1,200,000 enfants dans ces trois quarts de siècle écoulés ; l'excédant est provincial, et pour les sept huitièmes cet excédant est composé d'artisans, d'ouvriers et nécessiteux, auxquels Paris est condamné à fournir toujours et quand même du travail et du pain.

Quelle est donc la cause de cette progression foudroyante des classes pauvres dans Paris, progression opposée à l'augmentation sage, calme et mesurée de la population de la Capitale avant la Révolution ?

Cette différence provient des deux institutions municipales.

L'organisation de l'ancienne Prévôté étant une véritable digue aux flots de la province.

L'organisation préfectorale moderne lui ouvre toutes les écluses.

Comment cela ?

Nous l'expliquerons dans le cours de cet ouvrage.

CHAPITRE II

LES PONTS DE PARIS.

« ... Si l'on exécutait enfin le plan si souvent proposé de débarrasser le pont Saint-Michel, le pont au Change, le pont Notre-Dame et le pont Marie, des gothiques bâtiments qui les surchargent désagréablement, l'œil plongerait avec plaisir d'une extrémité de la ville à l'autre. » (1er volume, page 156.)

Comme on le voit par cette citation, la plupart des ponts de Paris étaient encore bordés, en 1783, de constructions qui dérobaient aux passants la vue du fleuve. Il est assez curieux de rappeler les circonstances qui amenèrent la démolition complète de ces malencontreuses maisons, aussi nuisibles à la salubrité de Paris qu'à la beauté de cette ville.

De 1800 à 1807, cent trois pétitions avaient été adressées par les habitants, soit au Ministre de l'Intérieur, soit au Préfet de la Seine, pour réclamer la suppression de ces habitations qui désolaient les Parisiens. Ces pétitions étaient restées sans réponse. Cela se conçoit, il y a toujours, disait souvent M. Boulay de la Meurthe, dans les administrations publiques de petites tombes toutes prêtes qu'on appelle des cartons, pour enterrer vivantes les idées utiles et généreuses.

Les réclamants, toujours éconduits, jamais lass s se réunirent et formèrent une commission qui résolut de s'adresser à l'Empereur. Mais Napoléon était à Tilsitt ; qu'importe, il fut décidé que l'on tirerait au sort, et que le membre dont le nom sortirait le premier, irait trouver l'Empereur, Sa Majesté fût-elle aux colonnes d'Hercule.

Le 7 juillet 1807, à dix heures du matin, un des aides de camp de service remettait une lettre à Napoléon qui, brisant le cachet, lut ce qui suit :

« Sire,

» Le délégué des propriétaires et habitants des 7ᵉ, » 9ᵉ et 11ᵉ arrondissements de Paris, sollicite de Votre » Majesté quelques minutes d'audience, à l'effet d'en- » tretenir l'Empereur d'une amélioration qui intéresse » sa bonne ville de Paris.

» Son fidèle sujet,
» D'HÉRIVANT, *architecte.* »

— Le porteur de cette lettre est-il là ? dit Napoléon en souriant.

— Depuis six heures du matin, Sire.

— Pourquoi ne m'avoir pas prévenu plus tôt ?

— Votre Majesté travaillait...

— Qu'on introduise et de suite.

L'architecte entra couvert de poussière.

— Vous êtes un délégué bien intrépide, monsieur d'Hérivant, dit l'Empereur. Voyons, qu'avez-vous à me dire ? parlez.

— Sire, répondit l'architecte, trois arrondissements de Paris réclament en vain, depuis sept années, la démolition des maisons situées sur plusieurs ponts de Paris, notamment sur le pont Saint-Michel.

— Mais j'avais déjà ordonné la démolition de ces maisons ..

— Votre Majesté a vaincu l'Europe avant d'avoir raison de cet abus.

L'Empereur fit signe à l'aide de camp, qui prit la plume pour écrire la dépêche suivante :

« Au camp de Tilsitt, le 7 juillet 1807.

» Napoléon..... Art. 1ᵉʳ. Les maisons domaniales, et » autres qui couvrent le pont Saint-Michel, celles qui » obstruent les abords du petit cours de la Seine, sur » les rues Saint-Louis, du Hurepoix et de la Huchette, » seront démolies. — Art. 2. Les démolitions commen- » ceront par les maisons qui couvrent le pont Saint- » Michel, le 1ᵉʳ septembre prochain... »

Ce décret dicté, l'Empereur prit la plume des mains de l'aide de camp, et Sa Majesté écrivit rapidement quelques mots en marge de la dépêche, signa, la ferma et dit : « Expédiez au Ministre de l'Intérieur. »

Le hasard, ou mieux la bienveillance d'un de nos anciens et dignes Conseillers municipaux nous a fait connaître les quelques mots écrits de la main de l'Empereur.

Le comte Frochot, Préfet de la Seine, avait l'habitude de noter, même dans sa voiture et sur un petit carnet, tout ce qui pouvait intéresser son administration ; or, vingt-deux pages de ce carnet nous avaient été confiées par M. H. Boulay de la Meurthe, pour en faire profiter notre *Dictionnaire des Rues et Monuments de Paris*, auquel le digne Conseiller municipal portait un vif intérêt.

Sur l'une de ces pages, à la date du 25 juillet 1807, nous lûmes la mention suivante :

« Reçu du Ministre de l'Intérieur un savon par ricochet pour n'avoir pas fait démolir les maisons qui obstruent quelques ponts de Paris. »

Sur la dépêche adressée par l'Empereur à M. de Champagny, Sa Majesté a écrit de sa main la phrase suivante que Son Excellence m'a fait lire : *Monsieur le Ministre, je viens de signer la paix avec l'Europe, maintenant je vais faire la guerre à vos bureaux.*

CHAPITRE III

LES TUERIES. — LES ABATTOIRS.

« Quoi de plus révoltant et de plus dégoûtant que d'égorger les bestiaux et de les dépecer publiquement ? On marche dans le sang caillé. Il y a des boucheries où l'on fait le bœuf sous l'étalage des viandes ; l'animal voit, flaire, recule ; on le tire, on l'entraîne, il mugit ; les chiens lui mordent les pieds, tandis que les conducteurs l'assomment pour le faire entrer au lieu fatal.

» Un mouton meurtri de coups succombait au milieu de la rue Dauphine à la fatigue ; le sang lui ruisselait par les yeux ; tout à coup une jeune fille en pleurs se précipite sur lui, soutient sa tête, qu'elle essuie d'une main avec son tablier, et de l'autre un genou en terre, supplie le boucher, dont le bras était déjà levé pour frapper encore. Cela n'est-il pas à peindre ? Quand verrai-je ce petit tableau au salon du Louvre ?

» En traversant les rues de Paris, regardant et écoutant, selon ma coutume, j'ai entendu un mot sublime d'une femme du peuple. Un garçon boucher, armé de son bâton noueux, voulait accélérer la marche tardive d'un veau qui, attaché à la mamelle de sa mère, faible, ne pouvait avancer ; la femme lui cria : *Tue-le, barbare* ; *mais ne le frappe pas !...* » (MERCIER, tome V, page 26.)

On voit par ce qui se passait en 1783, combien Paris a gagné sous ce rapport, et il n'est pas sans intérêt de rappeler le nom du Souverain auquel on doit la construction des abattoirs qui ont remplacé si heureusement les affreuses *tueries* qu'on rencontrait çà et là dans la ville.

Par décret du 9 février 1810, Napoléon Ier fonda cinq abattoirs, trois sur la rive droite de la Seine, deux sur la rive gauche. Voici les noms de ces établissements : abattoirs de Grenelle — de Ménilmontant — de Montmartre — du Roule — de Villejuif.

Ils ont coûté 17,598,611 fr. 26 c.

L'extension des limites de la ville de Paris va forcer l'Administration municipale à supprimer ces cinq établissements pour établir un grand marché à la Villette avec abattoir unique, lesquels seront desservis par le chemin de fer de ceinture. Comme on le voit, matériellement Paris est en progrès hier, aujourd'hui, sans doute demain, toujours ; mais au moral c'est une autre affaire, comme on le verra dans le courant de cet ouvrage.

CHAPITRE IV

GRANDEUR DÉMESURÉE DE LA CAPITALE.

Voici ce que *Mercier* écrivait en 1783 sur cette question :

« Vu politiquement, Paris est trop grand : c'est un chef démesuré pour le corps de l'état ; mais il serait plus dangereux aujourd'hui de couper la loupe que de la laisser subsister ; il est des maux qui, une fois enracinés, sont indestructibles.

» Les grandes villes sont fort du goût du gouvernement absolu ; aussi fait-il tout pour y entasser les hommes ; il y appelle les grands propriétaires par l'appât du luxe et des jouissances ; il y précipite la foule, comme on enclave des moutons dans un pré, afin que la gueule des mâtins ayant une moindre surface à parcourir, puisse les ranger plus facilement sous la loi commune. Enfin, Paris est un gouffre où se fond l'espèce humaine ; c'est là qu'elle est sous la clef ; on n'entre, on ne sort que sous des guichets où règnent des yeux d'Argus. Des barrières de sapin, plus respectées que ne le seraient des murailles de pierres bordées de canons, arrêtent les denrées les plus nécessaires à la vie, et leur imposent une taxe que le pauvre supporte seul ; car, dispensé de tous les plaisirs, il ne l'est pas du besoin de manger. Il ne tiendrait qu'au prince d'affamer la ville ; il tient en cage ses bons et fidèles sujets ; et s'il étoit mécontent, il pourroit leur refuser la béquée ; avant qu'ils pussent forcer les barreaux, les trois quarts se seroient mangés, ou seroient morts de faim.

» Il faut que tout le monde vive ; car la première loi est de subsister. Je vois cette ville florissante, mais aux dépens de la nation entière. Ces maisons à six étages tous peuplés, aspirent les moissons et les vignes à cinquante lieues à l'entour ; ces laquais, ces baladins, ces abbés, ces batteurs de pavé ne servent ni l'État ni la société ; il faut cependant que tout cela subsiste, comme le dira mon premier chapitre sur la législation, intitulé : *De l'Estomac de l'Homme*. Il y a des maux politiques qu'il faut tolérer, tant qu'on ne peut y remédier d'une manière sûre ; telle est l'étendue de la Capitale ; on ne fera pas refluer sur les terres ceux qui habitent les chambres garnies et les greniers. Ils n'ont rien, pas même des bras, puisqu'ils sont énervés. Arrêterez-vous aux portes ceux qui entrent? Conservez donc l'énorme loupe, puisque vous ne pouvez l'extirper sans mettre en danger le corps politique ; d'ailleurs..... Mais n'anticipons point sur ce que nous avons à faire sentir sur cette ville qui sera toujours chère à un gouvernement dont la tête est aussi disproportionnée que la capitale l'est au royaume. » (1er vol., chap. III, page 13.)

Il y a quelques mois, l'été dernier, je visitai les grands travaux qui s'exécutent à Notre-Dame.

Après avoir admiré cette aïeule de nos églises, je voulus monter sur une des tours de la cathédrale. Il était sept heures du soir ; dès que mes regards purent embrasser l'immensité de la ville de Paris, par un mouvement subit et instinctif, je me découvris comme pour saluer une Reine!

Le panorama était splendide, surtout au sud ouest. De ce côté, le soleil semblait servir de limite à la grande Cité. D'un horizon de feu se détachaient, superbement, l'Hôtel des Invalides et l'Arc de Triomphe de l'Étoile. Parfois, dans les interstices des pierres, dans les entre-colonnements de nos édifices, se glissaient des rayons de soleil improvisant des gerbes de diamants, d'émeraudes et de saphirs.

Paris lumineux, étincelant à l'ouest, semblait chercher l'ombre en se poursuivant au nord. De ce côté, les maisons étroites, serrées, uniformes, étaient couvertes d'une lourde buée. Quelques édifices et des milliers de petites colonnes servant de cheminées à des usines, perçaient avec peine cette immense croûte de plomb. Puis, à l'extrémité, bien loin, quand la ville cessait, on distinguait comme un mince ruban, une faveur verte qui lui servait de ceinture, c'était la ligne des fortifications avec ses talus gazonnés.

A l'est se dessinaient largement l'église Saint-Gervais, l'église Saint-Paul, le donjon de Vincennes avec sa délicieuse chapelle, et, s'infléchissant vers le sud, le dôme de la Salpêtrière, le Panthéon, le Val-de-Grâce, Saint-Séverin et la flèche du Palais de Justice.

Plus les monuments s'inclinaient vers l'ouest, plus ils gagnaient de clarté et mieux la pierre se découpait sur le fond lumineux.

Cet ensemble merveilleux, impossible à décrire, me rendit fou d'orgueil et de nationalité, tant Paris à mes yeux éblouis représentait superbement la France.

Quand l'émotion se calma, ma pensée se porta vers ces milliers de colonnes, qui semblaient bloquer la grande ville, surtout au nord.

Je me demandai : Paris est-il condamné à devenir un Paris-forgeron, un Paris-Vulcain ? En laissant altérer le caractère et la physionomie de cette ville, n'at-on pas compromis sa santé, sa splendeur, et, ce qui est plus grave encore, la stabilité du pouvoir ?

En donnant ces autorisations de construire des usines sans nombre dans la Capitale, la police n'a-t-elle pas nui à ces classes laborieuses que cette administration croyait favoriser. Le pauvre, rivé par le travail à la grande cité, ne souffre-t-il pas davantage dans un Paris enfumé, malsain, que le riche ou l'étranger qui se déplace aisément, et change d'air à volonté?

Lorsque l'épidémie décima par trois fois la population parisienne, dans quels quartiers le fléau fit-il ses plus nombreuses victimes? dans ceux où les usines avaient créé de grandes agglomérations ouvrières. Le choléra, qui a enlevé à Paris plus de cinquante mille habitants, a tué quarante-deux pauvres contre un riche!

Dans l'intérêt même de nos classes ouvrières, donc Paris ne devrait pas être un Paris-forgeron, un Paris-Vulcain.

Au point de vue de l'Autorité souveraine, pour lui donner la garantie la plus précieuse : la sécurité, la Capitale ne saurait changer sa nature d'élite et sa physionomie de Reine.

« Gardons-nous de laisser bloquer par une ceinture d'usines les limites de Paris; ce serait, disait le comte Chabrol, le cordon qui l'étranglerait un jour!...

» Plus ces grandes agglomérations ouvrières augmentent dans Paris, plus elles exercent une attraction irrésistible et fatale sur nos campagnes et nos villes secondaires. Si l'on n'y prend garde, elles jetteront infailliblement la France pauvre dans le département de la Seine, qui comptera, en prenant pour base la progression inouïe, insensée qui s'est produite depuis quinze années, quatre millions d'habitants au commencement du vingtième siècle. Alors Paris subira plus de trois millions de nécessiteux lui réclamant un travail permanent, quand même, pour le pain de chaque jour.

» Quel fardeau pour la Capitale et quelle immense responsabilité pèsera sur la France, vis-à-vis de l'Europe et du monde!... »

CHAPITRE V

SALUBRITÉ PUBLIQUE —L'ENLEVEMENT DES DÉTRITUS ET IMMONDICES.

1783 — 1863

Voici en quels termes Mercier parlait de la propreté de la Capitale, il y a quatre-vingts ans, dans cet article intitulé : BOUEURS (1) :

« Ils enlèvent les immondices que le balai domestique pousse dans le coin des bornes; mais ce balai est mou et insuffisant ; les boueurs écument la ville. Il faut de l'adresse pour passer vite entre leur pelle et leur tombereau. Si vous ne prenez pas bien votre temps, si votre élan manque de justesse, la pelle du boueur se verse dans votre poche. Il faut avoir l'œil preste et le pied sûr ; car les boueurs en souquenille, ennemis nés des habits propres, n'interrompent jamais leurs fonctions. Ne soyez point distrait en passant à côté d'eux ; ils ne vous voient pas, ils ne songent point à vous, ils flanquent la boue épaisse comme de l'eau bénite ; et s'ils nettoient les rues, i's n'ont point ordre de ne pas faire jaillir sur les passants de larges éclaboussures.

» Le tombereau voiture une boue liquide et noirâtre, dont les ondulations font peur à la vue; elle s'échappe; et le tombereau entr'ouvert distribue en détail ce qu'il a reçu en gros. La pelle, le balai, l'homme, la voiture, les chevaux, tout est de la même couleur, et l'on dirait q'ils aspirent à imprimer la même teinte sur tous ceux qui passent. Le danger est surtout du côté où le boueur n'est pas; vous longez avec confiance une roue immobile, une pelletée d'ordures vous descend sur la tête.

(1) Tome V, page 281.

» La putridité morale accompagne pour ainsi dire l'infection des ruisseaux. Oh ! si la pelle du boueur pouvait mettre dans le même tombereau toutes ces âmes de boue qui infestent la société, et les charrier hors de la ville, quelle heureuse découverte, et combien elle serait précieuse à la police !

» Les inspecteurs sont au moral ce que les boueurs sont au physique. Mais ils n'enlèvent pas tout ; il est impossible de vivre dans cette grande ville sans être maculé par la pelle du boueur ou par la langue de la bassesse ; il faut recevoir le coup de la méchanceté comme le coup du balai, se laver et se taire.

» Paris depuis quelques années m'a paru plus malpropre qu'il ne l'était ci-devant. D'où vient cette négligence ? Le bourgeois tenu de balayer sa porte, ne la balaie pas ou la balaie lâchement. La police avait établi des balayeurs, à charge de faire payer à chaque maison une légère contribution ; mais le bourgeois, qui redoute la plus petite taxe, parce qu'il sait par expérience qu'elle ne fait que *croître et embellir*, s'est refusé au paiement. On attend sans doute que le bourgeois récalcitrant en ait jusqu'aux oreilles et qu'il crie. Alors il se soumettra de bonne grâce à la régie des balayeurs, qui me semblent de toute nécessité. Les servantes et les valets s'acquittent très-mal de cet emploi devant la façade des maisons ; et puis le balai ne va point jusqu'au ruisseau du milieu, parce qu'à Paris, plus qu'ailleurs, chacun est pour soi, et qu'on s'y inquiète peu de l'intérêt général.

» En attendant que ce procès entre la bourgeoisie et la police soit vidé, le riche qui va en carrosse s'en moque, et la boue ferrugineuse vole sur celui qui ne veut pas payer et sur celui qui paierait bien volontiers. Les dégraisseurs y gagnent, mais souvent leur art disparaît devant certaines taches indélébiles ; tant de souillures, au physique comme au moral, ont dans cette double fange une empreinte corrosive qui brûle et noircit l'étoffe. »

Ce qu'on vient de lire date de 1783; ne dirait-on pas vraiment que cela est imprimé d'hier ? Vous allez en juger, chers lecteurs.

Je suis à ma fenêtre. Il est sept heures du matin. Les bonnes sortent des maisons portant le classique panier aux ordures. Ces demoiselles en versent le contenu à l'extrémité du trottoir, près de la bordure de granit qui sert de limite à l'asphalte. Ces ordures, les chiffonniers les séparent, les chevaux les dispersent et les piétons les écrasent.

Une heure s'écoule; arrive un lourd tombereau escorté de deux estafiers, portant le premier une pelle, le second un balai. Ces messieurs ramassent avec une lenteur pleine de componction la partie la plus solide du tas d'ordures qu'ils jettent dans le tombereau avec une intelligence si newtonnienne des lois de la pesanteur, que la moitié des détritus au moins, va retomber en gerbes de trognons de choux, de carottes et de salades sur la voie éplorée.

Puis, les deux miliciens de la salubrité publique mettent leur arme sur l'épaule et poursuivent avec la même prud'hommie leur intelligente opération. Cette curieuse méthode ne fera pas de Paris la ville la plus parfumée de l'univers.

Pourquoi ne pas obliger chaque propriétaire à se procurer un grand coffre destiné à recevoir le matin, quand le rossignol éveille le Parisien, les ordures des locataires ? Puis, au moment de l'arrivée du tombereau, que signalerait le tintement argentin d'une clochette, le concierge, si sa dignité le lui permettait, se chargerait, avec l'aide des miliciens de la salubrité, de verser le contenu du coffre dans le phaéton municipal.

Le Préfet de la Seine, qui s'est emparé d'une partie des attributions de son collègue le Préfet de Police, n'a pas tiré parti de ses conquêtes, et les Parisiens n'ont guère profité de tous ces remaniements.

Paris, en 1783, était sale, boueux, mal pavé. Bonté du ciel! dans quel état la Capitale se trouve-t-elle en 1863, avec l'empierrement! Ce fleuve jaune et limoneux, mal encaissé entre les trottoirs de nos boulevards, déborde sur les contre-allées, et fait un immense cloaque de la plus belle promenade du monde, ainsi qu'une longue suite d'égouts à ciel ouvert de toutes nos principales artères.

Les jolis pieds des Parisiennes, si bien encadrés dans leur délicieuse chaussure, auraient besoin, pour être à l'abri de cet odieux macadam, de bottes d'écureurs d'égouts.

S'il y a progrès depuis 1783, c'est vraiment en faveur de la saleté. Mais l'empierrement est politique, et gardons-nous d'en médire.

CHAPITRE VI

L'ÉCAIRAGE DE LA VILLE DE PARIS.

1700 — 1863

Voici en quels termes le docteur Martin Lister, médecin du comte de Portland, ambassadeur du roi d'Angleterre près Sa Majesté Louis XIV, s'exprimait sur l'éclairage de Paris, vers 1700 :

« Les rues sont éclairées pendant tout l'hiver, et aussi bien quand il y a soir de lune que pendant les autres phases de cet astre ; et j'ai d'autant mieux remarqué cela, que j'ai toujours été blessé de l'usage impertinent de la police de Londres qui retire ses lumières pendant la moitié de l'année, sous ce beau prétexte que la lune brille, et qu'il ne peut jamais y avoir de nuages en été. Les lanternes sont suspendues à Paris à vingt pas de distance et à vingt pieds de haut. Ce sont des verres disposés en carrés de vingt pouces de profondeur, avec une large plaque de fer pour toit ; la corde qui les suspend est enfermée dans un conduit en fer disposé le long d'une maison, et dont l'entrée ferme à clef. Ces lanternes sont garnies de chandelles de quatre à la livre, qui brûlent encore passé minuit.

» Les dépenses de cet éclairage pour les cinq mois d'hiver se montent à environ douze cent mille livres.

» Si quelqu'un a l'audace de briser ces lanternes, il est immédiatement envoyé aux galères ; et, pendant mon séjour, il y eut trois jeunes gens de qualité qui furent mis en prison pour avoir cassé des lanternes après un joyeux repas, et qui ne furent mis en liberté que quelques mois après, encore fallut-il les démarches les plus actives de bons amis qui étaient alors bien en cour. »

Certes, Paris y voit plus clair en 1863 qu'en 1700, mais n'est-ce pas aux dépens de la sécurité et de la salubrité de cette ville ?

Les explosions de nos jours sont nombreuses. Qui ne se rappelle la catastrophe encore récente du Casino de la rue Cadet ! Les piétons allant à leurs affaires et les promeneurs à leurs plaisirs, sont littéralement exposés à être foudroyés par ces fuites de gaz qui lancent au loin des projectiles aussi dangereux que la mitraille vomie par des canons.

Le mode actuel d'éclairage n'est certainement pas le dernier mot de la science, car ce mot serait cruel. Aussi, nos Édiles ont eu grand tort, selon nous, d'enchaîner le génie inventif, de le frapper d'impuissance, en accordant à une Compagnie unique une concession qui n'est qu'un monopole d'une longue durée.

Sous le rapport de la salubrité, le système d'éclairage actuel n'est pas moins funeste. Lorsqu'on exécute des tranchées dans une rue pour réparer des tuyaux avariés ou défectueux, les habitants des maisons bordant la voie dont le sol est entr'ouvert, savent quelles espèces d'exhalaisons s'échappent de la terre toute gluante et noircie par le gaz. En plusieurs circonstances nous avons fait cette remarque, également signalée par plusieurs de nos lecteurs : des pommes de cuivre décorant des rampes d'escaliers cessaient d'étinceler, dès le commencement des travaux, pour prendre ensuite une teinte lugubre et semblable à celle du sol empoisonné.

En posant le doigt sur une de ces pommes de cuivre, la matière, semblable à la suie de nos cheminées, était gluante et infecte.

Si ces exhalaisons du gaz produisent cette action sur un métal, quel doit être leur effet sur les viscères de l'homme.

En ce qui concerne nos plantations parisiennes, le poison est foudroyant. Le gaz qui s'échappe d'une fuite, court, s'infiltre, ronge les racines. L'arbre aussitôt incline sa tête fatiguée, son feuillage se flétrit, ses branches se noircissent, l'arbre dépérit, se meurt, l'arbre est mort !

On a cherché à protéger nos plantations en les isolant des conduits de gaz au moyen de poteries en terre cuite. Mais le mode protecteur est assez dispendieux ; aussi, l'application n'en fait-elle bénéficier que nos quartiers riches.

Comme on le voit, le progrès de l'éclairage est, comme tant d'autres, un progrès douteux.

Louis Lazare.

RAPPORT

SUR

LA NOMENCLATURE DES RUES

ET

LE NUMÉROTAGE DES MAISONS

FAIT A M. LE SÉNATEUR PRÉFET DE LA SEINE

Au nom d'une Commission spéciale (1)

PAR M. CH. MERRUAU

II

Il importait, non-seulement que les noms des rues

(1) Voir le 2e volume, page 224.

de la Capitale fussent choisis selon certaines règles et par le concours de l'autorité communale et de l'État, mais encore que ces noms fussent inscrits d'une manière lisible, durable et commode. Des particuliers prirent d'abord l'initiative de ces inscriptions pour l'usage de leur quartier; mais l'indication qu'elles contenaient était souvent inexacte ou d'une orthographe défectueuse; la plupart s'effaçaient promptement; une partie considérable de la ville en était dépourvue.

En 1728, le Lieutenant général de police, M. Hérault fit placer, par mesure d'ordre, au coin de chaque rue, des plaques de tôle d'égale dimension, portant les dénominations usitées; dès l'année 1729, une nouvelle ordonnance régla ce qui concernait l'entretien et le remplacement successif de ces écriteaux. Défense y était faite à toutes personnes, de quelque qualité et condition qu'elles fussent, de faire enlever, de changer, d'effacer les inscriptions, à peine de 100 livres d'amende pour chaque contravention; en même temps, injonction était faite aux propriétaires des maisons situées au coin des rues, lorsqu'ils auraient à restaurer leurs façades, ou lorsque les écriteaux établis contre les murs seraient usés, effacés ou enlevés, de placer en lieu convenable des tables de pierre de liais, d'un pouce et demi d'épaisseur, pour y faire graver les mêmes noms des rues et les mêmes numéros de quartier.

Les dimensions des tables, le système d'attaches à l'aide duquel elles seraient fixées, la hauteur et la forme des caractères à employer, étaient ensuite soigneusement décrits. Ces prescriptions sont demeurées en vigueur, mais incomplétement exécutées, jusqu'à la fin du dix-huitième siècle.

Le 12 brumaire an IX, un arrêté de M. Frochot, Préfet de la Seine, prescrivit aux architectes-voyers de dresser l'état des noms de rues et places changés ou conservés depuis 1789, afin de procéder à l'inscription des noms qui seraient définitivement adoptés. En 1824, une ordonnance de police, relative aux saillies sur la voie publique, interdit la dépose des écriteaux sans l'autorisation du Préfet de la Seine. En 1830, les inscriptions, qui n'étaient encore placées qu'à l'un des angles de chaque rue, le furent aux deux angles. Enfin, en 1844, M. le comte de Rambuteau détermina, par un arrêté, la hauteur au-dessus du sol et la distance précise de l'arête des murs d'angle auxquels seraient désormais fixés les écriteaux. Il décida, en outre, que toute voie publique sur laquelle débouche une autre rue porterait l'inscription de son nom en face et dans l'axe de cette rue adjacente.

Les plaques destinées à recevoir ces inscriptions durent être uniformément en lave de Volvic émaillée, fond bleu, avec lettres blanches. C'est le meilleur procédé qu'on ait imaginé, jusqu'à ces derniers temps, pour rendre les noms des rues à peu près lisibles la nuit. Mais, vous avez autorisé récemment, Monsieur le Préfet, l'expérience aux abords de l'Hôtel de Ville, d'un autre système d'inscriptions qui approchera de la perfection de ce genre, si les frais n'en sont pas trop considérables. Ce sont des cadres de bronze ou de fonte auxquels s'ajustent deux verres, l'un bleu, avec lettres gravées en blanc, l'autre ordinaire, doublé d'un calicot, qui font apparaître l'inscription en blanc pendant le jour, et lumineuse pendant la nuit, au moyen d'un appareil de gaz logé derrière la plaque, dans une entaille faite au mur de la maison d'angle, à la hauteur convenable.

La Commission exprime le vœu qu'il soit possible, sans imposer à la Ville une trop lourde charge, de profiter du moment où le renouvellement des inscriptions d'un grand nombre de rues devient inévitable, pour adopter généralement ce système, ou du moins pour en étendre l'application aux principales rues de tous les arrondissements, afin de diriger pendant la nuit, avec une précision suffisante, la circulation des piétons et des voitures dans cette ville immense.

III

C'était une amélioration bien simple en apparence et bien utile, à coup sûr, que d'inscrire un numéro d'ordre au-dessus de la porte de chaque maison, et d'épargner ainsi à chacun la peine de retenir de mémoire des adresses descriptives, compliquées et changeantes. Cependant on ne parut guère y songer sérieusement que dans le cours du dix-huitième siècle, et la Révolution seule eut la puissance d'en commencer efficacement la réalisation.

La première trace de l'intervention administrative en cette matière se trouve dans l'art. 3 de la Déclaration du 29 janvier 1726, qui prescrit le numérotage des portes cochères et charretières, mais pour faciliter le recensement des maisons des faubourgs et pour empêcher que de nouvelles constructions puissent s'élever sans autorisation. L'opération devait être faite sous la direction du Trésorier de France, qui exerçait les fonctions de Grand-Voyer, et par les officiers du Bureau des Finances de la Généralité de Paris, concurremment avec le Bureau de la Ville.

Cette mesure, qui gênait les constructeurs de maisons, éveillait en outre les craintes des contribuables, toujours prêts à prévoir l'établissement de quelque nouvel impôt à la suite d'un recensement ; elle paraît n'avoir reçu tout d'abord qu'une exécution très-incomplète.

Des actes de 1740 et de 1765 en renouvelèrent les dispositions avec un peu plus de succès.

En feuilletant la collection de l'*Almanach royal*, on trouve en effet, de 1757 à 1775, l'indication de quelques maisons situées dans les faubourgs et portant des numéros. Ce sont les adresses de quatre ou cinq conseillers à la Chambre des Comptes, observateurs plus scrupuleux peut-être que d'autres personnages des prescriptions émanées du Trésorier de France (1). Une

(1) En 1757, M. Gohier de Neuville, conseiller, demeurait rue Basse-du-Rempart, n° 8 ; puis, comme des constructions s'élevaient chaque jour dans la zone de numérotage où était située sa demeure, on voit d'année en année son numéro changer, tantôt en s'abaissant, tantôt en s'élevant. En 1767, trois Conseillers, ses collègues, prenaient

lettre de Voltaire, du 12 mars 1775, porte pour suscription : « A M. Morin, censeur royal, rue du Fau-
bourg-du-Temple, n° 14, à Paris (1). » Vers la même
époque, diverses tentatives furent faites, probablement
par des particuliers avec l'encouragement de l'Administration parisienne, pour étendre le numérotage aux
maisons de la ville proprement dite. Dans un almanach
des six corps, *Arts et Métiers*, pour 1769, une colonne
est réservée en blanc pour inscrire, sans doute à la
main, *les numéros des maisons;* un seul numéro y est
imprimé, celui de la maison du sieur Advernier, des-
sinateur, demeurant rue de Grenelle-Saint-Honoré, 64.
L'*Almanach royal* de 1771 mentionne l'adresse, rue
du Four-Saint-Honoré, 90, d'un Inspecteur de police
pour le quartier des Halles.

, Ce ne sont pas les seuls exemples d'adresses avec
numéros que l'on pourrait citer comme datant du milieu du siècle dernier. Il en fut apposé certainement
un assez grand nombre ; mais la mesure ne fut pas générale et le commerce ne l'accueillit guère mieux que
la noblesse. D'où venait une résistance si universelle et
si prolongée? Mercier s'en explique, en 1781, sous
cette forme satirique :

aussi des numéros à leurs maisons : M. Legrand de Vaux
était rue Basse-du-Rempart, n° 13 *bis* ; M. Gobier de Val-
court, rue du Faubourg-Saint-Martin, *vis-à-vis Saint-Laurent*, n° 9 ; M. Leboullenger de Chaumont, rue Neuve-
Saint-Anne (actuellement rue du Faubourg-Poissonnière),
n° 13.

(1) Voltaire, *Lettres inédites*, tome II, p. 410, lettre 901.

« On avait commencé, dit-il, à numéroter les mai-
» sons des rues ; on a interrompu, je ne sais pourquoi,
» cette utile opération. Quel en serait l'inconvénient ?
» Il serait plus commode et plus facile d'aller tout de
» suite chez M. Un tel, n° 87, que de trouver M. Un
» tel, au *Cordon-Bleu* ou à la *Barbe-d'Argent*, la quin-
» zième porte cochère à droite ou à gauche après telle
» rue ; mais les portes cochères, dit-on, n'ont pas voulu
» permettre que les inscripteurs les numérotassent. En
» effet, comment soumettre l'hôtel de M. le Conseiller,
» de M. le Fermier général, de Monseigneur l'Évêque,
» à un vil numéro, et à quoi servirait son marbre or-
» gueilleux ? Tous ressemblent à César, aucun ne veut
» être le second dans Rome. Puis, une noble porte co-
» chère se trouverait inscrite après une boutique rotu-
» rière. Cela imprimerait un air d'égalité qu'il faut
» bien se garder d'établir. »

L'explication pouvait être fondée, mais ce n'était
pas la seule vraie. Peut-être les Parisiens, prompts à
s'inquiéter, crurent-ils à tort que la mesure cachait
quelque pensée fiscale. Encore aujourd'hui, les employés chargés d'opérer le recensement quinquennal
de la population ne sont accueillis dans beaucoup de
familles qu'avec défiance, parce que, en dépit de toute
vérité et de leurs protestations, on persiste à les considérer comme chargés de préparer quelque aggravation
de taxes. D'ailleurs, il est probable que les projets de
numérotage, mis alors en avant, étaient mal conçus et
ne présentaient ni cette simplicité d'exécution ni ce
caractère évident d'utilité pratique qui pouvaient les

faire adopter d'emblée par le public. Si l'on étudie avec quelque attention les adresses rapportées dans l'*Almanach royal* et ailleurs, on est amené à conjecturer que le numérotage fut essayé, non par rues, mais par faubourgs, par subdivisions de la ville. Or, un tel système, comme on le verra plus loin, ne peut avoir pour résultat que de créer une confusion nouvelle et d'augmenter la difficulté des recherches. L'initiative prise alors, soit par des particuliers, soit par le Lieutenant de police, soit par les agents-voyers, aurait donc sans doute échoué d'elle-même, alors qu'elle n'aurait pas rencontré les résistances dont Mercier dénonce avec une verve si âpre, le ridicule.

Vinrent 1789 et la prise de la Bastille : bientôt après le numérotage des maisons fut déclaré obligatoire ; il s'agissait clairement cette fois de faciliter le recensement des citoyens, la répartition exacte de l'impôt, l'établissement des rôles de la garde nationale. Toute opposition tombait devant l'irrésistible autorité des pouvoirs d'alors : c'était le cas de procéder d'ensemble et d'arrêter un système uniforme pour toute la ville ; mais le conseil de la commune, préoccupé d'autres soins, abandonna la mise en pratique de la mesure aux districts et ensuite aux comités de sections ; c'est-à-dire à 60, puis à 48 administrations différentes. Chacune agit sans entente préalable avec les districts ou les sections limitrophes. Généralement l'opération se fit au moyen d'une seule série de numéros, partant d'un point quelconque, d'un édifice, par exemple, et se développant le long des rues ou portions de rue, pour revenir au point de départ, sans jamais franchir les limites de la circonscription administrative. Or, comme un grand nombre de rues passaient sur le territoire de plusieurs sections différentes, des numéros appartenant à des séries diverses et sans rapport de séquence entre eux se trouvaient juxtaposés dans la même voie publique ; le même numéro s'y répétait plusieurs fois ; l'ordre arithmétique montait pour un tronçon, ou pour un côté de la rue, et descendait pour l'autre. Pour plus de confusion, on négligea, presque partout, d'effacer les numéros qui, d'intervalle en intervalle, avaient été antérieurement placés. Plus tard, on imagina de donner aux numéros de chaque série des couleurs différentes, mais sans parvenir à introduire dans l'ensemble un peu d'ordre véritable et de clarté.

On conçoit que plus la rue était importante par son parcours, plus elle traversait de sections, plus elle contenait pour le passant des causes d'incertitudes et de mécomptes.

Le **16** ventôse an **V**, les administrateurs municipaux du 8e arrondissement proposèrent de numéroter isolément chaque rue, sans tenir compte de la division des quartiers ; les numéros se seraient succédé arithmétiquement, de maison en maison, en commençant par un côté de la rue, et en revenant par l'autre, vers le point de départ. Ce système, qui est encore pratiqué aujourd'hui dans un certain nombre de villes d'Europe, était défectueux, mais il aurait cependant réalisé un grand progrès sur celui qu'avaient admis la plupart des sections.

En l'an IX, aucune décision n'avait été prise ; cependant les réclamations s'élevaient de toutes parts : des pétitions étaient présentées aux Consuls, au Ministre de l'Intérieur, aux Préfets ; les commerçants étaient obligés de décrire, comme jadis, leurs adresses, par les tenants et les aboutissants ; la poste commettait mille erreurs ; la police perdait son temps en investigations infructueuses ; les agents du fisc ne pouvaient dresser exactement leurs rôles. Le 12 brumaire an IX, M. le comte Frochot, Préfet de la Seine, se saisit, par un arrêté, de la matière, comme dépendant de ses attributions ; un peu auparavant, M. le comte Dubois, Préfet de Police, au nom de l'ordre public, avait enjoint à chaque propriétaire de faire repeindre à l'huile le numéro de sa maison, suivant les conditions qui seraient ultérieurement fixées. La Préfecture de la Seine, à qui fut fait le renvoi définitif de l'affaire, ouvrit, en l'an X, un concours pour la recherche des matériaux, des formes, des couleurs qu'il convenait d'employer, afin de rendre les numéros lisibles à la moindre lumière, et, s'il se pouvait, inaltérables ; elle étudia en même temps le système de numérotage auquel il y avait lieu de s'arrêter. Deux principaux étaient en concurrence : l'un était celui qu'on avait proposé, en l'an V, dans le 8ᵉ arrondissement, l'autre consistait à donner les numéros impairs au côté gauche de la rue, et les numéros pairs au côté droit ; celui-ci était le meilleur. En effet, le premier a plusieurs inconvénients : d'abord il laisse le passant dans l'incertitude sur le côté de la rue où se trouvent les numéros compris dans le milieu de chaque série, puisque le nombre des maisons est bien rarement égal des deux côtés. Dans une longue rue contenant 200 numéros, par exemple, le cocher qui la monte ne peut savoir si le numéro 90 est à droite ou à gauche ; il est donc obligé de regarder les deux lignes de maisons à la fois, s'il ne veut pas s'exposer, après avoir atteint l'extrémité de l'une, à retourner sur ses pas le long de l'autre. Ensuite, chaque construction nouvelle élevée dans une rue peut entraîner le remaniement de presque toute la série. Le second système, au contraire, permet au passant, au cocher, qui débouche dans une rue, de savoir, à l'inspection d'un seul numéro, de quel côté est celui qu'il cherche, combien de maisons l'en séparent, et dans quel sens il doit marcher. De plus, à chaque construction nouvelle, on n'est contraint de changer que les numéros d'un seul côté de la rue. L'intérêt de la circulation, de la sécurité des passants, et de l'économie, conseillait l'adoption de ce système. Cependant M. Frochot, cédant à quelques objections de peu d'importance, préféra le premier. — Afin de déterminer, d'ailleurs, le commencement de chaque rue, il distingua les voies publiques en deux catégories : les unes parallèles à la Seine, les autres formant angle avec la rivière. Cette classification excellente fut plus tard adoptée. Enfin, quant à la matière des numéros, il choisit la faïence émaillée. Mais la dépense du numérotage général de 30 à 32,000 maisons, à 10 fr. par plaque, devait monter à plus de 300,000 fr.; en l'an X, la Ville était encore obérée et beaucoup de propriétaires étaient pauvres. On pensait à partager la dépense ou à la rejeter tout entière, par l'autorité d'un décret, sur les propriétaires. Le Préfet de Police, au nom de l'économie et pour arriver à une prompte exécution, insistait pour faire peindre à l'huile les numéros; enfin, le 4 février 1805, intervint un décret préparé par le Conseil d'État, amélioré par l'Empereur, et qui régla toutes choses avec le bon sens pratique et supérieur qui inspirait alors jusqu'aux moindres mesures administratives. Le numérotage par nombres impairs à gauche et pairs à droite était préféré; la droite des rues parallèles à la Seine était celle du passant marchant dans le sens de la rivière; la droite des rues perpendiculaires ou obliques au fleuve était celle du passant se dirigeant hors Paris. Les nombres devaient donc croître en s'éloignant de la rivière ou en la descendant; les numéros étaient noirs dans les rues perpendiculaires ou obliques; rouges, dans les rues parallèles (1). Enfin l'opération devait être faite dans tout Paris, pour la première fois, par la peinture à l'huile, aux frais de la Ville; des propriétaires pou-

---

(1) « M. Binet, proviseur du collége royal de Bourbon, que les lettres ont perdu à la fin de 1812, nous apporta, quelques mois avant sa mort, les vers suivants qu'il avait composés en 1807, et dans lesquels il explique fort ingénieusement le mécanisme du numérotage des rues de Paris:

> Dividit hanc urbem duplici nota picta colore;
> Nigra fugit flumen, sequitur rubra fluminis undam
> Partitis numeris : par dextra, imparque sinistra
> Limina designat; numerus dum crescit eundo,
> Idem decrescens reditum indicat ordine verso.

(DE LA TYNNA, *Dictionnaire des Rues de Paris*, p. 23.)

vaient d'ailleurs faire emploi, mais à leur compte, de la tôle ou de la faïence émaillée ; l'entretien, en tout cas, était à leur charge.

C'est le système actuel, sauf de légères modifications. Il y a peu d'années, la faculté laissée aux propriétaires de choisir la matière des plaques avait créé beaucoup de disparates et rendu, surtout pour les cochers, la lecture des numéros difficile. D'ailleurs, par la multiplicité des constructions nouvelles, un remaniement général était devenu inévitable. Le 28 janvier 1847, M. le comte de Rambuteau prescrivit un nouveau numérotage pour tout Paris, décida que la Ville en ferait les frais, adopta l'emploi uniforme et exclusif de plaques de porcelaine émaillée, à numéros blancs sur un fond bleu, sans varier la couleur d'après la direction des rues par rapport au cours de la Seine. Cette simplification n'entraîne aucun inconvénient véritable. Une seule amélioration semble désirable, c'est la substitution des numéros lumineux pendant la nuit aux numéros opaques, par l'emploi des appareils décrits plus haut, à l'occasion de l'inscription des noms des voies publiques, et dont l'essai se poursuit depuis une année sur la place de l'Hôtel-de-Ville. Si, pour la totalité des numéros de Paris, la dépense était jugée excessive, la Commission estime que l'usage des plaques lumineuses pourrait être restreint aux numéros de dizaines, paires et impaires, en commençant par les numéros 5 et 10, dans chaque rue, ce qui réduirait les frais au cinquième, et donnerait aux passants de nuit des indications très-suffisantes.

Dans les voies classées, la première pose des plaques de numérotage, comme celle des écriteaux portant inscription du nom des rues, est faite par la Ville, et l'entretien seul demeure à la charge des propriétaires. Dans les voies non classées, la première pose et l'entretien sont aux frais des propriétaires, et peuvent être exigés par mesure de police.

Cet historique, trop développé peut-être, montre du moins quelle longue suite de temps, d'études et de décisions souveraines il a fallu pour arriver à ces résultats, apparemment si faciles à atteindre : nommer convenablement les rues d'une grande ville ; inscrire ces noms à tous les coins des voies publiques, sur les points les plus commodes, à des hauteurs sagement mesurées; numéroter les maisons de la manière la plus propre à rendre les recherches aisées, soit pour les particuliers, soit pour les services publics. On ne sait pas assez avec quelle lenteur les idées pratiques les plus simples naissent, se dégagent et s'acceptent, et combien d'efforts les administrateurs les plus habiles sont contraints de faire pour les mettre en pratique. La routine, plus puissante qu'on ne croit chez notre peuple, qui se prétend novateur, les préjugés, mille causes diverses, viennent à la traverse des mesures les plus inoffensives et les plus utiles. De la fin du seizième au dix-neuvième siècle, trois grands souverains, Henri IV, Louis XIV, Napoléon Ier, des Ministres comme Sully, Richelieu, Colbert, une série de Prévôts des Marchands, de Lieutenants de police, de Préfets, se sont occupés de cette affaire, si petite et toute

III.   6

de ménage : les adresses des habitants de Paris ! et il n'y a pas soixante ans que le problème est à peu près résolu.

Que de solutions ont d'abord été nécessaires pour réaliser dans son ensemble le bon ordre actuel des cités, ce savant et délicat artifice d'une police efficace et sans bruit, d'une édilité ingénieuse et attentive ; ces mille avantages dont jouit chaque jour toute une immense population, malgré les difficultés qui naissent de son agglomération même ! C'est comme un trésor lentement accumulé par l'active intelligence des générations administratives, et par le génie des grands hommes. Le public en profite, ainsi que de tous les biens communs qui lui sont départis, sans s'en apercevoir.

CHANGEMENTS PROPOSÉS.

IV

Quoi qu'il en soit, l'état de choses existant en 1859, en ce qui concerne les noms et les écriteaux des rues de Paris et les numéros des maisons, était satisfaisant ou n'appelait que quelques améliorations, objet des études de l'Administration municipale. Mais l'extension des limites de Paris rend immédiatement nécessaire l'application du système parisien aux territoires réunis, et hâte l'examen des modifications qui pourraient y être utilement apportées.

En 1859, Paris comprenait :

1,394 rues, boulevards, avenues, etc.

84 impasses.

36 quais.

141 places ou carrefours, etc.

En 1860, la zone suburbaine a apporté à l'ancienne ville un contingent de :

1,185 rues, boulevards, routes, chemins, etc.

146 impasses.

13 quais.

103 places ou carrefours, etc.

Comme on l'a dit au début de ce Rapport, ces voies publiques si nombreuses n'ont pas toutes été l'objet de mesures analogues à celles qui ont été prises pour les rues de l'ancien Paris. Presque toutes, il est vrai, ont reçu des noms, soit de la tradition, soit des autorités communales, soit des particuliers qui les ont ouvertes, mais beaucoup de ces noms se répètent, beaucoup sont semblables à ceux des rues, souvent les plus importantes, du centre de la ville. On compte aujourd'hui dans Paris agrandi, 18 rues ou places dites de l'*Église;* 7, de la *Mairie,* 16 appelées *Marie;* 16 empruntant leur nom à *Notre-Dame;* le patronage de *saint Pierre,* de *saint Louis,* de *saint Martin,* de *saint Denis,* de *saint Jacques,* s'étend à plus de 60 voies publiques ; on s'est également disputé les noms de *Napoléon,* de l'*Alma,* de *Constantine,* etc.; le mot *croix* entre dans le nom de 18 rues ou avenues ; les mots *champs, moulin, vignes, carrières, bac, chemin de fer, gare,* etc., ne sont pas moins prodigués. Les habitants de chaque commune ne songeaient guère aux commun s voisines, et choisissaient pour désigner leur chemin habituel l'appellation la plus simple, tirée de l'édifice ou de l'objet le plus voisin, à moins que leur imagination, excitée par un sentiment de piété ou de patriotisme, ne leur suggérât quelque nom de saint, de grand homme ou de victoire ; mais dans ces derniers choix même ils se rencontraient encore. Comme la même enceinte renferme aujourd'hui toutes ces voies homonymes, il en résulte les plus regrettables erreurs. Une lettre dont l'adresse est trop simplement écrite et ne porte pas plusieurs indications subsidiaires peut voyager pendant plusieurs jours, de Batignolles à Ivry, de la Villette à Vaugirard, ou dans le centre de l'ancien Paris, et n'arrive pas toujours au destinataire. Un cocher mal renseigné peut vous conduire au nord quand vos affaires vous appellent au sud, et vous promener longtemps à l'heure, de la meilleure foi du monde. Les erreurs les plus préjudiciables aux intérêts privés ou publics, les plus funestes, en certains cas, sont quelquefois commises. Des inscriptions hypothécaires peuvent manquer d'exactitude. Il y a de fâcheux exemples de personnes allant requérir les secours urgents d'un médecin célèbre, ou d'estafettes portant des ordres pressés, que la similitude de deux noms de rues même dans l'ancien Paris, a égarées, au grand péril de la vie d'un ami ou de l'ordre public. Qui n'a souvent maudit le trouble que jette dans la mémoire la ressemblance des dénominations des rues des Petits-*Champs*, Neuve-des-Petits-*Champs*, Croix-des-Petits-

Champs, ou encore, des rues des Grands-*Augustins,* des Vieux-*Augustins,* Neuve-Saint-*Augustin?* — Mais, aujourd'hui l'extension des limites de la ville a multiplié à l'infini et fort aggravé ces inconvénients. Pour les faire cesser, le changement de 791 noms de rues ou de places dans Paris ancien ou nouveau est nécessaire ; si l'on ajoute qu'un assez grand nombre de voies nouvelles attendent leur dénomination définitive, que d'ailleurs, dans la zone annexée, beaucoup de rues ne portent point d'écriteau, que le numérotage est presque partout défectueux, on comprendra l'impatience du public à cet égard.

La Commission s'empresse d'y donner satisfaction, aussitôt que l'achèvement des opérations importantes qui devaient précéder son travail lui permet de le faire.

La première question qu'elle ait dû examiner est celle-ci : le système adopté dans l'ancien Paris et qu'il s'agit d'appliquer à la zone annexée doit-il être modifié dans son ensemble, ou du moins est-il susceptible de quelque perfectionnement notable dont l'exemple soit donné par les villes étrangères, ou dont l'indication résulte de l'étude attentive des besoins publics?

Dans la plupart des villes considérables d'ancienne création, les quartiers et les rues ont pris des noms tirés, comme à Paris, de quelque édifice, de quelque homme plus ou moins célèbre, de quelque circonstance locale. Mais nous avons vu en Amérique de grandes cités naître d'un seul coup, par le prodigieux et subit développement d'un peuple. Là, les fondateurs, instruits par le spectacle du vieux monde, mais libres

de tout fait préexistant, dégagés de toute habitude populaire, ont recherché, *à priori*, ce qui leur paraissait
le plus simple et le plus commode ; ils ont pris possession d'un vaste espace dans la prévision d'une immense et prochaine agglomération d'habitants ; ils ont
marché la règle à la main, et tracé, en géomètres, le
plan et les divisions de la ville nouvelle.

New-York offre, à cet égard, un curieux objet d'é-
tude. Cette ville est située sur une presqu'île de forme
oblongue, entre l'embouchure de l'Hudson et un bras
de mer. A l'extrémité méridionale de la presqu'île, la
vieille ville, fondée jadis par les Hollandais, est bâtie
sans régularité, à l'européenne ; un peu plus vers le
nord, les rues inclinées selon la direction des deux rivages, et rangées des deux côtés d'une large voie, ancienne grande route appelée *Broadway*, se coupent cependant le plus possible à angles droits, et prennent
déjà l'aspect géométrique.

Dans ces deux parties de la cité, les rues portent des
noms, soit d'origine hollandaise, soit empruntés, pour
la plupart, aux hommes célèbres qui ont présidé à la
naissance de la République américaine.

Mais dès que les constructions eurent atteint le
corps de la presqu'île, compris entre deux rivages à
peu près parallèles, l'édilité de New-York, prévoyant
un accroissement extraordinaire de la population, s'em-
pressa de dessiner, pour la recevoir, un vaste cadre
qui pût répondre et au delà à toutes les immigrations
de l'avenir. La presqu'île, dans toute sa longueur, est
divisée en parties égales par 11 avenues de 10 milles

de long sur **30** mètres de large, que croisent **227** rues mathématiquement espacées, allant d'un rivage à l'autre, longues d'environ **2** milles, et larges, les unes de **18** mètres, les autres de **30**. Chaque avenue, chaque rue, porte un numéro d'ordre ; chaque maison est numérotée selon le système parisien, de telle sorte qu'une adresse se résume à peu près en deux chiffres.

Il s'en faut, d'ailleurs, que ce cadre de **10** milles de développement soit rempli ; les constructions cessent ou deviennent clair-semées à partir de la 35e rue, sauf la troisième avenue, qui est bordée de maisons dans toute sa longueur, grâce aux anciens bourgs de York-Ville et de Harlem, qu'elle traverse.

A Washington, les deux systèmes de nomenclature des rues ont été ingénieusement combinés. Une grande croisée que forment les trois avenues du Capitole, nord, sud, est, et, vers l'ouest, un canal, etc., partage la ville et sert de base à un réseau de rues qui se coupent à angles droits ; de ces rues, les unes, parallèles aux deux avenues qui suivent la direction du nord au sud, prennent des numéros et se désignent ainsi : rue 1re est, rue 2e est, etc., ou 1re ouest, 2e ouest, etc. ; les autres, parallèles à l'avenue dirigée de l'est à l'ouest et à la ligne du canal, sont distinguées par des lettres : rue A nord, B nord, etc., ou A sud, B sud, etc. Enfin, à travers ce premier réseau s'en dessine un autre de grandes avenues obliques qui rayonnent autour de deux centres principaux, le Capitole et le palais de la Présidence, et qui portent les noms des États de l'Union, dont la ville de Washington est le centre fédéral.

A Philadelphie, les rues qui traversent la ville dans un sens portent des numéros ; celles qui vont dans un autre sens ont des dénominations dont la plupart sont des noms d'arbres : rues de la Vigne, du Cerisier, du Mûrier, du Pin, du Cèdre, etc.

Toutes ces rues en ligne droite, régulièrement numérotées, tous ces îlots en forme de parallélogrammes égaux qui se succèdent avec une rigoureuse uniformité, toute cette arithmétique superposée à de la géométric, n'éveillent point de souvenirs historiques et doivent présenter peu d'aspects intéressants. Le touriste n'y trouverait que de l'ennui, si son imagination n'était frappée par l'incroyable activité du peuple jeune et robuste qui s'agite en innombrables essaims dans ces alvéoles. Mais l'homme d'affaires américain, avare de son temps, se plaît aux lignes droites et à la mnémotechnie chiffrée.

Seulement, rien de tout cela n'est évidemment praticable dans une cité comme Paris, qui est l'œuvre lente des événements et des siècles. Les rues y affectent toutes les directions, toutes les courbes, toutes les dimensions.

On ne saurait les classer par séries et les numéroter dans un ordre quelconque. Elles se sont formées isolément, par la construction d'anciennes habitations autour d'églises, de couvents, de palais aujourd'hui presque tous disparus, le long d'enceintes successivement élevées et détruites, à travers d'immenses enclos morcelés. Les groupes de maisons, les faubourgs, les hameaux, se sont peu à peu grossis, rapprochés, soudés en quelque sorte, comme des cristaux irréguliers et divers.

C'eût été un ensemble confus et inextricable, si l'esprit civilisateur des souverains n'avait donné quelque unité, par des percées intelligentes, des démolitions bien entendues, à ce travail du temps et du hasard. S'il arrive qu'à la fin, un prince, épris de sa capitale, après l'avoir agrandie par l'adjonction d'une douzaine de villes, qu'elle avait fait naître autour d'elle, en veuille relier et proportionner toutes les parties sur un plan magnifique, et qu'il ait assez de pouvoir et de volonté pour mener à bonne fin l'exécution d'un tel projet, alors de larges voies de circulation s'ouvrent à travers l'antique dédale et en coupent de part en part les replis ; des promenades s'allongent ou se courbent en lignes correctes ; les têtes de chemins de fer, les principaux édifices, centres de l'action ou de la force publique, naguère séparés, sont mis en communication directe ; de nouveaux quartiers couvrent de constructions nombreuses de vastes terrains longtemps séparés de la ville et désormais accessibles ; une édilité active redresse les rues, adoucit les pentes, élargit les chaussées, dégage les monuments, lutte en faveur de la santé et du bien-être de la population contre les caprices et les imperfections du passé. Mais l'immense cité, malgré sa transformation profonde, portera toujours sur chaque point de son sol, par le bizarre dessin de ses anciennes rues, par la direction variée de ses voies d'origines diverses, l'empreinte successive des âges qui l'ont formée.

Le système de nomenclature des voies publiques actuellement en vigueur à Paris, et que l'on pourrait appeler *historique*, puisque les noms de vieilles rues conservent le souvenir de l'ancienne population qui les a choisies, et que ceux des rues nouvelles contribuent à perpétuer la mémoire des grands hommes, des grandes actions dont s'enorgueillit la nation, est donc celui qui convient le mieux à une ville ainsi faite. — D'ailleurs, est-il bien certain qu'au point de vue même de la brièveté et de la clarté, le système américain soit préférable?

Une adresse qui contient deux chiffres, et l'indication d'un des points cardinaux, n'est guère plus courte qu'une adresse qui se résume ordinairement en un nom de rue et un seul numéro, et elle peut occasionner de plus graves erreurs si les chiffres se confondent dans la mémoire; j'aimerais encore mieux peut-être chercher M. X., *rue de la Pompe*, **20**, *Passy-Paris*, que M. Z., n° **81**, 18ᵉ *rue. Est. New-York.*

Il n'a donc pas paru à la Commission qu'il y eût rien autre chose à faire, en ce qui concerne la désignation des voies publiques de Paris, qu'à corriger et à perfectionner le système de nomenclature aujourd'hui en usage.

(Sera continué dans le 4e volume.)

ÉTUDES ADMINISTRATIVES

OUVERTURE DE LA RUE B (PARTIE COMPRISE ENTRE LA RUE DROUIN-QUINTAINE (LA VILLETTE) ET LA RUE DE PARIS (BELLEVILLE).

19ᵉ Arrondissement,

(Voir les croquis annexés à ce volume.)

Un décret daté de Vichy, le 28 juillet 1862, a prescrit, entre autres dispositions : ..... 2° l'ouverture d'une rue circulaire A de 20 mètres de largeur, entre les rues de Crimée et Fessart, avec raccordement vers la rue des Moulins (19ᵉ arrondissement).

... 4° L'élargissement sur 20 mètres de largeur de la rue Drouin-Quintaine, et l'ouverture d'une rue B, également de 20 mètres de largeur, se rattachant à la rue Drouin-Quintaine pour relier l'ancienne barrière de Pantin au cours de Vincennes, avec embranchement vers la nouvelle église de Belleville (19ᵉ, 20ᵉ et 12ᵉ arrondissements) (1).

L'Administration municipale a soumis dernièrement à l'enquête l'ouverture de la rue B, pour la partie entre la rue Drouin-Quintaine et la rue de Paris.

A ce sujet, voici quelques observations pleines de convenance que nous avons mission de transmettre à l'Autorité municipale :

(1) Nous publions en entier ce décret à la fin de cet article.

Le projet qui vient de faire le sujet de l'enquête ne comprend que le percement de la voie B. Néanmoins, le plan exposé dernièrement indiquait non-seulement les portions des propriétés atteintes par cette voie, mais encore d'autres parties de terrains que l'Administration municipale se propose d'exproprier. Bien que ces terrains n'intéressent pas précisément la voie en question, l'intention de la Ville serait vraisemblablement d'en tirer parti, en les vendant avec des clauses imposant la prompte édification de nouveaux bâtiments dans cette localité.

Ajoutons que l'îlot compris entre la rue de Paris et celle Pradier doit, selon le décret, livrer passage aux voies A B.

La voie A partant du square des buttes Chaumont, *devra se raccorder avec la rue des Moulins*, tel est le texte précis du décret, qui cependant ne dit pas comment ce raccordement doit s'opérer.

Cependant, il ne faut pas oublier que, d'après le plan officiel, cette fusion est indiquée ; il semblerait toutefois résulter de l'enquête que l'exécution de la voie A serait ajournée.

Cette incertitude qui laisse en souffrance de nombreux intérêts, a motivé de la part d'un certain nombre de propriétaires de cette partie de l'ancien Belleville, plusieurs réclamations qui nous paraissent fondées.

Pour bien comprendre ces réclamations, nous avons jugé nécessaire de composer deux croquis, de les mettre en regard sur la même feuille. Le premier de ces deux croquis indique le projet qui a motivé le décret ; le second, le projet de modification du raccordement de la voie A.

Il s'agit de démontrer toute l'utilité de l'ouverture simultanée dans cette partie de l'ancien Belleville des voies A et B.

Disons d'abord que l'exécution partielle du projet municipal, telle que l'enquête semble l'indiquer, est défavorable à tous les intérêts. En effet, il faudrait exproprier les numéros pairs de la rue des Moulins pour l'ouverture de la voie A et partie des numéros impairs pour la voie B, c'est-à-dire fractionner à deux reprises un certain nombre de propriétés.

Si l'on procède pour l'avenue B sans s'inquiéter de la voie A, les indemnités deviendront relativement très-coûteuses, car la partie expropriée frappera de stérilité la partie restante ; disons comment.

La valeur de ces propriétés consiste précisément dans leur admirable position qui domine le splendide panorama de Paris et les communes environnantes.

Cette position exceptionnelle qui est en même temps une certitude de bien-être et une garantie de salubrité, constitue la principale valeur des propriétés, notamment de celles de la rue des Moulins (côté gauche).

Maintenant, si la Ville exécute seulement la rue B, elle fractionne ces immeubles, en masquant les parties restantes par un rideau de maisons à six étages.

Que deviennent ces immeubles ainsi morcelés, sans horizon, privés d'air, aveuglés? des valeurs amoindries après les avoir dénaturées.

Démontrons cette vérité : supposons un immeuble contenant en superficie 3,200 mètres environ. Dans cette superficie, les constructions entrent pour 300 mètres et les terrains pour 2,900. Cet immeuble compte 18 locataires, parmi lesquels 8 ont un loyer de 1,000 fr. et les 10 autres de 500 fr., ce qui donne un revenu brut de 13,000 fr. Chaque locataire a la jouissance d'un petit jardin.

Pour l'exécution de sa voie B, la Ville a besoin de 1,200 mètres de terrain. Quant aux constructions, le projet les épargne. Maintenant, fixons la valeur du terrain par lui-même à 50 fr. le mètre, l'Administration aurait donc une première somme de 60,000 fr. à payer.

Mais que devient l'immeuble privé d'une partie de ses jardins changés en cours, et croit-on que les locataires qui ont choisi cette propriété pour avoir de l'air et de l'espace, pour jouir d'un des plus beaux points de vue du monde, croit-on qu'ils consentiront bénévolement à subir un immense placard leur dérobant la perspective de Paris en les parquant dans une maison borgne ?

Certainement ils quitteront tous cette propriété, qui de maison habitée bourgeoisement deviendra petite cité ouvrière dans laquelle le prix des appartements fléchira de moitié, sans compter les dépenses de nouvelles clôtures, ainsi que des remblais à opérer.

En cette circonstance, la Ville n'aura donc pas simplement à payer la valeur du terrain, nécessaire à la voie B, mais il lui faudra forcément, en outre, dépenser des sommes relativement considérables pour réparer le préjudice causé par le fait de la substitution d'une haute muraille à un immense horizon.

En effet, quoique l'expropriation ne s'applique rigoureusement qu'aux 1,200 mètres de terrain, elle enlève, elle dérobe une utilité, des avantages, un avoir bien autrement précieux, c'est l'air, c'est l'espace, c'est la perspective que laVille exproprie et dont la Ville doit tenir compte.

Dans l'espèce, si le revenu de la maison que nous prenons pour exemple descend de 13,000 fr. à 6,500, c'est évidemment 130 ou 140,000 fr. que la Ville doit payer, bien que le terrain dévolu à la voie publique ne représente qu'une valeur particulière de 60,000 fr.

Ce n'est pas tout! Parmi ces locataires, s'il en est qui possèdent des baux avec jouissance d'un jardin, si ces locataires occupent des appartements dont les fenêtres s'ouvrent sur Paris, la Ville, qui les prive de cette jouissance qui leur enlève ce splendide spectacle, la Ville serait-elle dispensée de les indemniser?

Le jury évidemment tranchera toutes ces questions en faveur des propriétaires et locataires.

Suivant le projet de l'Administration, il faudrait exproprier en totalité les numéros pairs 2, 4, 6, 8, 10, 12, 14, 16, 18 et 20 de la rue des Moulins et les n°s 107 et 109 de la rue de Paris; ces propriétés sont considérables en raison de leur grande profondeur. Lorsque la Ville aura exproprié la portion bâtie de ces propriétés, il lui restera des terrains d'une grande profondeur et difficiles à vendre.

Le projet de l'Administration absorbe aussi pour la voie A les numéros 33, 31, 29, 27, 25 en totalité, et le surplus du n° 23, atteint déjà pour la voie B.

Pour cette dernière, on doit exproprier partie des numéros 23, 21, 19, 17, 15, 13, 9, 7 et le n° 1, en y ajoutant les numéros 3, 5 et 11, en tout douze propriétés.

Dans cette situation clairement définie, le véritable intérêt de la Ville de Paris est donc d'exproprier entièrement les propriétés numéros impairs de la rue des Moulins, pour livrer passage simultanément aux voies A, B. En procédant de cette façon, l'Autorité municipale évite une seconde expropriation des maisons numéros pairs de la rue des Moulins, expropriation que l'enquête semble indiquer, mais que l'Administration ne saurait sagement répéter, tant elle serait préjudiciable aux finances de la Ville.

Ajoutons cette vérité sans réplique : l'emplacement compris entre les voies A et B étant diminué d'une bande de terrain de 12 mètres, par le fait de l'adjonction de cette bande de terrain à la dimension actuelle de la rue des Moulins, cet emplacement, disons-nous, acquerrait une plus-value considérable, par cette raison que la division des terrains, devenue plus facile, leur profondeur serait mieux proportionnée à la façade des maisons à construire, avantage précieux pour procéder à un lotissement bien entendu.

C'est à la haute sagesse de nos Édiles qu'il appartient de féconder ces observations que nous leur avons soumises avec la bonne intention de bien servir l'Au-

torité municipale, tout en ménageant des intérêts que
nous avons mission de défendre.

Louis Lazare.

DÉCRET du 28 juillet 1862, concernant les 19e, 20e et 12e arrondissements.

Un décret daté de Vichy, le 28 juillet 1862, a déclaré d'utilité publique dans Paris, les opérations de
voirie ci-après, savoir :

1° Le prolongement sur 16 mètres de largeur de la
rue de Bordeaux, entre la rue de Flandre et le nouveau
pont de la Croix de l'Évangile (19e arrondissement) ;

2° L'ouverture d'une rue circulaire A, de 20 mètres
de largeur entre les rues de Crimée et Fessart, avec
raccordement vers la rue des Moulins (19e arrondissement) ;

3° La formation d'un jardin public sur l'emplacement des carrières du centre, avec voie circulaire de
limitation de 20 mètres de largeur du côté du nord ;

4° L'élargissement sur 20 mètres de largeur de la
rue Drouin-Quintaine et l'ouverture d'une rue B également de 20 mètres de largeur se rattachant à la rue
Drouin-Quintaine pour relier l'ancienne barrière de
Pantin au cours de Vincennes avec embranchement
vers la nouvelle église de Belleville (19e, 20e et 12e arrondissements) ;

5° L'ouverture d'une rue C de 20 mètres de largeur,
entre la place Ménilmontant et un rond-point à mé-

nager derrière le cimetière du Père-Lachaise, à la rencontre de la rue ci-dessus (20ᵉ arrondissement) ;

6° L'ouverture d'une rue D, de 20 mètres de largeur, destinée à relier le rond-point projeté derrière le cimetière du Père-Lachaise à la porte de Romainville (20ᵉ arrondissement) ;

7° L'ouverture d'une rue E devant former, sur 20 mètres de largeur, la continuation de la rue C à la porte de Bagnolet (20ᵉ arrondissement) ;

8° L'ouverture d'une rue F, d'une largeur de 20 mètres, entre le cours de Vincennes et la porte de Charenton (12ᵉ arrondissement) ;

9° L'établissement d'un boulevard G, d'une largeur, de 30 mètres, devant communiquer de l'ancienne barrière de Reuilly à la porte de Picpus (12ᵉ arrondissement) ;

10ᵉ L'ouverture d'une rue H, de 12 mètres de largeur sur l'emplacement de la ruelle de l'Église (12ᵉ arrondissement) ;

11ᵉ Enfin, l'ouverture d'une rue I, de 15 mètres de largeur, dans la vallée de Fécamp (12ᵉ arrondissement).

Ouverture de la rue B.

Partie comprise entre la rue Drouin-Quintaine (La Villette) et la rue de Paris (Belleville).

Tableau des Offres.

Rue Fessart, en retour sur la rue de Meaux, dame

Boursault, femme de M. le baron Lozelte de Rubempré, propriétaire, 21,357.

Rues Fessart, de Meaux et des Carrières, dame Renoult, épouse de Robin, propriétaire, 20,172.

Rue Fessart, n° 4, Gazagne, prop., 12,036.—Même rue, 6, Satin, prop., 43,120. Trousslard, marchand de vins, locataire, 1,200. — Même rue, 8, François Carrioux, prop., 19,313.— Même rue, 10, Bouger, prop., 11,526.

Rue Fessart et chemin des Carrières, Léon Molinos, prop., 48,118. Veuve Martin, locataire, 9,000. Gauthier, menuisier, loc., 22,400. Louchard, loc., 18,600. Dupuis, loc., 6,512. Loncle, oiseleur, loc., 200.

Chemin des Carrières, 13, Jean Vidal, propriétaire, 18,965. Apra, fabricant de boîtes, loc., 4,500.

Même chemin, 11, Jean Roche, prop., 12,831. — Même chemin, 9, Augustin Fèvre, prop., 6,960. — Idem, 7, Jules-Alexandre Labru, prop., 3,910. — Id., 12, Eugène Salange, prop., 2,524.— Id., 14, Frédéric Marreau, prop., 24,830.

Chemin des Carrières et impasse des Fours-à-Chaux la Société des Buttes Chaumont, prop., 18,935.

Impasse des Fours-à-Chaux, 1° demoiselle Filleau, 2° Delarbre, 3° Loisel, prop., 11,650.

Rue Arago, 15, 17 et 19, Micoud et héritiers Filleau, prop., 77,000 fr. partie. Vic et C°, marchands de bois et charbons, loc., 1,500. Argant, fabric. de cafés torréfiés, loc., 2,500. Cochet, marchand de vins, loc., 2,500.

Rue Arago, 15, héritiers Filleau, prop., 1 fr. partie.

Rue Arago, 16, 1ᵉ Lasserre, 2º Fuilham, propriét., 50,000. — Même rue, 20, Michel Gohin, pr., 20,000. — Même rue, 22, Féfel, prop., 8,000. Demoiselle Achart, locat. et usufruitière, 2,000.

Rue Arago. 18 et 22, Lebellé, représenté par sa femme, prop., 11,400.— Même rue, 26, dame Lebellé, prop., 1 fr. partie. — Même rue, 22, Gaudin, prop., 20 fr. partie. Jean Desroches, gravatier, loc., 1,000 fr. partie.

Boulevard du Combat, 78, la Société Impériale des Petites-Voitures, prop., 22,000.

Boulevard du Combat (cité Péchoin), 1º dame veuve Legendre, 2º Grippon, prop., 54,000. Veuve Péchoin, principale locataire, 38,500. Ludot, loc., 12,000. Carrière, id., 1,500. Duchesne, épicier, id., 10,400. Dudon, ferrailleur, id., 8,000. Laurent, cordonnier, id., 500. Prévost, loc., 6,800. Loisel, id., 23,000. Trichet, marchand de vins logeur, id., 5,000. Orrière, 8,500. Carron, marchand de vins logeur, 5,400. Périn, 9,500. Loisel, 9,500. Pierrard, 6,000. Rouhain, crémier, 3,400. Frossard, 9,600. Conrad, 9,700. Blancvillain, 9,700. Étienne, 6,500. Tirlet, 2,000. Pierre, 650. Déchaume, 5,500. Fichaux, 1,000. Drouet, 4,800. Commet, 9,200. Gaugnet, 800. Chauvin, 20 fr.

Boulevard du Combat, 8, Auguste Gonot, propriét., 20 fr. partie.

Boulevard du Combat, 14, cité Stemler, Guillaume Stemler, prop., 99,000.

Rue Richet, 25, Leroux, prop., 66,000. — Même rue, 12, Heust, prop., 92,000. Locataires : Boiron,

13,500. Nicolle, 21,200. Boutonnet, 8,200. Gérard, 3,000. Debauvais, 4,000. Charbonnier, 21,000. Pierret et Heuste, 6,500. — Même rue, 14, Nicolas-Ferdinand Moreau, prop., 45,000. Loc. Lamiable, 9,000. Veuve Bourgeois et Péchell, 6,000.

Rue Richet, Pierre Bénard, prop., 9,200. Cabaret, loc., 3,500.

Rue Richet, Charles Bénard, prop., 9,000.

Rue Richet et rue Lauzin, Pierre Lauzin, propriét., 35,000 fr.

Rue Fessart et rue Pradier, Jarsain, prop., 20 francs partie. Berthaux et Pillon, loc., 2,500 fr. partie.

Impasse Gauthier, Sueur et Lutz, prop., 8,000.

Rue Saint-Laurent, 49, et cité Jandelle, Louis Henri Mayeux, prop., 38,000.

Impasse Gauthier et rue Saint-Laurent, 53, Gauthier, prop., 175,000. Sueur et Lutz, loc., 50,000.

Impasse Gauthier, 26, Pierre-Étienne Jouarre, prop., 21,000. Jouarre, balancier, mécanicien, loc., 5,000.

Impasse Gauthier, 24, Sergent, prop., 21,000. Sergent, hôtel garni, loc., 5,000. — Même impasse, 22, Joubert, prop., 12,500. — Même impasse, 20, Boniface Camille, prop., 11,500. Camille, porteur d'eau, loc., 1,500.

Rue Pradier, 25, François Tessier, prop., 44,000. Tessier, serrurier, loc., 6,000. — Même rue, 23, Krettely, prop., 63,000. — Même rue, 21, Mias, propriét., 78,000. — Même rue, 19, Hautoy, prop., 40,000. Herzer, locat. principal, 4,000.

Impasse Gauthier, 12, dame Bernard, prop., 8,000. Bernard, hôtel garni, locat., 2,000.

Rue Pradier, Jean Gauthier, prop., 20 fr. partie.

Rue Pradier, 18, et rue Neuve-Pradier, Jean François Bringuier, prop., 45,000. Bringuier, marchand de vins, loc., 1,500.

Rue Neuve-Pradier, 2, Vergnereau, prop., 2,000. Mathieu, logeur et blanchisseur, locat., 2,800. —Même rue, 4, Louis-Georges Varin, prop., 40,000. Varin, logeur, locat., 4,500. — Même rue, 6, Jean-Antoine Keppler, prop., 20 fr. partie. — Même rue, 8, Flandinette, prop., 9,000. Flandinette, loueur de voitures, locat., 1,000.

Rue Neuve-Pradier, 10, et impasse de l'Est, 13, Charles-Marie Poinsotte, prop., 10,000. Poinsotte, bijoutier, locat., 3,500.

Rue Pradier, 20, et rue Neuve-Pradier, 1, Auguste Violet, prop., 75,000 fr. totalité. O. 20 fr. partie. Boulet, charpentier, locat., 8,000.

Rue Neuve-Pradier, 3, Millevoix, propr., 43,000. — Même rue, 5, Ramé, 33,000. Ramé fils, fabricant de manches de parapluies, 5,000. — Même rue 7, Choisel, prop., 25,000. Choisel, fabricant de porcelaines, locat., 8,000. Gattelet, mouleur, 1,400.

Rue Neuve-Pradier, 9, et impasse de l'Est, 15, François Lebrot, prop., 62,000. Hadrot, fabricant de socles de pendules, locat., 1,000.

Impasse de l'Est, 17 et 19, Vallat ou Thomas, prop., 4,100. Locat., Vallat, 3,700. Pierrugues, fabricant de

moka indigène, 400. Lussan, 6,400. Tartivot, menuisier, 140.

Rue Neuve-Pradier, 12, Vallat, prop., 25,000. —
Même rue, 14, Pierre-Alexis Vasseur, prop., 12,000.

Impasse de l'Est, 14, Loge maçonique, p., 11,500.
Loge maçonique, Locat., 350.

Rue des Moulins, 23, et impasse de l'Est, de Tavernier, prop., 18,160 fr. partie.

Rue des Moulins, 17, et rue Neuve-Pradier, 18, Le-
sort, prop., 50,000.

Rue des Moulins, 15, Gateclout, prop., 8,300. Paris,
locat., 300.— Même rue, 11, Chardin, prop., 6,797 fr.
10.— Même rue, 7 et 9, Camaret, prop., 1 fr. partie.

Rue de Paris, 85, dame Magnière, prop., 2,241 fr. 10.
— Même rue, 87, Godard, prop., 2,600 fr. 30.—Même
rue 93, Allain, prop., 20,000.— Même rue, 93, Charles Furguier, prop., 85,000. Locat., Rempenault, crémier, 4,000. Blondet, peintre en bâtiments, 2,600. —
Même rue, 95, Violet, prop., 80,000. Locat., Capon,
mercier, 5,200. Barard, cordonnier, 3,000.

Rue de Paris, 97, dame Cochois, prop., 65,000. Loc.
Chadeyras, marchand de vins, 2,000. Spezzechino,
cordonnier, 2,000.— Même rue, 99, Martin, propriét.,
85,000. Locat., Porte, limonadier, 7, 000.—Même rue,
101, Henri Guillaume, prop , 58,000. Locat., Boust,
chapelier-modiste, 6,000. Dame Duchaussois, lingère,
3,400. Archambault, appartement, 675. — Même rue,
103, et rue des Moulins, 1, Grisart, prop.. 10,600 fr.
Dolmet, épicier, locat., 800

ÉDILITÉ PARISIENNE.

LE PARIS D'AUTREFOIS, LE PARIS D'AUJOURD'HUI.

Le déplacement de la population riche de Paris, aux différents âges de cette ville, est un des faits les plus intéressants de notre histoire municipale.

Nous allons essayer de rappeler à nos lecteurs les circonstances qui ont déterminé ces migrations successives de cette population favorisée par la naissance et la fortune.

L'île de la Cité fut longtemps tout Paris. Lorsque les habitants se trouvèrent trop à l'étroit, lorsque le vase trop plein déborda, un premier déplacement s'opéra.

Les communautés religieuses, les établissements hospitaliers et universitaires se dirigèrent bientôt vers la montagne Sainte-Geneviève, à l'effet d'être affranchis du tumulte de la ville.

Le commerce et l'industrie traversèrent le grand pont et s'établirent sur la rive droite, où elles trouvèrent un magnifique plateau, bien favorable au transport des marchandises. Comme on le voit, l'intérêt explique ce double déplacement au nord et au midi de la ville.

Mais quels furent les quartiers que hantèrent de préférence les nobles et les riches?

Pour éviter des longueurs, envisageons Paris à l'époque où cette capitale commençait à exercer son influence sur les destinées de la France.

Charles V habite l'hôtel royal de Saint-Paul, et la noblesse vient s'établir dans le quartier que nous appelons aujourd'hui le quartier de l'Arsenal.

La Royauté abandonne l'hôtel de Saint-Paul, trop voisin du fleuve, et se fixe dans le palais des Tournelles. A l'instant, la noblesse quitte le quartier de l'Arsenal et se construit des hôtels autour de l'habitation souveraine, c'est-à-dire dans un marais, dont un quartier a pris et conservé le nom.

Henri II, blessé à mort dans un tournoi, est porté sans connaissance au palais des Tournelles, où il expire le 15 juillet 1559.

Alors cette habitation devient comme un lieu de perdition ; mille terreurs assiègent les hôtes illustres de ce triste manoir, qui est abandonné, puis vendu, sous Charles IX, et l'on en fait la place Royale sous Henri IV.

Que deviennent les nobles et les riches dès l'abandon du palais des Tournelles ? Ils suivent la Royauté, s'établissent près du Louvre et des Tuileries, et plus tard en face du Palais du Souverain, sur la rive gauche, en bordure du Pré-aux-Clercs.

Les familles parlementaires viennent remplacer les gentilshommes dans le quartier du Marais, comme de nos jours les vieux hôtels de ces derniers sont envahis par l'industrie parisienne, forcée d'abandonner les ruelles du vieux Paris.

Mais nous allons trop vite ; revenons un instant au déplacement de la bourgeoisie.

Nous avons dit que l'industrie et le commerce, étouffant dans l'île de la Cité, avaient franchi le fleuve pour s'établir au nord, où ils trouvèrent un magnifique plateau ; ils s'étendirent rapidement, toujours de préférence vers le nord, faisant démolir, éclater les remparts, sous la pression d'une population toujours grossissante.

Cet envahissement, qui rejetait au loin la noblesse et les établissements hospitaliers, devint encore plus rapide alors que la Royauté adopta successivement Fontainebleau, Saint-Germain et Versailles.

Le commerce de luxe, sous le règne de Louis XVI, établit son grand bazar dans le Palais-Royal. Mais bientôt ce bazar s'amoindrit, et les boulevards du nord de Paris, qui en 1750, ne comptaient que soixante-cinq maisons imposées, deviennent la grande promenade par exellence, bordée de riches habitations, aujourd'hui au nombre de 417, représentant une richesse immobilière de près de deux cent dix millions !

Quant aux nobles, ils restent dans le faubourg-Saint-Germain, qui est dans Paris une ville à part. Les financiers, les riches envahissent *le chemin des Porcherons*, et improvisent, au commencement de ce siècle, un nouveau quartier sous le nom de la Chaussée-d'Antin.

Un grand et utile déplacement s'opère aujourd'hui ; les classes ouvrières et nécessiteuses, qui étouffaient dans les ruelles, au centre de cette ville, se portent principalement aux extrémités nord-est, pour s'établir dans les communes récemment annexées.

Le commerce aspire à se rapprocher du centre, aujourd'hui assaini par deux ventilateurs, la rue de Rivoli et le boulevard de Sébastopol, qui ramènent un peu vers le milieu de Paris le haut commerce, qui tendait à s'égarer trop au nord de la ville.

Les grandes existences, la banque enrichie, les étrangers étouffent dans ce réseau de voies publiques, de 10 à 12 mètres, qui composent aujourd'hui la Chaussée-d'Antin, abasourdie par le bruit des voitures circulant dans Paris, au nombre de plus de soixante mille. La Chaussée-d'Antin est toute dans la rue; aussi l'émigration a commencé.

De quel côté se dirige cette population friande de jouissances, pour se procurer de l'air, de l'espace, de la grandeur? — Évidemment sa préférence est pour l'ouest de Paris. Là seulement elle peut se tailler de grandes habitations, éloignées du tumulte et de l'activité fiévreuse de la ville.

Ainsi le Paris de Charles V était le quartier de l'Arsenal; celui de Louis XII le Marais; celui de Henri IV et de Louis XIII la rue Saint-Honoré, dans le voisinage du Louvre; celui de Louis XVI la Chaussée-d'Antin.

Quel sera le centre du Paris de Napoléon III?

L'église de la Madeleine.

Il faut donc que les quartiers du Roule, des Champs-Élysées, que les abords de l'Arc de Triomphe et du bois de Boulogne, que Passy, Auteuil, deviennent grandement parisiens, afin que la Capitale s'étende jusqu'à la Seine qui contourne.

Il y a donc nécessité urgente à étudier tout ce vaste périmètre, de telle façon qu'aucune idée ne germe étroite et vulgaire sur ce sol privilégié.

Ce ne sera jamais là, et Dieu nous en préserve, le Paris des affaires, le Paris fiévreux et trafiquant, mais bien le Paris de l'élégance et du repos dans la grandeur, ayant pour perspective les monuments les mieux placés dans l'estime de l'Europe.

Louis Lazare.

EXPROPRIATION POUR CAUSE D'UTILITÉ PUBLIQUE

OUVERTURE DU BOULEVARD BEAUJON

Partie comprise entre les rues de Courcelles et du Faubourg-Saint-Honoré.

Tableau des Offres.

Rue de Courcelles, n° 31, Charles-Frédéric Moulton, 100,000 fr. — Même rue, 33, dame Madeleine-Philiberte Guéland, veuve de François Marquis, 382,000. — Même rue, 35, demoiselle Claudine-Félicie Marchand, 408,000 fr. — Même rue, 37, Henry Frédéric Cartier, 115,000.

Rue du Faubourg-Saint-Honoré, 186 et 190, et rue de Courcelles, 41 et 43, les héritiers d'Antoine-Marie Lorin, 320,000 fr. partie. Focquet, entrepreneur de peintures et marchand de papiers de tenture, 8,000 fr. Dame Lachapelle, sage femme, 2,000. Barbaut, marchand épicier, 20,000.

Rue du Faubourg-Saint-Honoré, 194, Henri-Eugène Pierreson et dame Joséphine-Élisa Guiraud sa femme, 150,000. Guineraud, fruitier, 6,000. Guitard, marchand de chaussures, 3,500. Rosain, marchand épicier, 9,000.

Rue de Monceau, 4, Jean-Paul Philippe et dame Marie Élisabeth Guyard, son épouse, 125,000. Philippe fils, grainetier, 8,000.

Même rue, 8 et 10, Jules Brabant et dame Lecreps, sa femme, 20 fr. partie. Duméril, mécanicien, 100 fr.

Rue de Monceau, 1, et Faubourg-Saint-Honoré, 196, Marie-Joseph Maucomble et sa femme, dame Flore Antoinette Maucomble, 145,000. Leroyer, marchand de vins, 15,000. Veuve Hébrard, teinturière, 5,000. Bréchange, fruitier, 2,500.

Rue de Monceau, 3, Louis-Auguste Adrien Bardy et dame Marie-Charlotte Antoinette Morel, sa femme, 70,000.

Même rue, 5, Charles-François Simonnet et dame Marie-Anne Rozet, sa femme, 160,000.

Rue du Faubourg-Saint-Honoré, 198, dame Stella Élisabeth Blot, épouse de Jacques Alfred Fauquet, etc. 126,000. Trizac, cordonnier, 1,200.

Même rue, 200, Jean-Hippolyte Allain et consorts,

126,000. Rouzé, limonadier, 7,000. Dame Gigeux, marchande de dentelles, 2,000. Cheux, logement, 300.

Même rue, 202, demoiselle Thérèse Françoise Santerre, majeure, et dame Santerre, épouse Éloi, 15,000 partie. Fines, horloger, 4,000. Beuvelot, cordonnier, 4,000. Dame Aumont, logement, 450 fr.

Comme on le voit, trois rues sont intéressées plus ou moins à la continuation du boulevard de Beaujon. Ce sont les rues de Courcelles, du Faubourg-Saint-Honoré et de Monceau. Voici sur chacune d'elles quelques renseignements administratifs et historiques.

RUÉ DE COURCELLES.

Première partie, comprise entre la rue de la Pépinière et celles de Monceau et de Valois.

C'était originairement le chemin de Villiers. — Vers 1730, on lui donna le nom de rue de *Courcelles*. Elle se dirige vers le village ainsi appelé.

Une décision ministérielle du 26 messidor an X, signée Chaptal, et une ordonnance royale du 30 décembre 1846, ont fixé la moindre largeur de cette voie publique à 10 mètres.

Deuxième partie comprise entre les rues de Monceau et de Valois et la barrière.

C'était avant 1778, le *chemin de Courcelles*. A cette époque, M. le duc d'Orléans fit élargir ce chemin et lui donna le nom de rue de *Chartres*, en l'honneur de son fils aîné. Ce prince régna plus tard sous le nom de Louis-Philippe.

Un arrêté de l'administration centrale du département de la Seine, en date du 12 thermidor an VI, porte: « *La rue de Chartres, située à Monceau, prendra le nom de rue de Mantoue.* » Cette dénomination lui fut donnée en mémoire de la reddition de la ville de Mantoue par les Autrichiens à l'armée française, le 14 pluviôse an V.

Une décision ministérielle du 25 messidor an X, signée Chaptal, et une ordonnance royale du 31 août 1846, ont fixé la moindre largeur de cette voie publique à 10 mètres.

En vertu d'un arrêté préfectoral du 27 avril 1814, elle avait repris la dénomination de rue de Chartres. Conformément à une décision ministérielle du 10 mai 1854, elle a été réunie à celle de Courcelles sous cette dernière dénomination.

RUE DU FAUBOURG-SAINT-HONORÉ.

Première partie, comprise entre la rue Royale et les rues d'Angoulême et de la Pépinière.

En 1635, c'était la *chaussée du Roule*. Elle doit sa dénomination actuelle à la rue Saint-Honoré, dont elle forme le prolongement. Plusieurs déclarations du Roi en date des 18 juillet 1724, 29 janvier 1726, 23 mars et 14 septembre 1728, avaient déterminé les limites de Paris. Dérogeant à ces prescriptions, le Roi, par une nouvelle déclaration du 31 juillet 1740, autorisa les propriétaires riverains de la rue du Faubourg-Saint-Honoré à construire sur leurs terrains, depuis la rue Royale jusqu'à l'hôtel d'Évreux (aujourd'hui palais de l'Élysée) d'un côté, et jusqu'à la rue des Saussaies de l'autre. Cette autorisation fut étendue à toute la rue du Faubourg-Saint-Honoré, en vertu d'une autre déclaration du 10 février 1765. La moindre largeur de cette voie publique a été fixée à 14 mètres 50 par une décision ministérielle du 28 messidor an V, signée Benezech, et par une ordonnance royale du 27 septembre 1836.

Deuxième partie, comprise entre les rues d'Angoulême et de la Pépinière, et l'emplacement de l'ancienne barrière du Roule.

Des actes du treizième siècle indiquent un village nommé *Rolus*, *Rotulus*, dont on a fait par corruption *Rolle*, et ensuite *Roule*. Par lettres patentes du 12 février 1722, il fut érigé en faubourg de Paris. En vertu d'une déclaration du 10 février 1765, le Roi permit d'établir des constructions dans la rue du Faubourg-du-Roule.

Deux décisions ministérielles, l'une du 28 messidor an V, signée Benezech, l'autre du 4 mars 1822, et une ordonnance royale du 6 avril 1846, ont fixé la moindre largeur de la rue du Faubourg-du-Roule à 13 mètres 80 c. En vertu d'une décision ministérielle du 10 décembre 1847, cette voie publique a été réunie à la rue du Faubourg-Saint-Honoré sous cette dernière dénomination.

La maison n° 30 était habitée, en 1793, par *Guadet*, député de la Gironde à la Convention nationale, dont il fut l'un des plus grands orateurs. Décrété d'accusation dans la fameuse journée du 31 mai, il se réfugia, avec Salles et Barbaroux, aux environs de Saint-Émilien, où ils furent arrêtés le 15 juillet 1794.

En allant à la mort, Guadet dit au peuple : « Regardez-moi bien, je suis le dernier de vos représentants! » Sur l'échafaud, Guadet voulut parler, les tambours étouffèrent sa voix.

« Peuple! s'écria-t-il indigné, voilà l'éloquence des tyrans ; ils étouffent les accents de l'homme libre pour que son silence couvre leurs forfaits. »

Ainsi finit l'Eschine de la Gironde.

Au n° 31, est situé l'hôtel *Marbeuf*, autrefois de Montbazon, où est mort le maréchal *Suchet*, duc d'Albuféra, auquel Napoléon avait donné cette habitation pour cadeau de noces. — *Joseph Bonaparte* avait habité cet hôtel sous le Consulat.

Au n° 41, est l'entrée du magnifique hôtel de *Pontalba*. La porte du milieu est ornée de colonnes d'un beau style.

L'ancien hôtel de *Brunoy* est au n° 45. Son architecture est un modèle de grâce et d'élégante simplicité. En 1815, cet hôtel était habité par le maréchal *Marmont*, duc de Raguse.

Au n° 47, demeurait et est mort, en 1821, le comte de *Beurnonville*.

L'entrée de l'hôtel *Beauvau* est au n° 96.

Au n° 116 demeurait, en 1843, le marquis de *Louvois*, alors membre de la Commission des théâtres royaux. Pendant la révolution, le descendant du ministre de la guerre sous Louis XIV, ne voulant pas émigrer, se présenta au directeur de l'Opéra, qui l'accueillit sur sa bonne mine, et l'employa en qualité d'aide-machiniste au service des cintres. M. de Louvois racontait avec beaucoup de grâce et d'esprit cet épisode de sa vie aventureuse, et il disait gaiement que c'était là son meilleur titre aux fonctions de commissaire de l'Opéra, dont il connaissait tous les *rouages*.

Au n° 124, demeurait et est mort, le 13 avril 1813, le géomètre *Lagrange*.

RUE DE MONCEAU.

Ouverte en 1785, cette rue doit son nom au parc de Monceau, vers lequel elle se dirige. Une ordonnance royale du 30 août 1846 a fixé la largeur de cette voie publique à 10 mètres.

Tels sont les documents qui se rattachent aux trois voies publiques intéressées à l'exécution du boulevard de Beaujon.

GRANDS TRAVAUX DE VIABILITÉ

Ouverture d'une rue entre les quartiers de l'Hôtel-de-Ville et du Temple.

IVe ET IIIe ARRONDISSEMENTS (1).

Voici le texte de la légende annexée au plan déposé pour l'enquête concernant cette création :

Préfecture du département de la Seine.

LÉGENDE.

Entre les quartiers de l'Hôtel-de-Ville et du Temple, il n'existe de communication pour les voitures que par la rue du Temple, qui est étroite, sinueuse, et fréquemment encombrée. Pour suppléer à l'insuffisance de cette voie, l'Administration a, depuis longtemps, la pensée d'élargir les rues des *Billettes*, de *l'Homme-Armé*, du *Chaume*, du *Grand-Chantier*, des *Enfants-Rouges* et *Molay*; mais la disposition des deux premières rues dont les axes s'écar-

(1) Le plan officiel sera publié dans notre collection. — En attendant, nos lecteurs peuvent venir le consulter dans nos bureaux.   (*Note du Directeur.*)

tent considérablement l'une de l'autre en nécessite le redressement complet.

Enfin, il convient de raccorder la direction de ces deux voies avec celle de la rue des *Deux-Portes*, qui leur sert d'accès du côté de la rue de *Rivoli*; c'est dans ce sens que le plan soumis à l'enquête a été étudié. Ce plan présente les dispositions suivantes :

1° Redressement et élargissement à 15 mètres des rues des *Billettes* et de *l'Homme-Armé*. Tout l'élargissement sera pris du côté des numéros impairs. Les maisons bordant le côté droit seront conservées presque en totalité, et se trouveront même, pour la plupart, en arrière du nouvel alignement. Elles devront donc avancer, mais seulement à l'époque où il deviendra nécessaire de les reconstruire ;

2° Élargissement à 15 mètres des rues du *Chaume*, du *Grand-Chantier*, des *Enfants-Rouges* et *Molay*, en prenant encore l'élargissement sur le côté des numéros impairs de ces rues ;

Ces dispositions sont indiquées au plan par des lisérés bleus.

Sur le même plan, les anciens alignements ordonnancés, qu'il s'agit de modifier, sont indiqués par des lisérés verts.

Le redressement et l'élargissement des rues des *Billettes* et de *l'Homme-Armé*, de même que l'élargissement de la rue du *Chaume*, dans la partie comprise entre la rue des *Blancs-Manteaux* et la rue de *Rambuteau*, seraient opérés par voie d'expropriation pour cause d'utilité publique.

Les élargissements des rues à la suite ne seraient exécutés que par mesure ordinaire de voie.

Fait à Paris, le 11 mars 1863.

Le Sénateur, Préfet de la Seine,
HAUSSMANN.

L'histoire de ce projet, dont l'origine remonte à plus de dix années, est pleine d'enseignements.

Il est nécessaire de porter de temps en temps au bilan de *la Revue Municipale* les services que cette feuille a rendus à la Ville de Paris et l'initiative qui lui appartient dans la manifestation des idées généreuses et utiles dont l'honneur de la fécondation revient si justement à nos Magistrats.

REVUE MUNICIPALE.

N° 98. Dimanche 16 Mai 1852. Pages 802 et 803.

VIIe arrondissement. — Quartier du Mont-de-Piété. — L'élargissement de la ruelle dite de l'Homme-Armé.

L'Autorité municipale, secondant les généreuses intentions du chef de l'État, s'est préoccupée, surtout dans ces derniers temps, de l'amélioration de nos quartiers pauvres. Le 7e arrondissement n'a pas été oublié dans les travaux d'assainissement, et la rue de Rivoli, parallèle au fleuve, va transformer ce cloaque des Arcis en un quartier sain et commode. Les écoles, qui exercent par les enfants une action si heureuse, si salutaire sur les artisans, les écoles ont été sensiblement améliorées aussi dans ces quartiers. Enfin, il est juste de le reconnaître, une pensée humaine, généreuse, aspire à se traduire, malgré toutes les formalités administratives qui cherchent à étouffer les bonnes idées comme les herbes parasites absorbent la séve des plantes nourricières.

En traversant le 7e arrondissement pour nous rendre à l'Hôtel de Ville, où nos travaux nous appellent chaque jour, nous avons été frappé de la nécessité d'une amélioration qu'il serait facile de réaliser et à très-peu de frais : — cette amélioration concerne l'élargissement de la rue le dite de *l'Homme-Armé*.

Quelques mots sur l'origine de cette voie.

Disons qu'elle est perpendiculaire au fleuve, qu'elle commence à la rue Sainte-Croix-de-la-Bretonnerie et finit à celle des Blancs-Manteaux.

C'est une des ruelles les plus anciennes du vieux Paris. — Elle est encore aujourd'hui telle que nous l'a laissée le moyen âge, un cloaque d'environ sept pieds de largeur !...

Une décision ministérielle du 23 frimaire an VIII, signée Laplace, avait fixé la largeur de cette voie publique à 8 mètres. En vertu d'une ordonnance royale du 12 juillet 1837, cette largeur a été portée à 11 mètres.

Mais, hélas ! les alignements qui sont exécutoires par mesure ordinaire de voirie, déprécient la valeur des immeubles, sans profit réel pour les rues, qui sont à leur tour défigurées par ces petits *enfoncements* si dangereux pour les piétons, si nuisibles au commerce. — Dans l'espèce, si l'on attend que les maisons si resserrées de la rue de l'Homme-Armé tombent de vétusté, cette amélioration se trouvera sans doute ajournée à plus d'un siècle.

L'étude du plan de Paris nous a démontré combien l'élargissement de la rue de l'Homme-Armé est intéressant, au point de vue de la circulation. Aussi, nous sera-t-il facile d'en faire comprendre l'urgente nécessité, même aux personnes étrangères à l'administration.

La ruelle de l'Homme-Armé fait partie d'une grande artère qui, partant du Marché du Temple et suivant en ligne droite les rues Molay, des Enfants-Rouges, du Grand-Chantier, du Chaume, des Billettes et des Deux-Portes, aboutit à la façade nord de l'Hôtel de Ville.

Malheureusement, le mode d'éparpillement dans le travail des alignements des rues de Paris, ayant prévalu sur le système d'ensemble, seul rationnel pour une telle opération, il en est résulté que les tronçons de cette artère ont une largeur différente. Ainsi, les rues Molay, des Enfants-Rouges, du Grand-Chantier, du Chaume et de l'Homme-Armé sont fixées à 11 mètres de largeur par ordonnances royales du 12 juillet 1837, tandis que les rues des Billettes et des Deux-Portes-Saint-Jean, qui forment le prolongement des premières, ne doivent avoir que 10 mètres, l'une par l'ordonnance du 21 mars 1847, l'autre par celle du 13 février 1845.

De pareils inconvénients démontrent, encore une fois de plus, combien il serait utile que M. le Préfet de la Seine donnât suite au mémoire que nous avons soumis au Conseil général de la Seine sur l'étude du plan de Paris, mémoire qui a obtenu l'approbation unanime de nos Magistrats.

Disons encore que l'élargissement de la rue de l'Homme-Armé donnerait un débouché commode et facile à l'industrie, au commerce, établis dans le parcours de l'artère dont nous venons d'indiquer le développement.

Cette création diminuerait l'encombrement, le trop-plein de la rue du Temple; ce serait une espèce de saignée bien utile qu'on pratiquerait à cette voie qui étouffe, quoi qu'on fasse pour lui donner de l'air.

L'élargissement de la rue de l'Homme-Armé compléterait aussi les embellissements de l'Hôtel de Ville et permettrait d'aborder les boulevards et le faubourg, si la rue du Temple se trouvait momentanément obstruée.

Sans cette amélioration, la Mairie du 7e arrondissement n'a pas de sécurité; cette Mairie est compromise, l'émeute peut toujours la bloquer par cette ruelle de l'Homme-Armé.

Il est d'autres raisons encore qui doivent aller droit au cœur de nos Magistrats. — Cette ruelle ignoble est un foyer d'infection, un dépôt d'immondices; dans les temps d'épidémie on y meurt plus vite! — Jamais le soleil ne vient égayer de ses rayons cette sentine honteuse du vieux Paris.

Allons donc, messieurs les Conseillers, au nom de l'humanité, éventrez cette ruelle. — Un coup de hache là-dedans; que l'air et la vie pénètrent dans ce cloaque de l'Homme-Armé!...

Louis Lazare.

REVUE MUNICIPALE.

Nº 100. Mercredi 16 juin 1852. Page 819.

VIIe arrondissement. — Quartier du Mont-de-Piété. — Rue de l'Homme-Armé.

Doit-on appeler de ce nom une voie de deux mètres de largeur, interdite à la circulation des voitures et des chevaux, où le piéton ne se hasarde qu'avec certaine précaution, où le soleil ne pénètre jamais, ruelle ignoble, comme le dit notre rédacteur en chef, foyer d'infection, dépôt d'immondices, sentine honteuse du vieux Paris, où en temps d'épidémie on meurt plus vite qu'ailleurs?

C'est au nom de l'humanité que plaidait M. Louis Lazare auprès de MM. les Conseillers, c'est au nom de la salubrité publique que nous venons joindre notre voix à la sienne.

Il ne faut pas croire que ce mot de salubrité ou d'hy-

giène publique soit un mot vide de sens ou un terme purement scientifique.

Les seuls moyens de multiplier les produits, les seules
garanties de santé publique et de félicité, car l'une ne va
pas sans l'autre, a dit un publiciste, sont: *travail, propreté,
dispersion, tempérance, humanité, morale*; c'est en vertu de
ces moyens et de ces garanties que nous réclamons l'élargissement de cette ruelle.

Tout le monde sait que la durée moyenne de la vie est
plus longue dans les classes qui jouissent d'une certaine ai-
sance que dans les classes inférieures; la vie sédentaire
que certains travaux imposent à une portion considérable
de la classe industrielle, devient une cause de dépérissement; ceci est un fait d'observation, c'est un fait incontes-
table; rien de brutal comme un fait. — Eh bien! si à cette
cause, vous venez ajouter la privation d'air, un logement
exigu, une habitation dans une ruelle inaccessible au plus
petit rayon de soleil, vous avez alors une population
chétive, pâle, étiolée, maladive, scrofuleuse, dont les enfants ne se reproduisent pas au delà d'une ou deux générations !

Quand la population est agglomérée dans des sentines
semblables à celles dont nous nous occupons, il ne peut y
avoir propreté; et si, comme cela s'est malheureusement
vérifié bien des fois, quelques semaines de chômage arrivent, le pauvre ouvrier privé de nourriture suffisante, dépérit; bientôt l'insouciance s'empare de lui, il prend des
habitudes d'ivrognerie, de libertinage. Ces considérations
générales ne suffisent-elles pas pour prouver la justesse de
ces mots : travail, propreté, dispersion, tempérance, humanité, morale ?

Ajoutons encore quelques lignes qui militent, sans nul
doute, en faveur de la cause que nous défendons.

Dans cette ruelle de l'Homme-Armé, qui le croirait? existent des *Écoles communales* et un *Asile*, écoles et asile privés des sources les plus importantes à la vie : l'air et la lu-

mière ; il n'y a pas un médecin inspecteur, pas un administrateur du 7e arrondissement qui n'ait fait entendre, vainement, hélas ! de sages et nombreuses réclamations. — Que MM. les Conseillers veuillent bien se donner la peine de visiter ces écoles au milieu desquelles passe un égout infect, où les préaux ressemblent à des puits et ne peuvent contenir que le quart des élèves reçus dans les classes. — De l'Hôtel de Ville à cette ruelle, il n'y a qu'un pas ; nos Magistrats verront si les réclamations qui ont été faites sont fondées.

Et qu'on ne vienne point alléguer les frais qu'un tel élargissement susciterait. La Ville de Paris peut dépenser quelque argent, développer dans de sages proportions les moyens d'hygiène et de salubrité qui doivent un jour en faire une ville modèle, sans cesser d'observer la plus stricte économie.

Allons, Messieurs, un peu d'air à ces pauvres ouvriers qui s'étiolent et qu'un travail assidu amène si vite à une précoce vieillesse ! Un peu de lumière et de soleil à ces jeunes enfants à qui vous donnez le bienfait de l'éducation et qui déjà vous payent en reconnaissance, mais qui vous demandent encore pour devenir des citoyens valides et capables de rendre des services au pays, tout ce qui leur manque dans cette ruelle étroite et obscure.

Armez-vous du marteau du démolisseur et hâtez-vous de faire disparaître ce cloaque du moyen âge qui ferait tache à la rue de Rivoli ; vous aurez satisfait alors aux principes de salubrité et de santé publique ; vous aurez assaini et embelli tout à la fois un quartier pour lequel les habitants ne réclament qu'à juste titre.

Nous ne doutons pas que la voix de *la Revue Municipale* ne soit entendue et que, pénétrés des considérations que nous venons d'énoncer, MM. les Conseillers ne prennent une décision favorable.

Docteur Rigaud.

REVUE MUNICIPALE.

N° 191. Dimanche 16 Mars 1856. Page 1665.

VIIe arrondissement. — Les écoles de la ruelle de l'Homme-Armé.

Cet arrondissement n'a pas été oublié dans l'exécution des grands projets de l'Aministration.

Le *quartier des Arcis*, autrefois sillonné de ruelles étroites et malsaines, respire aujourd'hui, grâce à deux entailles profondes. La rue de Rivoli et l'avenue Victoria ont été pour lui deux puissants ventilateurs qui l'ont rendu l'un des quartiers les plus salubres de la ville.

Le quartier du *Marché-Saint-Jean* a été aussi favorablement traité. Le prolongement à l'est de la rue de Rivoli, le dégagement du palais municipal ont également assaini cette partie de la ville, dont la construction remontait au règne de Philippe-Auguste.

Toutefois, il est bon d'insister auprès de nos Magistrats sur la fâcheuse situation *des écoles de la ruelle de l'Homme-Armé*. Nous ne saurions trop souvent engager nos édiles à visiter ces tristes réduits si malsains où sont entassées ces petites créatures si dignes de la sollicitude de nos Magistrats.

Nous recevons à ce sujet des lettres émanant de pauvres ouvrières qui, à défaut d'instruction, nous tiennent ce langage du cœur qui nous rappelle ces beaux vers d'un nouvel académicien :

> Dieu créa dans nos misères
> Les baisers des enfants pour les larmes des mères!

Les écoles de la ruelle hideuse de l'Homme-Armé ont toujours offensé notre humanité et froissé le sentiment parisien qui est la séve de cette feuille.

LOUIS LAZARE.

En reproduisant les articles publiés par *la Revue Municipale*, loin de nous la pensée de constater uniquement les services que cette feuille a rendus pour les opposer à la mesure dont cette publication a été victime. La seule satisfaction que nous ayons droit de nous donner, consiste à rappeler l'utilité si manifestement reconnue de *la Revue Municipale*, l'honorant morte autant qu'elle était estimée vivante.

Sans doute, nous ne revendiquons pas, au nom de la pauvre défunte, le mérite de la priorité en faveur de ces idées généreuses, mais c'est à cette feuille que leur première expansion était confiée par nos magistrats eux-mêmes.

L'ancien 7ᵉ arrondissement se rappelle avec reconnaissance les incessantes démarches faites par M. Arnaud Janti, au sujet de cette intéressante communication et de l'élargissement de cette ruelle homicide de l'Homme-Armé.

C'est en s'inspirant des généreuses idées du Magistrat, que *la Revue Municipale* rédigeait les articles que nous venons de reproduire.

Maintenant, indiquons le tracé avec le plan officiel sous les yeux.

Cette voie doit commencer réellement au quai de la Grève, en prolongement de la place de Lobau, traverser la rue de Rivoli, suivre la rue des Deux-Portes, couper la rue de la Verrerie, rectifier la rue des Billettes, transformer l'affreuse ruelle de l'Homme-Armé, qui ne compte pas deux mètres de largeur.

Le tracé suit, après, les rues du Chaume, du Grand-Chantier, des Enfants-Rouges et Molay. Là s'arrête pour le moment le projet de l'Administration.

L'étude si longue et si patiente que nous avons faite du plan de Paris, nous permet de compléter ce tracé en pressentant les inspirations si heureuses de l'Administration actuelle.

Cette voie doit se continuer et se continuera jusqu'au boulevard du Temple, dans un avenir que nous estimons prochain.

Alors cette création sera grandement empreinte d'un double caractère d'utilité publique.

Sous le rapport stratégique, elle reliera la caserne Napoléon à la caserne du Prince-Eugène.

Au point de vue de la salubrité, elle éventrera ce bouge hideux de l'Homme-Armé, où croupissent deux écoles communales privées d'air et de soleil.

Ce qu'il importe maintenant, c'est d'indiquer la situation de chacune des voies publiques intéressées à l'exécution de ce projet.

La place de Lobau est de création moderne, ainsi que la rectification de la rue des Deux-Portes-Saint-Jean; passons donc aux voies anciennes qui auront à subir des changements.

RUE DE LA VERRERIE.

Cette voie publique tire son nom d'une *verrerie* qui existait vers 1185 dans cette rue. La partie qui avoisine l'église Saint-Merri portait en 1380 le nom de rue Saint-Merri.

Un peintre qui demeurait dans la rue de la Verrerie et s'appelait Jacquemin Gringonneur, inventa les cartes à jouer. On lit dans un compte de Charles Poupart, argentier de Charles VI :

« *Donné cinquante-six sols parisis à Jacquemin* » *Gringonneur, peintre, pour trois jeux de cartes à or* » *et à diverses couleurs, de plusieurs devises, pour* » *porter devers ledit seigneur Roy pour son esbate-* » *ment.* »

Deux arrêts du Conseil, des 20 novembre 1671 et 20 février 1672, ordonnèrent l'élargissement de cette voie publique. « Sa Majesté (portent ces arrêts), désirant » procurer la décoration de sa bonne ville de Paris. et » la commodité pour le passage dans les rues d'icelle, » principalement en celle de la *Verrie*, qui est le *pas-* » *sage ordinaire pour aller de son chasteau du Lou-* » *vre en celuy de Vincennes, et le chemin par lequel se* » *font les entrées des ambassadeurs des princes étran-* » *gers.* »

Une décision ministérielle du 18 vendémiaire an VI, signée Letourneux, fixa la moindre largeur de cette voie publique à 10 mètres. En vertu d'une ordonnance royale du 16 mai 1833, cette moindre largeur avait été portée à 12 mètres. D'après le projet en question. cette dimension est fixée à 15 mètres. Les maisons numéros 19, 21, 26 et 23 seront expropriées. Il sera créé à la rencontre des rues des Deux-Portes et de la Verrerie un carrefour formé par quatre pans coupés qui doivent être établis aux dépens des immeubles indiqués ci-dessus.

RUE DES BILLETTES.

Dans les lettres de Philippe-Auguste, du mois de décembre 1290, elle est appelée *rue des Jardins*. Dans plusieurs actes du quinzième siècle, on la trouve indiquée sous le nom de *rue où Dieu fut bouilli*. Cette dénomination rappelait le sacrilége commis par un juif nommé Jonathas, qui plongea dans une chaudière d'eau bouillante une hostie consacrée. Plus tard, cette voie publique prit le nom de *rue des Billettes*, parce que les religieux hospitaliers de Notre-Dame, qui avaient établi un couvent en cet endroit, portaient sur leurs habits de petits scapulaires ou *billettes*.

En vertu d'une ordonnance royale du 31 mars 1847, la largeur de la rue des Billettes a été fixée à 10 mètres. Tous les numéros impairs de cette voie publique, dont la longueur est de 126 mètres, seront expropriés. Quant aux numéros pairs, ils devront avancer sur la nouvelle rue de 15 mètres de largeur, depuis 2 jusqu'à 20 ; les numéros 22 et 24 seront expropriés. L'alignement projeté respecte le temple des Billettes, situé entre les numéros 16 et 18.

RUE SAINTE-CROIX DE-LA BRETONNERIE.

Sous le règne de saint Louis, on ne voyait dans ce quartier, où les habitations aujourd'hui sont si nombreuses et si resserrées, qu'une trentaine de maisons éparses dans un champ. Renaud de Brehan, vicomte de Podoure et de l'Isle, occupait une de ces maisons.

« Il avait épousé, rapporte *Sainte-Foix*, la fille de Léo-
» lyn, prince de Galles, et était venu à Paris pour quel-
» que négociation secrète contre l'Angleterre. La nuit
» du vendredi au samedi saint 1228, cinq Anglais en-
» trèrent dans *son vergier*, le défièrent et l'insultèrent.
» Il n'avait avec lui qu'un chapelain et un domesti-
» que ; ils le secondèrent si bien, que trois de ces An-
» glais furent tués ; les deux autres s'enfuirent ; le cha-
» pelain mourut le lendemain de ses blessures. Bre-
» han, avant de quitter Paris, acheta cette maison et
» le vergier, et les donna à son brave et fidèle domes-
» tique appelé *Galleran*. Le nom de *champ aux Bre-
» tons* qu'on donna au verger, au jardin, à l'occasion
» de ce combat, devint le nom de toute la rue ; on l'ap-
» pelait encore à la fin du treizième siècle *la rue du
» Champ-aux-Bretons*. »

Plus tard, les chanoines de Sainte-Croix vinrent former un couvent en cet endroit. La voie en question prit
alors le nom de rue Sainte-Croix, auquel on ajouta les
mots de la Bretonnerie.

Voici en quels termes le sire de Joinville nous rapporte la fondation du couvent dont nous venons de
parler : « Revint une autre manière de frères qui se
» fesoient appeler *Frères de Sainte-Croix*, et portoient
» la croix devant leur piz (poitrine), et requistrent que
» le Roy leur aidaast. Le Roy le fit volontiers, et les hé-
» bergea en une rue apelée le quarrefour du Temple,
» qui ores est apelée Sainte-Croix. »

L'église, bâtie par le célèbre Eudes de Montreuil,
avait son entrée principale dans la rue Sainte-Croix-

de-la-Bretonnerie. Dans cette église avait été inhumé Barnabé Brisson, second président du Parlement de Paris et l'un des quatre Magistrats qui furent pendus, le 15 novembre 1591, par ordre des Seize, à une poutre de la grand'chambre du Châtelet.

Le couvent de Sainte-Croix-de-la-Bretonnerie, supprimé en 1790, a été vendu comme propriété nationale le 19 avril 1793. La superficie occupée par cet établissement religieux était de 1715 mètres. Les constructions établies sur son emplacement ont formé un passage dont l'une des entrées existe dans la rue Sainte-Croix-de-la-Bretonnerie, entre les numéros 11 et 13.

RUE DE L'HOMME-ARMÉ.

Cette ruelle, l'une des plus hideuses du vieux Paris, était déjà construite sous le règne de Louis le Jeune; elle doit son nom à une enseigne. En vertu d'une ordonnance royale du 12 juillet 1837, la largeur de la rue de l'Homme-Armé a été fixée à 11 mètres. Les propriétés portant les numéros impairs dans la rue de l'Homme-Armé, dont la longueur n'est que de 109 mètres, seront expropriées et démolies; les numéros pairs devront avancer pour se mettre à l'alignement de la voie projetée à 15 mètres de largeur.

RUE DU CHAUME.

Le mur de l'enceinte de Philippe-Auguste aboutissait dans la rue du Chaume, à l'angle qu'elle forme avec la rue de Paradis. Sous le règne de Philippe le

III.   9

Bel, une porte fut pratiquée à peu près en cet endroit. On l'appela indifféremment *porte de Braque* ou *du Chaume*, et la rue dans laquelle on la voyait prit successivement les noms de rues de la Porte-du-Chaume, de la Porte-Neuve et Neuve-Poterne. Sur le plan de Saint-Victor, elle est nommée Grande Rue de Braque, et dans Corrozet rue de la Chapelle-de-Braque. Les actes du seizième siècle l'appellent communément rue du Chaume.

Voici la situation de cette voie publique par rapport aux alignements. Une décision ministérielle du 23 frimaire an VIII, signée La Place, avait fixé la moindre largeur de la rue du Chaume à 8 mètres. — En vertu d'une ordonnance royale du 12 juillet 1837, cette largeur a été portée à 11 mètres.

L'élargissement à 15 mètres, d'après le projet, sera pris sur les immeubles portant les numéros impairs ; mais cet élargissement ne s'effectuera que par mesure ordinaire de voirie, c'est-à-dire au fur et à mesure des reconstructions.

Le couvent des religieux de la Merci ou de Notre-Dame de la Rédemption des Captifs, était situé dans la rue du Chaume, n° 17.

C'est à la Reine Marie de Médicis que ces religieux durent leur établissement dans cette voie publique. L'ordre de la Merci, qui avait pris naissance à Barcelone, en 1218, n'était dans son origine qu'une congrégation de gentilshommes qui, pour imiter la charité de saint Pierre Nolasque, leur fondateur, consacrèrent leurs personnes et leurs biens à la délivrance des cap-

tifs chrétiens. Cet ordre fut approuvé par Gi goire **IX**,
qui leur fit suivre la règle de saint Augustin

Dans une pièce de poésie ayant pour titre . *Influence
de la civilisation chrétienne en Orient*, M Alfred des
Essarts a consacré quelques vers à la louange des
frères de la Merci. — Nous les transcrivons ici :

> . . . .
> Mais si le Roi Louis, quittant son héritage,
> Alla chercher la mort aux lieux où fut Carthage ;
> Si dans Byzance en feu, le Turc à sa fureur
> Immola sans pitié le dernier Empereur ;
> Si Rhodes à son tour, cette île forteresse,
> D'où sortit tant de fois la foudre vengeresse,
> Perdit ses chevaliers, spartiates chrétiens,
> La charité du moins put rompre des liens
> Elle dompta la force et fit tomber les armes
> Devant la croix du prêtre et son tribut de larmes
> Frères de la Merci ! Jamais nom respecté
> Ne s'inscrira plus près de la Divinité...
> Relevant par un mot le courage qui ploie,
> Des ongles du lion ils arrachaient la proie,
> Et ramenaient ensuite, heureux et triomphants,
> Aux femmes leurs époux, aux mères leurs enfants.
> Jamais la charité n'eut un plus beau symbole ;
> Car ils touchaient les rois par des récits plaintifs,
> Et du pauvre lui-même acceptant une obole,
> Quêtaient par l'univers la rançon des captifs !. .
> Leur immense tendresse étonnait l'infidèle ;
> Ni les lointaines mers, ni la dure saison
> Ne suspendaient leurs pas ou n'émoussaient leur zèle ,
> Et souvent on les vit réclamer la prison
> D'un esclave ignoré que si longue souffrance
> Avait dépossédé des biens de l'espérance,
> Et qui se demandait, en entendant leur voix
> Si Dieu s'était fait homme une seconde fois

Le couvent de la Merci fut supprimé en 1790, et devint propriété nationale. Les bâtiments de cette communauté ont été aliénés le 15 brumaire an VI. L'église et ses dépendances furent vendues le 9 ventôse de la même année. La longueur de la façade de cette maison religieuse était de 52^{m}10 sur la rue du Chaume, et de 24^m sur la rue de Braque. Les bâtiments de ce couvent, ainsi que son église, ont été démolis quelques années après leur vente. Un marchand de charbons occupe aujourd'hui une partie de l'emplacement de l'ancienne communauté des religieux de la Merci. On aperçoit encore, dans la rue du Chaume, quelques fragments de colonnes qui ornaient le portail de l'église.

RUE DU GRAND-CHANTIER.

Un chantier qui se trouvait dans cette rue, et qui appartenait aux chevaliers du Temple, lui fit donner le nom qu'elle porte encore aujourd'hui.

Dans cette rue, au n° 14, demeurait le procureur général Bellart, qui porta la parole dans les procès du maréchal Ney, de Lavalette et dans l'affaire dite de la conspiration de la Rochelle.

Rappelons les alignements adoptés pour la rue du Grand-Chantier.

Une décision ministérielle du 26 prairial an XI, signée La Place, avait fixé la largeur de cette voie publique à 8 mètres 50 c. Cette largeur fut portée ensuite à 11^m, en vertu d'une ordonnance royale du 31 mars 1835.

L'alignement projeté à 15 mètres de largeur s'opérera du côté des numéros impairs, mais par mesure ordinaire de voirie, c'est-à-dire lors des reconstructions.

RUE DES ENFANTS-ROUGES.

Elle faisait anciennement partie de la rue du Grand-Chantier. En 1536, elle prit le nom de rue des Enfants-Rouges, en raison de la fondation de cet hôpital, dont nous parlerons à l'article de la rue Molay. Une décision ministérielle du 23 frimaire an VIII, signée La Place, avait fixé la largeur de cette voie publique à 8 mètres ; cette largeur a été portée à 11 mètres, en vertu d'une ordonnance royale du 31 mars 1835.

L'élargissement projeté s'effectuera aux dépens des propriétés numéros impairs lors de la reconstruction des immeubles.

Au n° 2 de la rue des Enfants-Rouges est situé l'ancien *hôtel Tallard*, bâti par Pierre Bullet, architecte, auquel on doit la porte Saint-Martin. Saint-Simon fait ainsi le portrait de Tallard, maréchal de France, duc et pair, membre du Conseil de Régence et Ministre d'État : « C'était, dit-il, un homme de médiocre taille, » avec des yeux un peu jaloux, pleins de feu et d'es- » prit, mais qui ne voyaient goutte ; maigre, hâve, qui » représentait l'ambition, l'envie et l'avarice ; beau- » coup d'esprit, mais sans cesse battu du diable par » son ambition, ses vues, ses menées, ses détours, et » qui ne pensait et ne respirait autre chose. »

Il y aurait une retouche à faite à ce portrait. —

Tallard, il est vrai, fut malheureux. « Sire, disait le maréchal à Louis XIV, la bataille n'a pas été gagnée, mais nous avons pris à l'ennemi plus d'étendards que Votre Majesté n'a perdu de soldats. »

Le fils aîné de Tallard mourut des blessures qu'il avait reçues en combattant auprès de son père à Hoch-stett.

Un second fils du maréchal, qui épousa une des filles du prince de Rohan, mourut sans postérité. — L'hôtel de Tallard devint hôtel de Nicolaï, entre les mains d'un premier président de la Chambre des Comptes.

RUE MOLAY.

Pour bien comprendre l'origine de cette voie publique, il importe de la diviser en deux parties complétement distinctes.

Première partie, comprise entre les rues Portefoin et des Enfants-Rouges, et la rue de Bretagne.

Elle a été ouverte sur une partie de l'ancien *hôpital des Enfants-Rouges,* dont voici l'origine :

A la sollicitation de Marguerite de Valois, sa sœur, François Ier consentit à la fondation de cet établisse-ment. Une somme de 3,600 livres fut remise, par le Roi, à Jean Briçonnet, président de la Chambre des Comptes, qui chargea Robert de Beauvais d'acheter, dans les environs du Temple, une maison avec cour et jardin. Cette acquisition, qui date du 24 juillet 1534, coûta 1,200 livres. Dans ses lettres patentes de janvier

1536, François I*er* *se déclare fondateur de cet établissement, spécialement destiné aux orphelins originaires
de Paris*. Il est dit aussi : *qu'on y recevra les pauvres
petits enfants qui ont été et seront dores en avant trouvés dans l'Hôtel Dieu, fors et excepté ceux qui sont orphelins natifs et baptisés à Paris et èz-faubourgs, que
l'hôpital du Saint Esprit doit prendre selon l'institution et fondation d'icelui et les bâtards que les doyens,
chanoines et chapitres de Paris ont à coutume de recevoir et faire nourrir pour l'honneur de Dieu.* Il est
ordonné, en outre, par les mêmes lettres patentes, que
ces pauvres petites créatures, perpétuellement appelées
Enfants-Dieu, seront vêtus d'*étoffe rouge*, pour mar-
quer qu'elles doivent leur subsistance à la charité. Cet
hôpital fut supprimé par lettres patentes du mois de
mai **1772**, enregistrées au Parlement le 5 juin suivant.
Alors on plaça les jeunes pensionnaires à l'hospice dit
des Enfants-Trouvés, auquel furent donnés tous les
biens de l'ancien établissement. Les prêtres de la Doctrine Chrétienne, autorisés par lettres patentes de mars
1777, achetèrent de l'hospice des Enfants-Trouvés les
anciens bâtiments de l'hôpital des Enfants-Rouges et
s'y installèrent aussitôt. Leur communauté, supprimée
en **1790**, devint propriété nationale; la maison et ses
dépendances furent vendues le **25** brumaire an V, à la
condition « de fournir le terrain nécessaire pour le prolongement de la rue du Grand-Chantier (aujourd'hui
des Enfants-Rouges) jusqu'à celle de la Corderie »
(maintenant de Bretagne).

Une décision ministérielle du **23** frimaire an VIII,

signée La Place, fixa la largeur de cette rue à 8ᵐ30.
Ce percement, commencé en vertu d'un arrêté du département du mois de brumaire de la même année, fut terminé en l'an IX, et reçut, en raison de sa proximité du Temple, le nom de *Molay* en l'honneur de Jacques de Molay, dernier grand maître de l'ordre des Templiers.

Une ordonnance royale du 31 mars 1835 a porté la largeur de cette voie publique à 11 mètres.

Deuxième partie, comprise entre la rue de Bretagne et la rue Perrée.

Elle a été percée en juin 1848 sur les dépendances du couvent des religieuses Bénédictines de l'Adoration perpétuelle du Saint-Sacrement. — Sa largeur est de 12 mètres.

La première section de la rue actuelle des Enfants-Rouges aura donc à livrer sur le côté gauche 4 mètres à la nouvelle voie, et la seconde section 3 mètres seulement et lors des reconstructions.

Tels sont les faits historiques et administratifs qui se rattachent aux rues indiquées sur le plan qui vient d'être soumis à l'enquête.

Maintenant, voici les voies qui seront intéressées, dans un avenir plus ou moins prochain, à l'exécution complémentaire du projet de cette grande artère qui doit être pratiquée entre la rue de Rivoli et le boulevard du Temple.

Le tracé, pour se compléter, continuera la rue Molay, ouverte déjà dans cette partie sur les dépendances de l'ancien couvent du Temple, coupera le massif d'abris vermoulus qui composent le Marché au vieux linge, ressortira vers l'angle de la rue Dupuis, qu'il laissera pour pénétrer dans la place de la Corderie.

Après avoir troué cette place, le tracé atteindra la rue Vendôme, dont elle enlèvera plusieurs maisons, pour arriver au terme de sa course, c'est-à-dire au boulevard du Temple, à la hauteur du passage Vendôme.

Telle est la description du tracé auquel nous ajouterons prochainement une réduction du plan officiel, en complétant le parcours de cette voie sur notre travail graphique, comme nous venons de le faire dans notre rédaction.

La grande utilité de cette rue apparaît surtout aux regards de ceux qui ont étudié le projet concernant les abords de la caserne du Prince-Eugène, document que nous avons publié dans le 2e volume de notre Bibliothèque Municipale.

La création de cette place devant ce poste militaire si important, se combine très-heureusement avec la voie que nous venons de décrire, en ce sens que cette dernière établit une communication précieuse d'utilité publique entre la caserne du Prince-Eugène et celle Napoléon.

Si l'on se rend compte ensuite de la continuation du boulevard du Prince-Eugène, sous le nom de rue de Turbigo, jusqu'au grand massif des Halles Centrales, si l'on ajoute à ces créations l'achèvement du boulevard de Magenta, qui relie les gares de deux chemins de fer à ce grand poste militaire du Prince-Eugène, on comprend alors toute la pensée qui a présidé à l'étude d'ensemble du plan de Paris.

Cette étude est vraiment digne d'une grande Capitale.

Louis Lazare.

PAVAGE DE PARIS

> En administration, aucun détail ne saurait être négligé; tous ont leur intérêt et leur prix. C'est précisément la perception par un Magistrat de tous ces détails qui constitue le véritable administrateur.
>
> Comte Ch brol de Volvic,
> *Préfet de la Seine (1812-1830).*

Lorsqu'une voie publique est ouverte, plusieurs opérations deviennent indispensables pour assurer la circulation; la plus urgente est sans contredit celle qui concerne le pavage.

De temps immémorial, les frais résultant *du premier pavage* étaient à la charge des possesseurs des habitations riveraines. Un édit de décembre 1607 a consacré cet usage; voici un extrait de cet édit :

« *Voulons et nous plaist que ledit Grand-Voyer* (1)

(1) En 1597, Henri IV créa la charge de Grand-Voyer en faveur du duc de Sully; cet office fut supprimé vers 1626, ainsi que d'autres du même ressort; il fut réuni aux corps des Trésoriers de France. Enfin, Louis XIV créa, en 1692, quatre commissaires généraux de la voirie.

Avant la création de la charge de Grand-Voyer, il y avait le Voyer de Paris, auquel était confiée la voie publique, ainsi que l'indique le nom de cette magistrature.

Le 24 décembre 1270, Jean Sarrazin, qui remplissait ces utiles fonctions, dressait ainsi un état de sa charge. Il pose en principe « que la voirie de Paris appartient au Roy et » qu'il la donne à qui bon lui semble, comme la charge de » Prévôt de Paris. — Il ajoute que le Voyer de Paris est » exempt de tailles et de guet, et qu'il a son prix sur la » chair et le poisson. Il avoit une boëte au Châtelet, où » l'on mettoit le payement de quelques menus droits qui » lui appartenoient pour les poursuites des voleurs, à la » vente des petits mestiers, et aux gages de bataille.

» Quand il se faisoit un nouveau boucher, il estoit dû au » Voyer un repas de vin, de pain et de chair. Le Voyer seul » faisoit les saisies, et en partageoit le profit avec le Prévost » de Paris. Nul ne pouvoit avoir sur rue, estaux, siéges, de- » grés ni auvents, sans le secours du Voyer, etc. On ne » pouvoit faire aucun changement à une rue sans que le » Voyer en eût donné l'alignement. »

D'autres priviléges furent accordés plus tard à ce Magistrat. Nul ne pouvait hausser sa maison plus que par le passé, avant que le Voyer ne l'eût permis. Il appartenait seul à ce fonctionnaire d'indiquer les lieux où l'on devait décharger les décombres.

Le Voyer tenait anciennement sa justice à la Planche-Mibray en sa maison. La Planche-Mibray faisait l'angle d'une ruelle qui fut élargie lorsqu'on bâtit le pont Notre-Dame. Cette ruelle conserva longtemps le nom de rue de la

*et ses commis ayant l'œil et connaissance du pavement
des dites rues, voyes, quais et chemins, et où il se
trouvera quelques pavez cassez, rompus ou enlevez,
qu'ils les fassent refaire et restablir promptement,
mesme faire l'ouverture des refusans d'icelle, aux dépens des détempteurs desdites maisons, injonction
préalablement faite aux dits détempteurs, et prendre
garde que le pavé de neuf soit bien fait, et qu'il ne se
trouve plus haut ellevé que celuy de son voisin* (1). »

Le premier pavage des principales rues de Paris remonte au règne de Philippe-Auguste, en 1184. — Un
financier nommé Girard de Poissy contribua volontai-
rement pour 11,000 marcs à cette dépense, qui s'éleva
en totalité à 22,000 marcs (2).

Un bienfait aussi considérable devait mériter une
glorieuse récompense. Pourquoi n'avoir pas érigé la
statue de Girard de Poissy sur la façade de l'Hôtel de
Ville de Paris ? A quoi bon des hommes politiques sur

Planche-Mibray ; elle est confondue depuis l'année 1831
seulement dans la rue Saint-Martin.

(1) Cet ancien usage paraît avoir été introduit dans les
Gaules par la loi romaine : «*Construat autem vias publicas,
unusquisque secundùm propriam domum, et œquœductus
purget, qui sub dio sunt, id est cœlo libero : et construat itâ,
ut non prohibeatur vehiculum transire. Quicumque autem
mercede habitant, si non construat dominus, ipsi construentes
computent dispendium in mercedem.*» (§ 1ᵉʳ, Loi unique, au
Digeste, liv. XLIII, titre X, *de Via publica*.)

(2) Vingt-deux mille marcs d'argent feraient aujourd'hui
plus de 4 millions de notre monnaie.

un monument qui devrait être le temple de l'Administration ?

Pourquoi sur un Palais Municipal des poëtes, des littérateurs, des peintres, des illustrations enfin dont les images sont glorifiées ailleurs ?

Il fallait, au contraire, honorer par la statuaire dix siècles de grands magistrats, au lieu de faire de la façade de l'Hôtel de Ville de Paris la caricature du Musée de Versailles.

Vers la fin de Philippe-Auguste, on comptait dans Paris 169 rues ou ruelles (1). — Le mode nouveau fut appliqué seulement aux quatre grandes voies aboutissant aux principales entrées de la ville. Ces entrées étaient les portes Saint-Honoré, Saint-Denis, Saint-Antoine et Saint-Jacques.

On appela ces voies *la Croisée de Paris*, parce qu'elles formaient une croix en se rencontrant.

Une ordonnance du roi Jean, de l'année 1348, renferme ce qui suit : « *Que chascun en droict soy, fasse refaire les chaussées tantost et sans délay, en la manière et selon ce qu'il est accoustumé de faire d'ancienneté.* » Un règlement dressé par le Prévôt de Paris, le 9 février de la même année, rappelle à peu près les mêmes obligations.

Le pavé qu'on employa pour la première fois consistait en une espèce de dalle de 13 à 14 pouces de longueur ; son épaisseur était de 2 pouces et demi environ.

(1) Ce nombre serait plus considérable si l'on y ajoutait les chemins où l'on ne voyait que de rares habitations.

Après les rues dallées, une cinquantaine de voies étaient empierrées, exactement de la même manière que le sont nos boulevards à près de sept siècles de distance ; enfin, dans les ruelles le sol était battu ; voilà tout.

Vers la fin du treizième siècle, Paris, qui s'était considérablement agrandi, comptait dans son enceinte 310 rues. Nous en trouvons la preuve dans ces vers du poëte Guillot, qui rimait en 1280 :

> Guillot si fait à tous sçavoir
> Que par deçà *Grant Pont* pour voir
> N'a que deux cent rues mains sis :
> Et en *la Cité* trente sis
> Oultre *Petit Pont* quatre-vingt,
> Ce sont dix mains de seize vingt.
> Dedans les murs non par dehors
> Les aultres rues ai mi hors
> De sa rime, puisqu'ils n'ont chief.
> Ci vont faire de son dict chief.
> Guillot qui a faict maint bias dis,
> Dit *qu'il n'a que trois cent et dix*
> *Rues à Paris* vraiement.
> Le doux Seigneur du firmament
> Et la très douce chière mère,
> Nous défendent de mort amère.

Le dallage, employé dans les grandes voies de circulation, offrait de précieux avantages sous le rapport de la salubrité ; mais il était glissant aux chevaux, qui s'abattaient fréquemment sous leurs cavaliers.

Quant à l'empierrement, il devait être moins défectueux que celui qu'on emploie de nos jours, et voici pourquoi : Les roues des chariots étaient anciennement très-larges, et produisaient l'effet de nombreux rouleaux qui devaient aplanir continuellement la voie publique. Aujourd'hui, c'est tout le contraire, les roues excessivement minces de nos voitures coupent et déchirent la chaussée.

Rappelons pour mémoire que les voies dallées étaient hantées par la noblesse. Le commerce habitait les rues empierrées, et le populaire s'entassait, comme toujours, dans les ruelles boueuses du vieux Paris. — Aussi, à chaque épidémie, les bouges étroits et infects de la Cité et des Arcis, composés d'une population infime, étaient si cruellement décimés, qu'il fallut souvent, pour les repeupler, *faire entrer dans Paris les voleurs et les mendiants de la province.*

Le *Journal* de l'Estoile, après avoir parlé d'une de ces épidémies, ajoute avec bonhomie cette phrase cruelle : *La mort nettoya complètement Paris !*

Cette préférence fâcheuse pour certains quartiers riches, au détriment d'une population malheureuse, révolta l'âme honnête d'un de nos illustres magistrats.

« De par Dieu, dit un jour Robert Myron, les pau-
» vres habitants des rues de l'Orberie, du marché Palu, des Calendreurs et des Mortelliers sont nos en-
» fants comme les beaux seigneurs de la place Royale
» et de la rue Sainct-Antoine.

» Il ne faut pas que les uns restent plus longtemps
» étouffés dans la fange de leurs ruelles, tandis que les
» autres se promènent *sur de belles et bonnes dalles.*
» Ceci seroit déshonorant pour la Prévosté : or donc,

» Messieurs de la Ville, baillez-moi de l'argent et j'a-
» girai. »

On lui vota deux cent mille neuf cents livres, le 17
octobre 1615.

Aussitôt, l'entrepreneur Marie reçut l'ordre d'essayer un nouveau pavé dans les voies publiques qu'il
construisait dans le quartier de l'île Saint-Louis. Ce
système de pavage, qui ressemble par la dimension
des matériaux à celui qui est encore aujourd'hui en
usage, fut enfin appliqué généralement dans le centre
de Paris.

Vous allez croire, sans doute, que les habitants se
montrèrent reconnaissants de l'équité de Robert Myron ; pas le moins du monde. Si le Parisien léger, in-
constant, batailleur, adore la nouveauté, c'est seulement en politique. Mais en administration, c'est autre
chose, il tient, il est rivé à ses vieilles coutumes. Plus
ces habitudes sont mauvaises, plus la soudure est forte;
il forme croûte avec ses vices.— J'ai le droit de le dire,
je suis Parisien !...

Or donc, lorsqu'on essaya le nouveau système, le
peuple, sans chercher à s'en rendre compte, commença
par chansonner ainsi son digne Magistrat :

> Robert Myron
> Est un oison.
> Son seul espoir
> Est de nous voir
> Sur le pavé.
> . . . .

J'abrége ces pantalonnades, auxquelles Robert Myron eut l'honneur de se montrer insensible. — Mais

comme la résistance ne se bornait pas à des chansons et qu'elle semblait dégénérer en sédition, messire Robert Myron dit au capitaine de ses gardes : « Ceci commence à m'ennuyer : allez dans la rue aux Morteliers (de la Mortellerie), où sont les tapageurs ; qu'on pave en plein jour, et si quelques mutins insultent les ouvriers, feu ! »

Voici de quelle manière les principales améliorations se sont acclimatées dans Paris.

Toutefois, il est juste de rappeler que les Parisiens se montrèrent enfin reconnaissants de la droiture et de la fermeté de Robert Myron ; mais il est bon d'ajouter que ce fut après la mort du Prévôt des Marchands ; leur reconnaissance ne s'exprima que sur une tombe!...

Dans la petite église Saint-Jean-en-Grève, on voyait encore en 1760 un tombeau dont le temps avait écarté les pierres noircies. En essuyant la poussière qui couvrait une de ces dalles, on parvenait à déchiffrer cette inscription :

Ci-gist
Messire ROBERT MYRON.
Seigneur du Tremblay
Conseiller du Roy
en ses Conseils d'État et privé
Conseiller au Parlement
et Président aux enquêtes
Prévôt des Marchands
Qui trespassa
le 28e d'août 1639.

Et plus bas :

III.

A sa mort tout Paris
A pleuré..... (1).

L'entretien du pavé de Paris forma pour la première fois, en 1606, l'objet d'un marché. Le bail portait « *que chacun contribueroit dans la dépense selon le toisé qu'il auroit devant sa maison.* »

De nombreuses protestations s'élevèrent contre cette mesure dont l'application pleine de difficultés n'était pas exempte d'injustices. En effet, telle rue desservant une circulation des plus actives, devait subir des réparations plus fréquentes à son pavage. Était-il rationel, dans cette situation, de faire peser sur les seuls propriétaires de cette localité la dépense de l'entretien d'un pavé usé par tous.

On comprend aisément, alors qu'il s'agit d'une voie nouvelle, que l'obligation du premier pavage soit une des conditions imposées à chaque propriétaire au droit de sa maison, parce que la ville qui la prescrit accorde en échange des avantages compensant le préjudice; mais faire de la réparation du pavage une obligation éternelle, quand ce ne sont pas les seuls propriétaires de la voie qui la détériorent, c'est évidemment les frapper d'un impôt qui doit être payé par tous.

Telles étaient les observations présentées en 1606,

(1) Pour faire apprécier à sa juste et grande valeur le caractère si solidement trempé de Robert Myron, nous publions à la fin de cette rédaction un extrait d'une harangue prononcée par le Magis'rat en 1618. Cette harangue a pour titre dans ce volume : *Galerie Municipale.*

contrairement à la dépense d'entretien du pavé de Paris, par les possesseurs des immeubles qu'on voulait atteindre.

On batailla durant trois années, enfin le Conseil d'État du Roi admit la réclamation dés propriétaires. Un arrêt à la date du 31 décembre 1609 ordonna que les frais d'entretien du pavage de Paris seraient payés sur le produit d'un droit qu'on mit sur le vin et qui s'élevait à cinq sous par muid ; cette taxe produisit les premières années environ 40,000 livres.

On changea plus tard et très-souvent la nature de la perception, mais le principe resta le même. Les propriétaires furent contraints au payement des frais de premier pavage, et l'entretien incomba toujours à la Ville, qui s'en chargea, mais en se créant les ressources nécessaires au moyen d'une taxe sur des objets de consommation, qui sont d'ordinaire les plus productifs des impôts.

Dans le 4ᵉ volume de notre Bibliothèque Municipale, nous dirons quelle est la situation actuelle de la propriété parisienne, en ce qui concerne le pavage et les trottoirs, puis nous passerons en revue les différentes applications qui ont été faites dans la Capitale depuis un certain nombre d'années.

Louis Lazare.

GALERIE MUNICIPALE

EXTRAIT DE LA HARANGUE

DE

ROBERT MYRON

PRÉVÔT DES MARCHANDS ET PRÉSIDENT DU TIERS-ÉTAT

Prononcée devant le Roi et la Reine, le **23 février 1615,** jour de la clôture des États de **1614,** qui avaient été ouverts le **26 octobre.**

« Sire...

» ... Tous les ans, au mois de mai, se faisoit une assemblée de tous les ordres, en laquelle présidoit le Roi... et par l'avis de ses sujets, pourvoyoit aux affaires importantes de l'État, témoignage singulier de la sincère et paternelle affection de nos Rois, lesquels dans la grandeur de leur puissance, et éminence de leur dignité, n'étant liés à autres loix qu'à celles de leur volonté propre, ont néanmoins désiré pourvoir aux désordres communs, par le conseil de leurs sujets, c'est-à-dire chercher la guérison et faire choix des remèdes par l'avis des malades mêmes (p. 79 80).

» Et plût à Dieu, Sire, que cette forme grandement salutaire, depuis empruntée par les Rois voisins, n'eût point été altérée par la cause du temps, et fût demeurée en vigueur entre nous ; la discipline publique, florissante sous nos pères, ne fût en rien déchue ; l'État eût été conservé en son lustre non terni, non affoibli, et Votre Majesté ne seroit aujourd'hui empêchée à retrancher les abus que la licence a insensiblement introduits (p. 80).

» ..... Il y a, Sire, deux principaux points qui ont toujours été la base et l'appui de cet État, la piété et la justice... ces deux vertus... fondamentales de l'entretien de cet État, vierges, comme les appelle Philon, et incorruptibles, ont été violées et ternies; ses colonnes ébranlées, voire renversées ; ses riches plantes flétries par ceux mêmes qui les devoient cultiver et maintenir, dont le mauvais choix éloigné des yeux de Votre Majesté, a tellement surchargé ces machines saintes par infinité de mauvaises actions de plusieurs ecclésiastiques et officiers établis en la justice, police et finance, et autres de toutes professions inutiles à tous, fors à eux-mêmes, qu'il ne reste plus entre nous que le nom et l'ombre de ces vertus (p. 82-83).

» ..... La piété s'est éloignée de nous par défaut des prélats... davantage les cures... sont rejetées pour être si pauvres, qu'un homme de médiocre savoir tiendroit à honte d'y être appelé, ou si elles ont quelques amples revenus, les plus élevés aux dignités ecclésiastiques ne dédaignent pas d'en avoir le titre et d'en prendre les fruits, mais en refusent l'exercice et la charge, et la renvoyent à des vicaires pauvres et ignorants, auxquels ils donneront quelques petits gages, voire audessous de ceux de leurs moindres domestiques, se

piétendant par là quittes envers Dieu et envers les
hommes; et s'en sont trouvés quelques-uns tant éloi-
gnés de la pudeur, du respect des loix et de leur honneur propre, qu'ils ont osé passer contrats publics
par devant notaire, avec l'expression de telles clauses...
S'il faut parler des abbayes et autres bénéfices... il n'y
a point, en la moitié, d'abbés qui ayent titre canoni-
que, la plus grande part étant possédée par économes,
autres ouvertement occupées par gentilshommes, et
toutes sortes de gens laïcs... (p. 83-85).

» Quant à la noblesse, il s'y est glissé tant d'excès,
tant de mépris de la justice et des juges, tant de con-
traventions à vos ordonnances, soit pour les duels,
rencontres feintes et simulées, oppression des pauvres,
détention injuste des bénéfices, violences contre les
plus foibles, et autres désordres, que quelques uns
pour leurs mauvaises mœurs donneroient tout sujet
de ne les plus réconnoître en ce degré, où la vertu de
leurs ancêtres les a élevés et placés, et leurs défauts
propres les en peuvent à bon droit faire déchoir... Aujourd'hui leurs principales actions se consomment en
jeux excessifs, en débauches, en dépenses superflues,
en violences publiques et particulières, monstres et
prodiges de ce siècle, qui obscurcissent l'éclat et le
lustre ancien de cet ordre respectable et redouté par le
monde (p. 86-87).

» Et pour le regard de la justice, les longueurs, fuites et subterfuges pour rendre les procès immortels
sont infinis, et ne reçoivent point de bornes entre nous,
par la malice des parties qui ternissent insolemment

l'honneur des juges... Il me suffira de dire qu'il y a peu à présent d'affaires, procès civil ou criminel, si quelque grand ou grandement riche y est intéressé, qui ne passent pas toutes les jurisdictions du royaume ; ensuite des évocations trop fréquentes, pour le jugement d'une compétence avant que d'entrer au fond, de façon qus les incidents étouffant le principal, se trou vent à la fin le demandeur et le défendeur entièremen ruinés ; c'est ce qui cause tant de duels, tant de meurtres, tant d'assassinats, tant de querelles et tant de mépris des juges qui n'en sont pas toujours cause...

» Cette maladie et hydropisie de pratique qui noua travaille a passé jusqu'aux gens de village, lesquels emploient leurs meilleures journées aux plaidoiries, et y sont trop librement recueillis, fomentés et entretenus, à intention de provigner les procès, qui leur sont une espèce de taille, et un autre ravage, approchant des ruines qu'ils reçoivent des gens de guerre tenant la campagne...

» Le pauvre peuple travaille incessamment, ne pardonnant ni à son corps, ni quasi à son âme, c'est-à-dire à sa vie, pour nourrir l'universel du royaume ; il laboure la terre, il l'améliore ; il met à profit ce qu'elle rapporte ; il n'y a saison, mois, semaine, jour ni heure qui ne requière son travail assidu ; et en un mot, il se rend ministre et quasi médiateur de la vie que Dieu nous donne, et qui ne peut être maintenue sans les biens de la terre ; et de son travail il ne lui en reste que la sueur et la mesure ; ce qui lui demeure de plus présent, s'emploie à l'appui des tailles de la gabelle, des aides et autres subventions qui se payent à Votre Majesté, et n'ayant presque plus rien, encore est-il forcé d'en trouver pour certaines personnes, lesquelles abusant du nom sacré de Votre Majesté, déchirent votre pauvre peuple par commissions, recherches et autres mauvaises inventions trop tolérées; c'est miracle qu'il puisse parvenir à tant de demandes, aussi s'en va-t-il accablé : — la nourriture de Votre Majesté, de tout l'état ecclésiastique et du tiers-état, est assignée sur ses bras.

» Sans le labeur du pauvre peuple, que valent à l'E-glises les dîmes, les grandes possessions? à la noblesse, leurs belles terres, leurs grands fiefs? au tiers-État, leurs maisons, leurs rentes et leurs héritages ? Il faut passer plus outre. Qui donne à Votre Majesté les moyens d'entretenir la dignité royale, fournir aux dé-penses nécessaires de l'État, tant dedans que dehors le royaume? qui donne le moyen de lever les gens de guerre, que le laboureur, les tailles et le taillon (que le peuple paye), ordonnez en France pour l'entretene-ment des gens de guerre, les font mettre sus, et ils ne sont pas sitôt en pied qu'ils n'écorchent le pauvre peu-ple qui les paye. Ils le traitent de telle façon, qu'ils ne laissent point de mots pour exprimer leurs cruautés. Combien ont été plus doux les passages des Sarrasins, quand on les a vus en France, que ne sont aujourd'hui les rafraîchissements des gens de guerre (P. 87-91)? (1).

(1) Les derniers quartiers d'hiver en sont les funestes té-moignages à toute la France.

» Les tigres, les lions et autres bêtes plus farouches, que la nature semble avoir produits quand elle a été en colère contre les hommes, font du bien, ou du moins ne font point de mal. Les lionnes donnent leurs mamelles à celles qu'elles engendrent, dit le prophète ; et cette race de vipères, il est impossible d'en parler sans passion, étouffent leurs pères nourriciers, innocents de tous maux, sinon d'avoir nourri cette engeance serpentine (p. 91-92).

» Si Votre Majesté n'y pourvoit, il est à craindre que le désespoir ne fasse connoître au pauvre peuple que le soldat n'est autre chose qu'un paysan portant les armes ; que quand le vigneron aura pris l'arquebuse, d'enclume qu'il est il ne devienne marteau ; ainsi, tout le monde sera soldat, il n'y aura plus de laboureur ; les villes, la noblesse, l'église, les princes et les plus grands mourront de faim...

» Si la noblesse y vouloit travailler, elle empêcheroit une grande partie du mal, parce que les nobles sont exemps de telles oppressions ou ils endurent et dissimulent, et en cela il y a quelque chose à redire, puisque la charité condamne non-seulement celui qui fait le mal, mais encore celui qui le laisse faire le pouvant empêcher. Combien de gentilshommes ont envoyé les gens d'armes chez leurs voisins, et quelquefois en leurs propres villages, pour se venger d'eux, ou de corvées non faites, ou de contributions non payées ?

» Il s'est vu depuis quelque temps une seule compagnie de gens d'armes avoir ravagé quasi la moitié de la France, et après avoir tout consommé, s'en retourner chacun en sa maison, enrichi de la substance du pauvre peuple, sans avoir donné un coup d'épée ; de sorte, Sire, qu'à bien considérer tous les États de votre royaume, on trouvera la vertu de nos pères tarie en nous, cette sainte humeur radicale de la crainte de Dieu et du respect des lois, conservant la vertueuse générosité, piété et justice, est desséchée ; il n'y a plus en nous de santé, la gangrène du vice a tantôt gagné les plus nobles parties de ce corps (p. 92 93).

» Qui pourvoira donc à ces désordres, Sire ? Il faut que ce soit vous, vous avez assez moyen de le faire. Votre pauvre peuple, qui n'a que la peau sur les os, qui se présente devant vous tout abattu, sans force, ayant plutôt l'image de mort que d'homme, vous en supplie au nom du Dieu éternel qui vous a fait régner, qui vous a fait homme pour avoir pitié des hommes, qui vous a fait père de votre peuple pour avoir compassion de vos enfants... (p. 93).
(Extrait du tome XVII des *États généraux et autres Assemblées nationales*.)

⟶ ✦ ⟵

FAITS ADMINISTRATIFS

Longueur des voies les plus importantes de l'ancien Paris.

Rue de Rivoli, 3,146 mètres. — Boulevard du Prince-Eugène, 2,800. — Rue Saint-Dominique, 2,429. —

Rue de Grenelle-Saint-Germain, 2,251. — Rue Saint-Maur-Popincourt, 2,223. — Rue de Vaugirard, 2,143. — Rue Saint-Honoré, 2,120. — Rue de Charenton, 2,080. — Rue du Faubourg-Saint-Honoré, 2,065. — Rue du Faubourg-Saint-Martin, 1878. — Rue du Faubourg-Saint-Antoine, 1810.—Rue du Faubourg-Saint-Denis, 1672, etc.

Nous ne mentionnons pas ici les voies publiques faisant partie de l'ancienne banlieue réunie depuis deux ans à Paris, et cela parce que ces voies sont loin d'être bordées aujourd'hui de constructions dans toute leur étendue.

Les boulevards intérieurs de Paris (anciens remparts ont une longueur totale, de la Bastille à la Madeleine, de 4,383 mètres, savoir : boulevard de Beaumarchais, 780 mètres — des Filles-du-Calvaire, 232 — du Temple, 527 — Saint-Martin, 601 — Saint-Denis, 210 — de Bonne-Nouvelle 347 — Poissonnière, 351 — Montmartre, 215 — des Italiens, 425 — des Capucines, 445 — de la Madeleine, 250.

On sait que cette splendide promenade a été complétée sous l'administration préfectorale du comte de Rambuteau, qui a supprimé les contre allées du boulevard de Beaumarchais, et fait construire sur une superficie de 10,057 mètres la belle ligne d'habitations qui décorent le côté droit de cette voie publique.

Les anciens remparts de Paris avaient été transformés en boulevards plantés d'arbres, par trois arrêts du Conseil d'État du Roi des 7 juin 1670, 17 mars 1671 et 7 avril 1685.

Louis XIV avait le pressentiment de la fortune brillante qui était réservée aux boulevards de Paris ; aussi répétait-il souvent : « Ce sera dans un ou deux siècles la plus belle promenade du monde ! » Le grand Roi regrettait de n'avoir pu, en raison des exigences de la guerre, consacrer des sommes importantes au profit de la grande voie qu'on appelait alors les *boulevards neufs*.

Sous la régence du duc d'Orléans, en 1719, on ne comptait sur les boulevards, de la Bastille à la Madeleine, que 47 maisons ; en 1750, 82 ; en 1780, 137. Aujourd'hui le nombre s'élève à 417 ; mettez-les à 500,000 fr. chaque, il y a là une richesse immobilière de deux cent huit millions 500 mille francs.

Élargissement de la rue Saint-Jacques.
(5ᵉ Arrondissement.)

Le jury, dans sa cession du 26 mars dernier, a statué sur les indemnités dues aux propriétaires et locataires de cinq immeubles expropriés pour l'élargissement de la rue Saint-Jacques.

Voici la désignation des immeubles avec les offres de la Ville, les demandes des expropriés et les allocations du jury :

Rue Saint-Jacques, nº 52, dame Kaltenhauser et consorts, propriétaires, Offre 30,000; Demande 67,190; Allocation 55,000 fr. — Duménil, principal locataire, bail 3 ans, prix 3,000. O. 1 fr.; D. 8,700; A. 2,000. — Loup, gargotier, b. 6 mois à 1,600 fr. O. 4,500; D. 20,000; A. 1,500.

Même rue, 56, Artur, prop., O. 25,000; D. 60,000; A. 50,000. — Veuve Glairon-Rappaz, princip. locat. et hôtel meublé, bail 3 ans à 2,000. O. 4,000; D. 39,000; A. 25,000.

Même rue, 58, époux Flocon, prop., O. 23,000; D. 58,000; A. 50,000. — Gossart, principal loc., march. de tabacs, b. 3 ans 9 mois à 1,800. O. 7,000; D. 27,300; A. 16,000.

Même rue, 60, veuve Robert, prop., arrangement amiable avec la Ville, 110,000. — Vincent, loc. marchand de chaussures, bail 4 ans 9 mois à 1,500 fr. O. 7,000; D. 41,320; A. 15,000. — Hauteville, horloger, b. 7 ans 6 mois à 1,000. O. 500; A. 8,000. — Coulon Leblanc, fabricant de brosserie, 6 ans 9 mois à 2,000. O. 1,000; D. 14,380; A. 12,000. — Randon, march. de vins, arrangement amiable, 5,200.—Dame Boudin, fabric. de pinceaux, id. 4,500.

Même rue, 62, la Ville de Paris, prop, Piet, march. de vin, bail 3 mois à 2,600. O. 1,200; D. 12,000; A. 6,000.

Reconstruction du Marché du Temple.
(3ᵉ Arrondissement.)

Un décret impérial du 14 août 1862 a déclaré d'utilité publique la reconstruction du Marché du Temple, l'ouverture d'une rue conduisant de la rue Dupetit-Thouars à la rue Perrée, et l'élargissement à 20 mètres de la rue Perrée et Dupetit-Thouars, et à 24 mètres de la rue du Temple au droit des nouveaux bâtiments.

En exécution de ce décret, la Ville a fait offre à M. Pichat d'une somme d'un million pour l'acquisition du bâtiment dit la rotonde du Temple.

Ce monument, qui n'a rien de remarquable, a été construit en 1781, par Pérard de Montreuil, architecte. Devenu propriété nationale, ce bâtiment fut vendu le 21 frimaire an VI. Sa superficie est de 2,085 mètres.

Prolongement de la rue de La Fayette.

(Partie comprise entre les rues Montholon et du Faubourg-Montmartre. 9ᵉ Arrondissement.)

Un jugement rendu en l'audience publique de la première chambre du Tribunal civil de première instance de la Seine, à la date du 26 mars dernier, déclare expropriés les immeubles désignés ci-après :

Rue Montholon, nᵒˢ 19, 21, 23 (partie), nᵒˢ 25, 27, 29, 31, 33.

Rue Bleue, 18, 20, 22, 24, 26, 28, 30, 32, 34, 36 partie, 29, 31, 33 et 35.

Rue du Faubourg-Montmartre, 42, 50 et 52.

Rue Cadet, 11 partie, 13, 15, 17, 19, 21, 23, 25, 30, 32 et 34.

Rue Buffault, 1, 3, 5, 7, 12, 14, 16, 18, 20, 22 et 24.

Passage des Deux-Sœurs, 5, 7, 12, 14, 14 *bis* (partie), 16. Ces numéros sont pris soit par la rue Buffault, soit par la rue Cadet ou le Faubourg-Montmartre.

LES
ABORDS DU PALAIS DES TUILERIES

I

Avant d'indiquer les créations qui doivent compléter la voie publique aux abords de la demeure du Souverain, il n'est pas sans intérêt de rappeler les différents palais successivement habités par nos anciens Rois.

On sait que saint Louis et plusieurs de ses *progéniteurs*, comme cela était dit dans les lettres patentes, demeurèrent dans la Cité et que l'habitation royale devint le Palais de Justice.

Charles V vint habiter l'hôtel Saint-Paul, et la noblesse s'établit dans le quartier connu depuis sous le nom de quartier de l'Arsenal.

La Royauté abandonne l'hôtel Saint-Paul, trop voisin du fleuve, et se fixe dans le pa'ais des Tournelles ; à l'instant les grands seigneurs quittent le quartier de l'Arsenal et se construisent des hôtels autour de l'habitation souveraine, dans un marais, dont un quartier a pris et conservé le nom.

Henri II, blessé à mort dans un tournoi, est porté sans connaissance au palais des Tournelles, où il expire le 15 juillet 1559.

Alors cette habitation devint comme un lieu de perdition ; mille terreurs assiégent les hôtes illustres de ce triste manoir, qui est abandonné, puis vendu sous Charles IX, et l'on en fait la place Royale sous Henri IV.

Mais avant la mort de Henri II, François Ier avait adopté le Louvre, comme emplacement au moins. Ces Valois ont été les véritables *Rois-artistes* de la France. Notre génie national se greffait alors sur cette belle et luxuriante Italie, en plein épanouissement de grandeur et de poésie.

On comprend que le Louvre, aux constructions massives, aux tours féodales et sombres, durent sembler bien tristes au Roi qui construisait Chambord et rêvait Fontainebleau. Aussi François Ier ne voulut rien conserver du passé et résolut de refaire un palais selon ses goûts.

Charles IX était au Louvre le jour de la Saint-Barthélemi...

Catherine de Médicis, pour surveiller plus à son aise la royauté, résolut de bâtir à côté de la demeure de son fils un palais qui conserve encore après trois siècles le nom des *Tuileries*.

Ce palais, en dépit de ses nombreux agrandissements, ne plaisait guère à nos souverains, qui ne vinrent l'habiter qu'à de longs intervalles.

A ce sujet, il est utile de rappeler un fait historique ayant trait à cette royale demeure et qui témoigne de la répulsion qu'elle inspirait.

II

C'était le 14 septembre 1676, à onze heures du matin. Dans un des salons du Palais des Tuileries, faisant partie de l'ancienne habitation construite par Philibert Delorme pour la reine Catherine de Médicis, quatre personnages se tenaient autour d'une table recouverte d'un tapis bleu de ciel broché de fleurs de lis d'or.

Un seul de ces personnages était assis et couvert; il semblait consulter un plan de Paris déroulé sur la table, — c'était le Roi Louis XIV !

Les trois autres gentilshommes, debout et le chapeau à la main, attendaient qu'il plût à Sa Majesté d'engager la conversation.

Le premier gentilhomme, à la droite du Roi, était le ministre Colbert.

Le second, à la gauche du Souverain, avait nom Gabriel-Nicolas, seigneur de La Reynie, Lieutenant général de Police.

Enfin, le troisième, en face de Sa Majesté, s'appelait messire Auguste-Robert de Pommereu, Prévôt des Marchands de la ville de Paris.

Lorsque Louis XIV eut terminé l'examen du plan, Sa Majesté regarda le Prévôt et dit :

— Messire de Pommereu, nous vous écoutons.

— Sire, commença le Magistrat, les Parisiens se plaignent, par l'organe de leur Prévôt, d'être trop souvent privés de la présence de leur Roi bien-aimé. Ils supplient Votre Gracieuse Majesté de daigner prolonger son séjour dans sa Capitale, si heureuse et si fière de posséder son Souverain.

— Messire de Pommereu, répliqua Louis XIV, ce

témoignage de la bonne affection des Parisiens, nos fidèles sujets, nous réjouit le cœur, et certainement nous serions heureux de venir habiter plus souvent notre palais des Tuileries. Mais vraiment, si, comme Roi, notre devoir est de nous y rendre lors des cérémonies et fêtes publiques, il nous est bien difficile d'en faire notre séjour habituel. La ville déborde à droite et à gauche ; elle pousse en avant ses rues, ses quais, son industrie, son commerce ; le flot de cette marée montante vient battre les murailles des Tuileries !...

DE LA REYNIE. Votre Majesté daignerait-elle m'accorder la parole ?

LOUIS XIV. Parlez, monsieur de la Reynie, nous vous écoutons toujours avec intérêt.

DE LA REYNIE. Votre Majesté a porté si haut le nom de la France, que sa gloire excite bien des jalousies. Aux Tuileries, le Roi est pour ainsi dire dans la rue, et il ne faut qu'un coup de mousquet tiré par un fou, un ambitieux ou un traître, pour nous ravir...

LOUIS XIV. Eh bien, monsieur le Lieutenant général de Police, si le Roi est tué, vive le Roi !

DE LA REYNIE. Sans doute, Sire, les Rois ont des successeurs, mais il est des Souverains qu'on ne remplace pas toujours. Je le dis à Votre Majesté : les Tuileries sont bloquées, surtout à l'est et au nord, par des constructions particulières dans lesquelles un scélérat ou un insensé est constamment maître de la vie du Roi de France. Or, comme je réponds à mon pays de la personne de Votre Majesté, si tel est son bon plaisir de

venir habiter les Tuileries, ouvertes de toutes parts, je
supplie mon Souverain bien-aimé de daigner accepter
ma démission.

LOUIS XIV. A Dieu ne plaise que le Roi de France
se prive des loyaux services d'un si digne serviteur!
Nous ne craignons pas la mort, mais notre devoir de
Souverain, nous le savons, consiste à ne jamais exposer la Royauté à une insulte. Nous ne pensons jamais à la *journée des barricades*, du 27 août 1648, sans
que le souvenir de cet outrage ne nous fasse monter
la rougeur au front. A peine avions-nous atteint alors
notre dixième année, et cependant l'insulte que notre
honorée mère Anne d'Autriche a subie, ne s'effacera
jamais de notre souvenir.

La Régente, vous vous le rappelez, avait ordonné
l'arrestation de deux Conseillers au Parlement, de
Blancménil et Broussel, qui conspiraient ouvertement
contre la Royauté.

Le peuple, excité par ces ambitieux, s'ameuta et
voulait forcer le Palais Cardinal, où séjournait Anne
d'Autriche.

La Régente fut contrainte de signer l'ordre de mettre
en liberté les deux Conseillers! Nous eussions com-
battu l'émeute, si nos mains royales avaient été assez
fortes pour tenir une épée! Je comprends qu'un Souverain puisse succomber comme François Ier de France
à Pavie, mais il ne doit jamais mourir comme Charles Ier d'Angleterre.

ROBERT DE POMMEREU. Je demande à Votre Majesté la

permission de parler au nom du Corps Municipal de Paris...

LOUIS XIV. Monsieur le Prévôt, nous vous écoutons avec plaisir.

ROBERT DE POMMEREU. Sire, les Édiles parisiens ont parfaitement compris l'insuffisance des abords du Palais des Tuileries; leur devoir est donc de les rendre tout à fait dignes de la demeure du Souverain. Ils sont tout prêts à voter les fonds nécessaires, dès que Votre Majesté aura fait connaître ses royales intentions.

LOUIS XIV. Messire de Pommereu, nous savons que votre intelligence est à l'unisson de la splendeur de Paris; que vous administrez cette ville grandement, de haut et de loin, par-dessus les tours Notre-Dame.

Faites donc que la Royauté soit chez elle dans Paris, et notre Capitale deviendra notre séjour habituel et préféré.

ROBERT DE POMMEREU. Si Votre Majesté daignait me permettre de traduire quelques-uns de nos projets relativement aux abords des Tuileries, voici un plan...

LOUIS XIV. Voyons, monsieur le Prévôt.

ROBERT DE POMMEREU. C'est au nord de la ville que le dégagement des palais des Tuileries et du Louvre est d'une nécessité plus urgente. J'aurai donc l'honneur de proposer à Votre Majesté d'ouvrir une rue de *dix toises* parallèlement aux deux palais, depuis la place qui doit être formée à l'ouest du jardin des Tuileries, jusqu'à la rue des Poulies (1).

(1) Il est question ici de la première partie de la rue de

Les dépenses résultant de cette création éminemment utile, ne seront pas considérables ; une partie de la voie devant être formée sur l'emplacement des Écuries du Roi, des Couvents de l'Assomption et des Feuillants.

En face de la rue de l'Échelle, partira une autre rue ou mieux un boulevard également de *dix toises* de largeur et qui se dirigera vers le rempart, en face du chemin des Porcherons (1); voilà, Sire, comment on pourrait dégager, au nord, votre palais des Tuileries et le Louvre.

Passons à l'est des deux palais, en face de la colonnade du Louvre qui s'achève en ce moment. Sire, le Louvre est bloqué de ce côté, et le dégagement de ce Palais exigerait le sacrifice de l'église Saint-Germain-l'Auxerrois. Si Votre Majesté daignait nous faire connaître ses royales intentions à ce sujet...

LOUIS XIV. Avant de donner notre opinion, nous serions désireux d'écouter l'avis, sans aucun doute, très-judicieux, de notre ministre Colbert.

COLBERT. Sire, il est un intérêt auquel il importe

Rivoli exécutée plus tard ; quant à la rue des Poulies, c'est aujourd'hui la rue du Louvre, qui doit être prolongée jusqu'aux Halles Centrales. — En ce qui concerne la place, à l'ouest du jardin des Tuileries, c'est la place de la Concorde qui n'a été définitivement formée qu'en vertu des lettres patentes du 27 juin 1741.

(1) Le chemin des Porcherons est aujourd'hui la rue de la Chaussée-d'Antin.

avant tout, de donner pleine et entière satisfaction; cet intérêt, qui doit dominer toutes les questions administratives, est celui de l'État. Sans doute, il est regrettable de démolir Saint-Germain-l'Auxerrois, qui est un édifice religieux plein de souvenirs historiques et d'une architecture assez remarquable. Mais ce sacrifice est en quelque sorte commandé par l'utilité de mettre l'Hôtel de Ville en regard du Palais du Souverain. — Dans les émotions populaires, le point de mire des émeutiers est l'Hôtel de Ville; s'il tombe au pouvoir des factieux, il livre le Palais des Tuileries à l'émeute. Rappelons-nous ce qui se passa *sous la Ligue :* quand le duc de Guise fut maître de l'Hôtel de Ville, Henri III dut quitter sa Capitale. Plus près de nous, lorsque la Fronde a dominé dans le Palais Municipal, Votre Auguste Mère, Anne d'Autriche, Régente de France, s'est vue contrainte d'abandonner Paris. Il faut donc à tout prix, Sire, créer cette voie, véritable trait d'union entre le Louvre et la Maison de Ville.

D'ailleurs, au point de vue de l'art, le Louvre y gagnera une perspective plus variée, plus large et plus belle; par ces considérations, sauf le bon plaisir de Votre Majesté, je suis d'avis de démolir l'église Saint-Germain-l'Auxerrois, à l'effet de rattacher l'Hôtel de Ville au Louvre, par une voie de douze toises de largeur.

Louis XIV. Notre opinion est en tous points conforme aux idées émises par M. de Colbert. L'avenue ou boulevard à ouvrir entre le Louvre et l'Hôtel de Ville protégera les deux monuments et doit être une véritable place d'armes (1). Ceci étant résolu, continuez, messire de Pommereu.

(1) Un fait digne de remarque, et que nous avons souvent constaté depuis vingt-cinq années que nous nous occupons d'Édilité parisienne : c'est l'accord complet dans les idées, la similitude d'intentions qui existe, même à des siècles de distance, entre les Souverains dont les noms sont restés entourés d'une auréole de gloire et d'immortalité.

Henri IV, Louis XIV et Napoléon 1er témoignent de cette vérité étincelante, surtout dans la question du Louvre et des Tuileries. — On doit à Henri IV l'idée première de la jonction des deux Palais, et souvent ce grand Roi, éminemment administrateur, disait à François Myron, Prévôt des Marchands de la Ville de Paris : « Compère, il faut établir une grande voye entre le Louvre et l'Hôtel de Ville, afin que la Royauté, mettant le nez à une des fenêtres de son Palais, puisse voir ce qui se passe dans la Maison de Ville. »

On sait que Napoléon 1er avait arrêté le projet d'*une rue Impériale* qui, partant de l'axe de la Colonnade du Louvre, devait aboutir au rond-point de la barrière du Trône, en longeant dans son parcours la façade nord de l'Hôtel de Ville. Plus tard, l'Empereur conçut un second projet moins dispendieux mais plus profondément utile. Voici en quels termes s'exprimait le comte Frochot, alors Préfet de la Seine, sur le deuxième projet de Napoléon : « Après Tilsitt, dit le Magistrat, Sa Majesté me fit mander aux Tuileries pour me communiquer ses vues sur certaines créations qu'elle projetait dans l'intérêt de sa Capitale. « Il faut, me répéta l'Empe-
» reur, créer une large voie entre le Louvre et l'Hôtel de
» Ville, pour mettre ces deux monuments à l'abri de toute
» insulte. Au moindre trouble, des forces imposantes doi-
» vent être dirigées de ce côté; tant que le Souverain sera
» maître de cette voie, il possédera Paris. »
— » Ainsi, ajoute le comte Frochot, l'intention *formelle* de Napoléon était de prolonger la rue de Rivoli *seulement*

ROBERT DE POMMEREU. Sire, cette question de l'église Saint-Germain-l'Auxerrois tranchée par Votre Majesté, il ne nous reste plus qu'à lui soumettre nos projets concernant les abords du Louvre et des Tuileries, au midi des deux Palais ; car pour la partie à l'ouest, la place qui s'ouvre en ce moment, protége heureusement l'habitation Royale.

LOUIS XIV. Du côté méridional, messieurs, nos palais du Louvre et des Tuileries laissent beaucoup à désirer. En sortant de la place du Carrousel (1), si nous vou-

jusqu'à la place du Louvre ; d'abattre ensuite Saint-Germain l'Auxerrois, comme le voulait Louis XIV, pour créer une large voie dans l'axe des deux palais du Louvre et de l'Hôtel de Ville. Puis, derrière le Palais Municipal, à l'est du monument, l'Empereur faisait construire une vaste caserne, et dans l'axe de cet établissement militaire, Sa Majesté ouvrait une voie qui, empruntant une partie de la rue Saint-Antoine, élargie et transformée, se dirigeait à pleins jalons sur la place de la Bastille où se trouvait un grand poste militaire ; de là, cette voie se continuait directement jusqu'à la barrière du Trône. »

(1) Cet emplacement était, au commencement du dix-septième siècle, un jardin qui plus tard fut nommé *Jardin de Mademoiselle*, parce que Mademoiselle de Montpensier, sœur du grand Condé, habitait le Palais des Tuileries et possédait ce jardin, qui fut détruit en 1655. Le Roi Louis XIV choisit cet emplacement pour la fête que Sa Majesté donna les 5 et 6 juin 1662 ; cette fête, composée de courses, de ballets et d'un tournoi désigné alors sous le nom de *carrousel*, fut très-brillante, et son souvenir en resta depuis à la place qui lui servit de théâtre.

lons nous rendre soit au Collége Mazarin (1), soit au Palais Médicis (2), nous sommes contraint d'aller gagner le Pont Neuf, car la passerelle du Louvre, qui est en bois, ne permet ni aux cavaliers, ni aux voitures de la traverser (3).

S'il nous plaît ensuite d'aller surveiller les travaux de notre Hôtel Royal des Invalides, qui s'achève en ce moment sous la direction de notre architecte Mansart, il nous faut traverser le pont Barbier (4), qui est éga-

(1) Le Collége Mazarin, ou des Quatre-Nations, est aujourd'hui le Palais de l'Institut.

(2) Maintenant le Luxembourg. — On l'appelait, sous Louis XIV, *Palais Médicis*, parce que la Reine Marie de Médicis avait acheté, le 2 avril 1612, moyennant 90,000 livres, l'hôtel du duc de Pinei-*Luxembourg*. Ce fut sur l'emplacement de l'hôtel de Luxembourg, que Jacques de Brosse, architecte de la Reine Mère, construisit ce Palais qui a conquis, dans l'estime de l'Europe, la place d'honneur, après le Louvre et les Tuileries.

(3) Le pont du Louvre dont parle ici le Roi Louis XIV, était à peu près en face et en prolongement du bâtiment en aile construit sous Charles IX, qu'on voit aujourd'hui du côté du jardin de l'*Infante*, et en retour sur le bord de la rivière jusqu'au guichet du petit clocher. Sur cette passerelle du Louvre fut tué d'un coup de pistolet, en plein jour, le 24 avril 1617, le maréchal d'Ancre, par Vitry, capitaine des Gardes du Roi. Le corps du maréchal fut inhumé dans l'église Saint-Germain-l'Auxerrois, sous les orgues. — Vers neuf heures du soir, la populace, qui détestait Concini, exhuma son cadavre et en promena les débris par toute la ville.

(4) Louis XIV désigne ici le pont nommé aujourd'hui pont Royal. Au commencement du dix-septième siècle, on

lement en bois et dont les oscillations ont déjà coûté la vie à plusieurs soldats faisant partie de notre escorte royale.

ROBERT DE POMMEREU. Sire, cette situation fâcheuse des abords de vos palais du Louvre et des Tuileries, au midi des deux monuments, avait excité déjà toute la sérieuse attention du Corps Municipal de Paris; aussi avons-nous à proposer à Votre Majesté plusieurs projets dont l'exécution nous a paru devoir corriger les imperfections qui viennent d'être signalées avec une si haute raison par notre Souverain bien-aimé.

En face des guichets qui, du quai, conduisent au Carrousel, nous proposons à Votre Majesté de nous permettre de jeter un *pont de pierre* sur le fleuve ; ce pont serait d'une largeur de huit toises au moins. A son extrémité, au midi, sur le quai des Théatins (1), serait

ne traversait le fleuve qu'au moyen d'un bac qui se trouvait précisément en face de la rue qui en a conservé le nom. En 1632, le sieur *Barbier*, contrôleur général des bois de l'Ile-de-France, qui possédait un clos à droite du chemin qui devint la rue du Bac, construisit un pont de bois qui porta le nom de pont Barbier. Le roi ne pouvait le traverser qu'avec difficulté, car Sa Majesté sortait rarement sans une escorte composée d'une compagnie de ses gardes.

(1) C'est le nom que portait à cette époque le quai de Voltaire. — Le quai des Théatins était anciennement confondu avec le quai Malaquais. — En 1642, on l'appela quai des Théatins, en raison des religieux ainsi nommés qui vinrent fonder en cet endroit un couvent de leur ordre, institué en Italie, vers 1524, par Gaëtan, gentilhomme de Vicence, et Jean-Pierre Caraffe, archevêque de *Théate* (au-

formée une place demi-circulaire d'où partiraient trois avenues ou boulevards ayant chacun *douze toises de large.*

La première avenue, en prolongement du pont, irait aboutir au boulevard Saint-Germain, près les *Petites-Maisons* (1).

jourd'hui Chieti). Les maisons nos 17, 19, 21, 23 et 25 occupent aujourd'hui, sur le quai de Voltaire, l'emplacement de l'ancien couvent des Théatins.

(1) Il serait impossible de comprendre aujourd'hui le projet proposé par le Prévôt des Marchands, messire de Pommereu, sans quelques explications sur le Paris du dix-septième siècle. D'abord, ce qu'on appelait, en 1676, *les Petites-Maisons*, est devenu aujourd'hui l'Hospice des Ménages. — Ensuite, nous avons rendu compte, dans notre mémoire sur l'ensemble des améliorations à exécuter dans l'ancien 10e arrondissement, de ce projet de boulevard Saint-Germain. Nous avons dit que S. M. Louis XIV, ayant substitué sur la rive droite, aux anciens remparts, la magnifique promenade des boulevards, voulait également doter la rive gauche d'une grande voie demi-circulaire. Dans l'intention de Sa Majesté, le boulevard Saint-Germain devait prendre naissance à l'Est de Paris, vers l'abbaye Saint-Victor (maintenant la Halle aux Vins) ; puis, suivant le tracé actuel de la rue des Écoles, se poursuivre jusqu'à la place de la Croix-Rouge, pour atteindre ensuite une des avenues aux abords de l'Hôtel des Invalides, avenue qui porte aujourd'hui le nom glorieux de Tourville.

Cette explication sommaire indique exactement le tracé proposé par le Prévôt, en prolongement du pont du Louvre et perpendiculairement à la Seine, jusqu'au boulevard Saint-Germain projeté. — Le projet de Louis XIV nous paraît infiniment préférable à celui de l'Administration Municipale actuelle.

La seconde avenue, celle de droite, se dirigerait en diagonale jusqu'au boulevard Saint-Germain, à proximité de l'Hôtel Royal des Invalides, à côté des Missions Étrangères (1).

La troisième avenue, partant de la même place demi-circulaire, irait également en diagonale aboutir au Palais Médicis (du Luxembourg); de cette façon, Sire, votre habitation royale serait complétement dégagée et posséderait des abords tout à fait dignes du Palais des Tuileries.

LOUIS XIV. Cet ensemble de projets nous paraît répondre heureusement aux nécessités de grandeur que nous impose la royauté.—L'exécution de ce plan nous donnera de même des garanties de sécurité qu'il importe de ne pas négliger dans l'intérêt de notre couronne. — Votre administration, monsieur le Prévôt, est pleine de sagesse et de prud'hommie.

ROBERT DE POMMEREU. Nous nous efforcerons, Sire, de mériter votre Royale approbation, en continuant à

(1) Pour bien comprendre ce tracé, il faut se rappeler que le Corps Municipal de Paris avait décidé la suppression du pont Barbier, et son rétablissement en face des guichets du Carrousel. Cette seconde avenue laissait de côté le tronçon de la rue du Bac, existant depuis le quai jusqu'à l'endroit où se trouve actuellement la maison de commerce dite du Petit-Saint-Thomas ; cette deuxième avenue diagonale, partant de la place demi-circulaire établie sur le quai des Théatins, allait épouser la rue du Bac, à l'ouest de l'église Saint-Thomas-d'Aquin, et se dirigeait ensuite à pleins jalons jusqu'au boulevard Saint-Germain.

faire de Paris la ville du luxe et des plaisirs, la Cité de la science et des beaux-arts par excellence. Nous maintiendrons les classes ouvrières dans une minorité qui leur assure un travail permanent et toujours rémunérateur.

Nos règlements auront constamment pour but de retenir les ouvriers de la province dans leurs villes secondaires, et les cultivateurs à leurs champs, qu'ils ne doivent pas abandonner pour fondre sur Paris, qui doit être dans la main de l'Autorité Royale et Souveraine.

LOUIS XIV. Messire Auguste-Robert de Pommereu, Prévôt des Marchands de notre bonne ville de Paris, en récompense de vos bons et loyaux services, nous vous nommons Conseiller d'État et comte de la Bretêche. — Messieurs, la séance est levée (1).

Les malheurs de la guerre vinrent empêcher la réalisation des utiles projets que nous venons d'énumérer. La lutte héroïque que Louis le Grand soutint contre l'Europe coalisée, lors de la succession d'Espagne, absorbèrent les finances de l'État. En cette circonstance, le Corps Municipal de Paris conquit sa part de gloire

(1) Les documents qui ont servi à notre rédaction sont extraits d'un discours prononcé par le premier magistrat de la Ville, dans l'assemblée générale du 20 septembre 1676. Messire Robert de Pommereu rend compte, dans son discours au Corps Municipal de Paris, de cette séance royale. — Nous avons préféré la forme du dialogue, parce qu'elle est d'ordinaire plus saisissante et plus facile à la rédaction.

et d'honneur en mettant toutes les ressources de la Ville au service du Roi.

En ce qui concerne une partie de ces projets, nous allons, s'il est possible, greffer le présent sur le passé.

Les abords du Louvre et des Tuileries au nord des deux monuments, nous paraissent parfaitement assurés par l'exécution de la voie projetée qui, partant de la place du Théâtre-Français, irait aboutir à l'angle de la rue de la Paix, pour se continuer jusqu'à la rue du Havre, où elle se souderait au chemin de fer de Rouen.

Quant à l'est des Palais du Louvre et des Tuileries, l'administration moderne s'est contentée de l'élargissement de la place, en face de la colonnade, et l'on a conservé l'église Saint-Germain-l'Auxerrois, près de laquelle on a bâti une Mairie. Cette conservation est-elle préférable à l'exécution de la voie projetée sous Louis XIV et Napoléon Ier, qui devait mettre le Louvre en face de l'Hôtel de Ville? Le temps, qui met chaque chose à sa place et juge en dernier ressort, tranchera cette grande question de sécurité publique.

Toutefois, sans amoindrir les bienfaits que nous devons à l'Administration actuelle, si méritante et si digne de la reconnaissance publique, c'est avec regret que nous avons vu abandonner, et rendre impossible, au moins pendant des siècles, l'exécution d'une voie que Louis XIV et Napoléon Ier estimaient précieuse d'utilité publique.

Quant au midi des Palais du Louvre et des Tuileries, les abords de la demeure du Souverain laissent encore plus à désirer aujourd'hui qu'à l'époque du règne de Louis XIV.

Ainsi, la malencontreuse idée mise à exécution à la fin du dix-septième siècle, de bâtir le pont Royal en prolongement de la façade ouest du palais des Tuileries, rend les abords de ce monument pour ainsi dire impraticables.

En effet, la circulation, surabondante d'activité à la descente du pont Royal, vient se briser contre le pavillon d'angle des Tuileries. Ce roulement perpétuel de voitures, outre l'encombrement si dangereux qu'il produit, ébranlait encore le pavillon sud-ouest sillonné de lézardes comme un bâtiment qui tombe en ruine. — Ce pêle-mêle de carrosses, de haquets, d'omnibus, de camions, cause un bruit insupportable et fait que le Souverain est pour ainsi dire dans la rue.

Cette fâcheuse disposition ne saurait être corrigée qu'en adoptant le projet de continuer le quai jusqu'en face des guichets, dans l'axe desquels serait reporté le pont Royal. A son extrémité, sur le quai de Voltaire, on créerait, comme on l'avait projeté sous Louis XIV, une place demi-circulaire d'où partiraient également trois avenues.

La première, en prolongement direct du pont en face des guichets, se poursuivrait à pleins jalons jusqu'au boulevard du Mont-Parnasse.

La seconde, en diagonale vers le sud-est, se dirigerait en passant par la place Saint-Sulpice, jusqu'au Palais du Sénat.

Enfin, la troisième, en diagonale également, mais vers le sud-ouest, irait se souder à l'Hôtel des Invalides et à l'École Militaire.

Dans les instants qu'il dérobe aux grands intérêts de l'État, Sa Majesté l'Empereur Napoléon III aime à s'occuper de l'amélioration et de l'embellissement de Paris. Sans aucun doute, une partie de ces projets est venue à la pensée du Souverain actuel, comme ils avaient préoccupé son prédécesseur Louis XIV.

Nous le répétons, il est un fait digne de remarque : c'est l'accord complet dans les idées, c'est la similitude d'intentions qui se révèle, même à des siècles de distance, entre les Souverains dont les noms sont restés ou resteront entourés d'une auréole de gloire et d'immortalité. Ces Souverains, Rois, Empereurs, peuvent représenter des dynasties différentes ; qu'importe ? de par le génie, ces nobles intelligences se touchent par le cœur, comme elles se continuent de par la volonté de Dieu !...

Louis Lazare.

RAPPORT

SUR

LA NOMENCLATURE DES RUES

ET

LE NUMÉROTAGE DES MAISONS

FAIT A M. LE SÉNATEUR PRÉFET DE LA SEINE

Au nom d'une Commission spéciale (1)

PAR M. CH. MERRUAU

V

Elle a essayé d'abord de régler l'emploi des termes génériques qui distinguent les voies entre elles, selon leur forme, leur dimension, leur situation, leur importance.

Depuis l'annexion de la zone suburbaine, presque tous les termes usités, soit dans les villes, soit hors des villes, sont concurremment appliqués aux voies comprises dans l'enceinte municipale de Paris. Il y a des *routes*, des *chemins*, des *sentiers*, des *sentes*, etc., en même temps que des *boulevards*, des *chemins de ronde*, des *allées*, des *avenues*, des *cours*, des *rues*, des

(1) Voir le 2ᵉ volume, page 224, et le 3ᵉ, page 68.

ruelles, des *passages*, des *impasses ;* on a des *chaussées*, des *faubourgs*, des *rues basses* ou des *fossés*, des
rues neuves, vieilles, grandes ou *petites*, etc. Les places publiques prennent les noms de *places, carrefours,
carrés, ronds-points, jardins, squares ;* les espaces
fermés, assimilés à la voie publique, se nomment *clos,
hameaux, villas, cloîtres, cours, passages, galeries,
cités ;* les entrées de Paris sont appelées indifféremment *portes* ou *barrières*.

Il n'est pas sans utilité de mettre un peu d'ordre
dans cette nomenclature ; de préciser le sens de chacun
des termes qui la composent ; d'écarter de l'usage officiel ceux qui sont vagues, impropres ou superflus. Un
petit nombre d'expressions, bien définies, doivent servir aux écriteaux à placer le long des voies publiques.
Une trop grande variété en ce genre, surtout lorsqu'elle ne se rapporte à aucune classification logique,
n'a pas d'autre effet que de jeter la confusion dans l'esprit des passants et d'embrouiller leur mémoire.

Voici les appellations auxquelles la Commission estime qu'il y a lieu de renoncer :

Route, mot qui désigne une grande voie de communication entre diverses parties du territoire de l'empire
ou d'un département, n'est pas d'un emploi municipal. Dans la traverse des villes, les routes s'appellent
des rues, des avenues, des quais, etc.

Chemin, sentier ou *sente*, comme on dit dans quelques localités, sont des termes qui s'appliquent à des
voies rurales et non urbaines.

Chemin de ronde se disait de la voie circulaire qui

régnait le long du mur d'enceinte pour faciliter, au service de l'octroi, sa surveillance ; cette voie n'existe plus, elle a été absorbée dans la ligne des boulevards dont elle n'était séparée que par la muraille aujourd'hui renversée. Rien de semblable n'est nécessaire aux fortifications que suit l'ancienne route militaire élargie.

Allée signifie chemin de promenade tracé au milieu des arbres, des parterres d'un jardin, mais ne s'emploierait qu'improprement pour désigner une voie quelconque bordée de maisons.

Cours, dérivé sans doute de l'italien *corso*, ne saurait être utilement maintenu dans l'usage. Le véritable *cours* ou la promenade favorite de Paris actuel serait l'avenue des Champs-Élysées ou celle de l'Impératrice, et non le *Cours-la-Reine*, par exemple, qui n'est qu'une avenue secondaire. Mais le mot présente l'inconvénient de sonner à l'oreille comme celui de *cour*, qui a un tout autre sens : Cour-du-Mai, etc.

Chaussée veut dire ou une voie en remblai au milieu d'un terrain bas, ou la partie de la voie réservée, entre les deux trottoirs, à la circulation des voitures. Évidemment il n'y a lieu de désigner ainsi spécialement aucune des voies publiques de Paris. L'emploi que l'on a fait de ce terme pour en nommer quelques-unes forme d'ailleurs une sorte de pléonasme : rue *de la Chaussée-d'Antin*, rue *de la Chaussée-de-Clignancourt*, avenue *de la Chaussée-du-Maine*, signifient rue de la route, avenue de l'avenue. La Commission propose donc d'écarter de la nomenclature des voies parisiennes le mot *chaussée*, elle aurait hésité toutefois à comprendre dans cette réforme la rue de la Chaussée-d'Antin, dont la notoriété est universelle ; mais elle a pensé que ce nom, rendu célèbre par maint tableau de mœurs, est surtout celui d'un quartier ; qu'il subsistera sous cette forme en vertu du décret du 1er novembre 1859, portant les dénominations des quatre-vingts quartiers de Paris, et qu'il peut sans inconvénient être retiré à la rue qui le porte pour faire place à l'ancienne appellation de rue du *Mont-Blanc* (1). Ce changement aurait d'ailleurs l'avantage de rappeler que, de nos jours, l'Empereur Napoléon III a rendu à la France, par une annexion pacifique et consentie, une de nos anciennes conquêtes, le pays loyal et belliqueux que domine le plus haut sommet de la chaîne des Alpes.

Faubourg semblerait également devoir être mis hors d'usage. Les voies publiques ainsi désignées sont actuellement comprises dans une zone intérieure qu'enveloppe celle, plus large encore, des territoires récemment annexés à Paris.

Le terme de faubourg n'a donc plus en lui-même qu'une valeur historique de peu d'importance ; il constate que certaines rues étaient, à une époque ancienne, les voies principales de faubourgs de Paris ; mais le fait est vrai de beaucoup d'autres voies publi-

(1) La rue de la Chaussée-d'Antin a souvent changé de nom : elle s'est appelée d'abord *Chemin de l'Égout de Gaillon*, puis *Chemin des Porcherons*, *Chemin de la Chaussée-d'Antin*, rue de *l'Hôtel-Dieu*, rue de *la Chaussée-d'Antin*, rue *Mirabeau*, rue *du Mont-Blanc*, rue de *la Chaussée-d'Antin*.

ques qui se sont formées, par l'affluence de la population, aux abords des enceintes municipales. Les habitants des faubourgs Saint Martin et Saint-Denis ont demandé, en 1849 et en 1850, avec une sorte d'unanimité, que la désignation de ces rues fût modifiée ; ils proposaient les noms de rues de la Porte-Saint-Martin, et rue de la Porte-Saint-Denis. Aucune suite n'a été donnée à leurs instances, qui sembleraient mieux fondées depuis l'agrandissement de la ville. Toutefois, la Commission, après de longues hésitations, s'est arrêtée devant l'obligatian de changer, sans nécessité absolue, un assez grand nombre de dénominations consacrées par le temps. Peut-être a-t-elle été trop timide ? S'il en était jugé ainsi, on trouverait facilement pour les faubourgs, même pour le faubourg Saint-Honoré, qui pourrait avoir l'orgueil de son titre, de nouveaux noms très-acceptables.

Les mots de *neuve, vieille, grande, petite, basse,* qui sont accolés aux noms de certaines rues, doivent disparaître par le seul fait d'une révision bien entendue des dénominations des voies publiques : plusieurs ont été inventées pour établir une distinction entre deux ou plusieurs rues du même nom : rue du Temple, rue *Vieille* du Temple ; rue du Bac, *Petite* rue du Bac ; rue des Petits-Champs, rue *Neuve* des Petits-Champs ; et ainsi d'autres. Si l'on prend soin de ne pas maintenir la même application principale à deux rues différentes, l'expédient, très-inefficace d'ailleurs, de toutes ces qualifications additionnelles, cessera d'avoir une raison d'être. Il en sera de même de quelques autres

désignations accessoires employées dans le même but:
rue Saint-Louis *au Marais*, rue Saint-Louis en l'*Ile ;*
rue Saint-Pierre-*Popincourt*, rue Saint-Pierre *Montmartre*, ou encore rue des *Fossés*-du-Temple, rue des
Fossés-Saint-Jacques, etc. Un nom simple et différent
pour chaque rue, sans épithètes, sans ornements qui
le cachent plutôt qu'ils ne le distinguent, conviendra
bien mieux pour saisir la mémoire et préciser les
adresses.

Carrefour indique le point d'intersection de plusieurs rues ; *carré, rond-point*, montrent avec plus ou
moins d'exactitude la forme des emplacements ainsi
désignés. Mais de quelle utilité sont ces expressions
descriptives? La Commission a pensé que le terme générique de *place* devait suffire. Le choix de l'un des
trois autres présenterait souvent quelque incertitude,
et surchargerait sans cause le vocabulaire administratif.

Square veut dire, en anglais, carré, et sert chez nos
voisins à désigner une sorte de place publique ou de
cité, contenant au milieu un jardin ordinairement
fermé aux passants, mais commun aux habitants des
maisons environnantes. Lorsque, déférant à une pensée
de sollicitude ingénieuse et délicate pour le bien-être
du peuple et des petits enfants de Paris, la Ville créa
sur plusieurs places publiques des jardins charmants,
qui offrent à tout le monde, aux plus humbles familles,
au pauvre qui passe accablé des travaux du jour, de
frais ombrages, des allées, des siéges commodes, au
milieu des fleurs les plus rares et d'eaux jaillissantes,
on emprunta pour désigner ces jardins le mot de *squa-*

res. La Commission oppose plusieurs objections à l'emploi de ce terme : d'abord, l'expression n'est pas tout à fait juste, puisqu'il s'agit ici de jardins publics ; il existait déjà à Paris de véritables squares : la *place de l'Europe*, la *cité Trévise*, la *place Vintimille*, etc., avec leurs jardins fermés, et, chose singulière, on n'avait pas adopté le mot. Pourquoi l'appliquer où il ne convient pas ? Ensuite l'emprunt qu'on en a fait aujourd'hui n'est pas nécessaire : le terme de place que ne dédaigne pas, depuis longtemps, la place Royale, malgré son jardin, ses fontaines et sa statue, suffit pour désigner clairement tout espace de la voie publique plus vaste que les rues, les boulevards, les avenues qui y aboutissent ; il n'importe que le centre en soit absolument libre ou occupé par une plantation. Enfin, comment se prononcera le mot *square ?* à l'anglaise, par ceux qui affectent de savoir l'anglais, à la française par la masse de la population ; l'une et l'autre prononciation seront également ridicules.

On ne saurait sans doute refuser la naturalisation à un mot étranger, s'il désigne un objet nouveau qu'aucun mot francais ne peut nommer avec grâce et avec précision, si d'ailleurs il est d'une grande propriété, s'il peut être facilement assimilé à la langue française. La Commission n'est pas d'avis que le mot *square* réunisse ces conditions et qu'il y ait lieu de l'inscrire sur aucune place publique.

Cour, clos, cloître ne s'appliquent logiquement qu'à des espaces fermés, et ne peuvent convenir à la voie publique proprement dite.

Villa et *hameau* sont des appellations de fantaisie, qui ne sont point admissibles dans un acte admini-**stratif**.

Barrière serait un terme désormais mal employé pour désigner les emplacements des anciennes entrées de Paris : *barrière* de l'Étoile, *barrière* du Trône, etc., ce sont des places publiques, depuis que la ligne d'octroi a été transportée à l'enceinte fortifiée. Faut-il maintenant transporter aussi aux ouvertures de cette enceinte le mot fiscal et désobligeant de *barrière* ? — La Commission ne le pense pas ; les ouvertures de l'enceinte fortifiée s'appelaient des *portes*, des *poternes*, selon leur importance et conformément aux usages du génie militaire ; en devenant les entrées de la Ville proprement dite et de la ligne d'octroi, elles n'ont pas besoin de prendre d'autres dénominations.

Elles s'appelleront donc *portes*, *poternes*.

Restent, en outre, les termes génériques suivants, qui, de l'avis de la Commission, serviront seuls à désigner les diverses catégories de voies, classées ou non, à l'usage de la circulation publique :

Boulevard, avenue, rue, ruelle, faubourg, quai, place, impasse, et, pour les voies privées et closes, mais s'ouvrant dans de certaines conditions restreintes à la circulation générale : *passage, galerie, cité.*

Un *boulevard*, selon le sens primitif du mot, est un rempart élevé autour d'une ville. Si l'expression est employée métaphoriquement, elle n'en conserve pas moins toute la précision de sa signification originelle ;

les historiens disent, par exemple : Mathias Corvin a été le boulevard de la chrétienté.

Lorsque les anciens remparts ou boulevards de Paris ont été renversés, on a converti l'emplacement en promenades qui, par une autre espèce d'altération du sens littéral, très-conforme d'ailleurs à la logique et aux règles du langage, se sont appelées *boulevards*. Rien n'empêche que ce terme soit conservé pour désigner les voies publiques plantées, qui suivent le tracé d'anciennes fortifications, ou du moins une direction circulaire, rappelant de près ou de loin le contour d'une vieille enceinte municipale.

On aura ainsi à Paris plusieurs lignes concentriques de boulevards.

Sur la rive droite : 1° celle qu'a créée, en partie, Louis XIV, qui commence au pont d'Austerlitz, suit le canal, va joindre la place de la Bastille, prend les noms de Beaumarchais, etc., et finit à la Madeleine ; 2° celle du dernier octroi, dite naguère des boulevards extérieurs, qui commence au pont de Bercy, décrit un circuit à l'est, puis enveloppe une notable partie de la ville, de la place du Trône à la place de l'Étoile ; 3° la route ou rue Militaire, élargie et plantée en exécution du décret du 9 septembre 1861, et qui, marchant au pied des fortifications actuelles dont elle est une dépendance, doit être appelée *boulevard* au premier chef.

Sur la rive gauche : 1° la ligne du boulevard Saint-Germain, création toute récente et non terminée, que l'on peut considérer comme rappelant sans la suivre, l'antique enceinte de Philippe-Auguste ; la ligne dont le boulevard de l'Hôpital sera le point de départ, et qui, partant de la place de l'Hôpital, tournera vers le sud-ouest pour aller joindre, en se bifurquant, d'une part le boulevard du Mont-Parnasse et celui des Invalides, de l'autre la ligne des anciens boulevards extérieurs; 3° cette dernière ligne, naguère extérieure, qui bordait des deux côtés l'ancien mur d'octroi et en suivait les sinuosités, du pont de Bercy au quai de Grenelle, et qui est aujourd'hui transformée en une seule promenade à chaussée double ; 4° la voie militaire des fortifications actuelles.

Enfin, si en dehors et autour de Paris, aux limites de la zone de servitude des fortifications se développait un jour une voie plantée servant, comme un certain nombre de communes en ont fait la demande, au roulage qui veut éviter la traversée de la ville, ce serait le nouveau boulevard extérieur.

Voilà tous les boulevards de Paris, en y comprenant les voies publiques qui auront pour but d'en compléter ou d'en rectifier le tracé.

Mais doit-on nommer boulevard, ainsi qu'on l'a fait sans trop d'examen, toute large voie plantée d'arbres et ouverte à travers la ville ? Non, sans doute, si l'on veut tenir plus de compte des exigences de la langue française, que des entraînements du jargon populaire. Un mot peut être détourné en vingt directions différentes de son sens primordial, à la condition qu'il conserve toujours, au fond, quelque chose de sa signification originelle, comme une pièce de monnaie qui n'a cours qu'à la condition de n'avoir pas perdu son em-

preinte. Boulevard veut dire rempart et ne peut perdre
ce sens. Des voies qui traversent la ville du centre à la
circonférence, ou obliquement, comme les prétendus
boulevards de Sébastopol, de Magenta, de Malesherbes, du Prince-Eugène, etc., ne peuvent être assimilées
par aucun côté à des fortifications ; en réalité, ce sont
des *avenues* qui introduisent le voyageur dans Paris,
ou le mènent hors de la ville, ou le guident vers quelqu'un des points les plus importants de la circulation
générale. L'expression est déjà très-justement employée pour les avenues de Breteuil, de Ségur, de Lo-
wendal, de Tourville, de la Motte-Piquet, de Saxe, de
la Bourdonnaie, de Suffren, de Latour-Maubourg,
d'Antin, de Montaigne, Matignon, des Champs-Élysées,
de Saint-Cloud, de l'Impératrice, de Vincennes, etc.,
dont plusieurs cependant pourraient être considérées
comme formant le prolongement d'anciens boulevards.
Les peuples étrangers, les Américains appellent également *avenues* les plus grandes voies publiques qui pénètrent au cœur des villes et en ouvrent l'accès.

La Commission estime donc, Monsieur le Préfet, que
des deux mots concurremment employés aujourd'hui
pour désigner les grandes voies plantées de Paris, l'un,
boulevard, ne doit être désormais appliqué qu'aux lignes circulaires indiquées plus haut, et que l'autre,
avenue, convient aux voies plantées d'arbres qui suivent dans la ville une direction rayonnante, transversale, ou aboutissent à quelque monument public.

La *rue* et la *ruelle* ne se distinguent l'une de l'autre
que par la largeur. Toute rue de Paris devrait avoir,

au minimum, **12** mètres de large pour répondre aux besoins de la circulation. En effet, chaque trottoir, réservé aux piétons, doit livrer passage à deux groupes, chacun de deux personnes qui se tiennent par le bras, marchant en sens inverse, ce qui exige au moins 2ᵐ40, et pour les deux trottoirs 4ᵐ80. Sur la chaussée peuvent se trouver à la fois trois voitures, dont l'une stationne et deux se croisent à l'aise, soit 7ᵐ20, en tout **12** mètres ; mais le nombre est considérable des anciennes rues de Paris qui n'atteignent pas la largeur de **12** mètres et qui sont toutefois assez importantes et assez fréquentées pour ne pouvoir être appelées *ruelles :* la rue *Saint-Louis-en-l'Ile*, la rue *Charlot*, la rue des *Petites-Écuries*, la rue *Richer*, la rue du *Helder*, la rue *Caumartin*, la rue *Neuve-des-Mathurins*, la rue de *Babylone*, etc.

Il y a une autre limite ; elle a été fixée par un arrêté ministériel en date du **25** nivôse an V, qui exige que toute rue de Paris soit portée au moins à la largeur de **6** mètres, ce qui donne, dans la pratique, 80 centimètres pour chaque trottoir et 4ᵐ40 pour la chaussée sur laquelle peuvent se croiser deux voitures. Toute moindre largeur de la voie ne permet point l'établissement de trottoirs, restreint la chaussée à de telles proportions qu'une voiture n'y peut stationner sans interdire à peu près la circulation.

Les conditions indispensables d'une voie publique font alors défaut.

La Commission exprime donc l'avis que toute voie peu importante ayant moins de 6 mètres de large, et ne paraissant devoir être prochainement élargie, soit désormais classée dans la catégorie des *ruelles*.

On a parlé plus haut des *faubourgs*, les termes de *quai* et d'*impasse* se définissent d'eux-mêmes.

Celui de *place* désignerait tout emplacement considérable entièrement distinct des voies publiques aboutissantes. On a jusqu'à ce jour appliqué trop fréquemment à Paris cette appellation et toutes celles qui en sont les synonymes. Plusieurs espaces, qu'on qualifie de *places*, ne sont autre chose que de certains élargissements de la voie publique résultant de l'entre-croisement de plusieurs rues, dont chacune prolonge un de ses côtés jusqu'au point où commence de fait une autre rue ; mais aucune partie de la prétendue place ne se distingue effectivement des rues qui la forment, et ne demande ni un nom spécial ni un numérotage particulier. Il y a alors tout avantage à étendre le nom et le numérotage de chaque rue sur le côté prolongé qui lui appartient. On évite ainsi de surcharger inutilement la nomenclature des voies publiques et de créer une cause de confusion dans les adresses par la juxtaposition de numéros identiques. C'est ainsi que la place de l'*École* et la place des *Trois-Maries* doivent perdre leur nom distinct et s'absorber, la première dans la rue de l'*Arbre-Sec*, la seconde dans la rue de la *Monnaie*, parce qu'elles ne sont, en réalité, que le débouché sur le quai de l'une ou de l'autre de ces rues, avec une largeur un peu plus considérable ; c'est ainsi que la place *Sainte-Croix* n'est que la rue *Caumartin*, modifiant son alignement en face du lycée Bonaparte. De même, les maisons qui forment les angles et pans coupés dont se compose la place ou carrefour de la *Croix-Rouge*, appartiennent toutes à l'une ou à l'autre des rues de *Sèvres*, du *Cherche Midi*, du *Vieux-Colombier*, du *Four*, du *Dragon*, de *Grenelle*, qui se donnent rendez-vous sur ce point; le terme de *place* y devient superflu par un numérotage exact et intelligent.

Enfin les voies privées et closes, mais s'ouvrant dans de certaines conditions réglementaires à la circulation générale, s'appelleront *passages* ou *cités*, suivant qu'elles seront un moyen de communication entre des voies publiques, ou qu'elles auront le caractère de petites places ou d'impasses; elles prendront le nom de *galerie*, si elles sont couvertes et réservées aux piétons.

VI

Les dénominations communes ainsi arrêtées, la Commission a dû reviser tous les noms des voies publiques et privées, à quelque catégorie qu'elles appartiennent. Dans ce travail, elle s'est posé plusieurs règles :

1° Il lui a paru avant tout qu'elle devait ne proposer que les changements rigoureusement nécessaires, et ne point se laisser entraîner par l'esprit d'innovation ou de méthode systématique, à modifier un trop grand nombre d'inscriptions de rues, et à jeter ainsi le trouble dans toutes les mémoires. Quel moyen de se reconnaître dans le dédale de Paris, si les noms des voies publiques principales, qui servent de points de repère, n'étaient pas, autant que possible, maintenus, si le plus grand nombre des rues ne conservaient pas leurs appellations traditionnelles ? Les plus anciens Parisiens s'y perdraient comme des voyageurs débarqués de la veille. La ville ressemblerait à une immense bibliothèque dont tous les volumes auraient changé de titres. La coutume obstinée protesterait contre les écriteaux novateurs et perpétuerait les anciens noms ; elle le fait souvent même lorsque le changement opéré a été le mieux fondé, le plus raisonnable. Que d'habitants de Paris ont persisté pendant de longues années à désigner par les dénominations de *pont tournant*, de *porte Saint-Honoré*, etc., des emplacements où n'existaient plus aucun vestige de pont ni de porte ? Que serait-ce, si le besoin de se guider dans la ville rendait inévitable le recours à l'ancienne nomenclature ? Ne fût-ce que pour faire accepter par le public l'amélioration qu'il réclame, il est sage de ne l'effectuer que dans les limites restreintes d'une évidente nécessité.

2° Il importe de faire cesser toute possibilité de confusion entre des voies publiques différentes. Le même nom ou des noms analogues et faciles à confondre, ne seront donc jamais donnés à deux ou à plusieurs voies, si ce n'est lorsqu'elles seront contiguës et de catégories diverses, une rue et une place, une rue et un boulevard, etc.; car alors l'inconvénient cesse, et l'homonymie vient au contraire en aide à la mémoire. Le boulevard *Montmartre* et la rue *Montmartre* portent le même nom, sans qu'il en résulte aucune confusion dans l'usage. Hormis ce cas, chaque voie aura son nom distinct. Il en résultera le changement de 791 noms de rues, de places, etc., existant aujourd'hui.

3° Pour une raison analogue, un nom supprimé sur un point ne sera jamais transporté sur un autre, si ce n'est dans des circonstances tout à fait exceptionnelles.

4° On ne manquera pas, d'ailleurs, lorsqu'il s'agira de donner des appellations différentes à plusieurs rues homonymes, de laisser l'ancien nom à la plus importante, non pas toujours par l'étendue, mais surtout par la notoriété, par l'ancienneté des souvenirs et des habitudes populaires qui s'y rattachent, par les intérêts commerciaux ou industriels qui s'y sont groupés.

5° Il est une autre réforme que l'Administration des Postes demande avec instance, pour la plus grande clarté et la plus grande simplicité des adresses, c'est que les rues de Paris n'empruntent que le moins possible les noms de villes de France ou d'Europe. Nombre de lettres, portant pour suscription : rue de Berlin, de Londres, de Lille ou de Valenciennes, peuvent être envoyées en Prusse, en Angleterre, à Lille, à Valenciennes, pour peu que la mention : *à Paris*, ait été omise ou illisiblement écrite, ou qu'un employé de la poste, dans le travail rapide de la classification des dépêches, n'y ait pas porté toute l'attention nécessaire. A cet égard, la Commission avait tout d'abord songé à vous proposer, Monsieur le Préfet, de changer ces appellations partout où elles existent ; mais elle s'est arrêtée devant la crainte de déranger à la fois trop d'habitudes, trop d'intérêts depuis longtemps attachés à certaines adresses ; elle s'est bornée à ne point augmenter, par des désignations nouvelles, de telles causes d'erreur, et à n'introduire dans la nomenclature des rues aucun nom de villes, si ce n'est de villes lointaines illustrées aux yeux de la France par quelque succès de son gouvernement ou de ses armées (1).

6° Il y aura un grand avantage à réduire, autant qu'il se pourra, le nombre des noms employés pour désigner toutes les voies publiques ; le moyen est de réunir en une seule voie, sous une seule et même appellation, ces tronçons de rue qui se suivent sur le même axe, et ne sont en réalité par leur direction, leur largeur moyenne et leur aspect, que le prolongement l'une de l'autre. Depuis longtemps l'attention de l'Administration municipale est appelée sur ce point. Un mémoire déposé aux archives de la Préfecture de la Seine constate que, dès l'année 1789, un particulier sollicitait la réunion en une seule rue des quatre fractions de la voie publique qui joignent le pont Neuf à l'église Saint-Eustache, sous les noms encore subsistants de place des Trois-Maries, rue du Roule, rue de la Monnaie, rue des Prouvaires. De même, est-il besoin, pour indiquer la voie qui part de la pointe Saint-Eustache et va joindre les boulevards Poissonnière et de Bonne-Nou-

_____

(1) Friedland, Wagram, Inkermann, Pékin, etc., qui rappellent des victoires ; Alesia, qui n'existe plus, et n'éveille qu'un souvenir scientifique ; Téhéran, qui exprime, par l'organe le plus élevé, le désir, tout amical pour la France, de prendre place dans la nomenclature des rues de Paris, sont des noms que la Poste peut voir sans embarras s'inscrire sur la façade de nos voies publiques.

III. 13

velle, d'employer les noms de Montorgueil, du Petit-Carreau et Poissonnière?

Il y a quelques années, une Commission administrative avait été chargée de préparer la suppression de toutes ces appellations surabondantes. Sur son rapport, qui n'embrassait qu'une partie de l'ancien Paris, 63 noms de rues furent mis hors d'emploi comme inutiles. Un second travail, qui n'a point été présenté à l'autorité compétente, mais dont les éléments subsistent, préparait la radiation de 65 autres noms. Nous n'avons point négligé de consulter ces documents, pour compléter l'étude que vous nous aviez chargés de faire et simplifier la nomenclature des voies parisiennes, et nous proposons ces sortes de réunions de plusieurs voies sous une dénomination unique, toutes les fois que l'opération a paru praticable.

La nouvelle Commission a cru, cependant, qu'il y avait lieu de maintenir des noms distincts à des voies dont la jonction formerait une ligne trop longue, par exemple de plus de 3,000 mètres, et exigerait pour le numérotage des maisons un chiffre trop élevé. Dans une telle rue, il est plus difficile aux piétons, aux cochers, d'aboutir au point le plus rapproché de la maison qu'ils cherchent, et d'épargner ainsi leur temps et leurs pas, que dans une rue de médiocre longueur.

D'ailleurs les rues, à Paris, ont, pour ainsi dire, leurs limites naturelles : la ligne de la Seine, les boulevards, et parfois quelque voie magistrale. Ces diverses considérations ont empêché la Commission de vous proposer la réunion de tous les faubourgs aux

rues dont ils sont la continuation au delà des boulevards, ce qui aurait eu pourtant l'avantage de supprimer par le procédé le plus simple la dénomination
illogique de faubourg. Elle a craint de donner une pro-
portion démesurée aux rues Saint-Denis et Saint-Martin, partant du quai et gagnant les anciennes barrières,
ou à la rue Saint-Honoré, absorbant, d'un côté, la rue
de la Ferronnerie, comme cela est inévitable, et d'un
autre côté, le faubourg Saint-Honoré jusqu'à l'ancienne
route de Neuilly. Si elle a été un instant incertaine à
cet égard, son avis n'a pas été douteux quand il s'est
agi des boulevards mêmes, des quais, et de la grande
voie nommée aujourd'hui boulevard de Sébastopol sur
les deux rives. Tout en diminuant le nombre de noms
divers que portent dans leur parcours les boulevards
et les quais, elle a divisé ces grandes lignes, autant
que possible, d'après les limites des arrondissements;
elle a conservé les dénominations les plus connues, on
pourrait dire les plus célèbres; enfin, elle a opiné pour
que le nom de Sébastopol demeurât exclusivement à
l'avenue ainsi désignée sur la rive droite, et pour qu'un
autre nom, celui de Saint-Michel, par exemple, em-
prunté à la nouvelle fontaine et à l'ancienne place dis-
parue, fût donné à la même avenue prolongée sur la
rive gauche.

Malgré ces exceptions, les suppressions de dénominations proposées par la Commission, comme conséquence de la réunion de rues aujourd'hui distinctes,
sont fort nombreuses. On n'en compte pas moins de
333, qui se réduisent en définitive à 294, par suite de

la division de quelques voies publiques trop longues, et spécialement de la rue Militaire en boulevards.

7° Pour le choix des noms nouveaux, la Commission, résolue, comme il vient d'être dit, à n'introduire dans la nomenclature actuelle que les changements nécessaires, ne pouvait tenter l'application d'aucun système général et absolu : elle n'avait pas à examiner la proposition qui a été faite de donner aux voies publiques de chaque arrondissement des noms d'une certaine catégorie, comme, par exemple, au 1ᵉʳ arrondissement, dont les Tuileries sont le centre, des noms de familles souveraines; au 4ᵉ, qui contient l'Hôtel de Ville, des noms de magistrats municipaux, et ainsi du reste de la ville. Sans doute il serait résulté de cette classification méthodique que tout nom de voie publique aurait porté en lui-même, pour ainsi dire, l'indication de la région topographique dans laquelle il aurait été employé ; mais, sans examiner ici les difficultés et les inconvénients qui auraient compensé cet avantage, il est clair qu'une telle combinaison, comme toutes les autres plus ou moins ingénieuses qui ont été mises en avant ou qu'on pourrait inventer, ne serait praticable qu'à la condition de considérer Paris comme une ville entièrement neuve, d'y faire table rase de toutes les habitudes et de tous les souvenirs, et d'y nommer les rues à l'américaine. La Commission a dû s'en tenir à procéder à peu près ainsi qu'on l'a fait dans le passé, seulement avec un peu plus d'ensemble et de méthode.

Elle a dressé d'abord une liste des noms rappelant des victoires ou des événements glorieux pour la

France, et de noms d'hommes illustres, ou même simplement dignes d'être recommandés à l'estime de la postérité, qu'il paraissait désirable d'inscrire sur les écriteaux de nos rues, ces tables d'honneur, plus souvent lues que les annales de l'histoire. Un assez grand nombre de ces désignations ont été recueillies soit dans des demandes adressées à diverses époques à l'Administration municipale, soit dans les suggestions verbales du public. Malgré le soin apporté par la Commission à ce premier travail, elle a pu commettre des oublis d'ailleurs réparables. Elle a préféré des noms français, mais elle n'a point exclu les grands hommes étrangers, pourvu que leur gloire ne blessât en rien l'esprit national, et eût un caractère universel.

Tous ces noms ne sont point attribués au hasard, mais d'après diverses circonstances, parfois de peu d'importance, il est vrai, dont la Commission a cru devoir tenir compte. Aux plus grandes voies appartiendront naturellement des noms augustes qui sont l'objet de la reconnaissance publique. Autour de l'arc de triomphe de l'Étoile, les avenues qui rayonnent en tout sens se partageront des souvenirs de victoire. La route Militaire, devenue une suite de vingt boulevards, se décorera des noms des maréchaux du premier Empire, dont les ombres héroïques environneront ainsi le cœur de la France.

Plus près de l'ancienne enceinte, aux environs des points défendus en 1814, se placeront les noms de plusieurs des guerriers qui s'y sont illustrés.

Aux abords des églises, les noms de saints, de prélats, de prédicateurs célèbres, seront naturellement désignés de préférence.

Les environs des chemins de fer, les quartiers occupés par l'industrie, appelleront des noms d'ingénieurs, d'inventeurs, d'industriels célèbres; les médecins se rangeront non loin des hôpitaux; les astronomes, les savants, près de l'Observatoire ou des écoles.

Ailleurs, des groupes de célébrités déjà en possession de plusieurs rues existantes en attireront d'autres d'un caractère analogue; c'est ainsi que les noms de Malesherbes et Tronchet expliqueront, pour des rues environnantes, le choix de noms empruntés à des magistrats, à des jurisconsultes. De même les poëtes, les artistes se presseront dans le 16e arrondissement, à cause des souvenirs dont s'enorgueillit cette partie de la ville.

Ces exemples suffisent pour indiquer les motifs généraux qui ont guidé la Commission dans son travail. Mais elle n'a pas toujours eu le bonheur d'avoir, pour se décider, une raison analogue à celles qui viennent d'être indiquées. L'obligation de trouver un nom pour une rue lui a fait prendre parfois le premier venu sur la liste, pourvu qu'il eût une suffisante célébrité dans un genre quelconque.

Les dénominations nouvelles n'ont pas été exclusivement empruntées aux grands hommes anciens ou modernes. Les noms des territoires aujourd'hui compris dans Paris, ceux de diverses provinces qui méritent d'être rappelés à côté d'autres déjà inscrits à l'entrée de rues de la capitale, ceux des principaux cours d'eau qui alimentent le canal de l'Ourcq, ont été employés concurremment. La Commission n'a dédaigné même aucune des désignations qui pouvaient être tirées de l'aspect ou de la direction de la rue, du voisinage d'une usine, d'un bastion, d'une station de chemin de fer, d'une particularité quelconque plus ou moins remarquable. Enfin, lorsqu'il a fallu nommer une rue encore peu habitée, simple chemin tracé naguère au milieu des cultures, dénuée d'ailleurs de tout souvenir, de toute marque distinctive, la Commission n'a pas hésité à employer des noms de fleurs, d'arbres fruitiers, etc. A défaut de système applicable, elle a procédé forcément par une sorte d'éclectisme, n'ayant d'autre guide que la convenance et d'autres règles que celles qui viennent d'être résumées.

(Sera terminé dans le 4ᵉ volume.)

LES STATUES DE L'HOTEL DE VILLE

I

L'Administration municipale va terminer la décoration des façades de l'Hôtel de Ville de Paris, en complétant par la statuaire la série des illustrations dont les images doivent servir à la glorification du palais de nos Édiles.

A cette occasion, qu'il nous soit permis de formuler un vœu que nous serions heureux de voir exaucé.

Chaque monument devrait avoir dans Paris sa signification historique, sa spécialité de gloire consacrée par le bronze ou le marbre.

Ainsi, le *palais des Tuileries* serait décoré des nobles images de ceux de nos Souverains dont les noms sont entourés d'une auréole d'immortalité.

L'*Institut* serait orné des statues de nos grands poëtes, de nos littérateurs les plus distingués, de nos savants les plus illustres.

L'*Hôtel des Invalides* verrait s'élever autour de Louis XIV, qui fit construire ce beau cloître militaire, les statues des guerriers appelés à servir d'escorte d'honneur au grand Roi.

Ainsi des autres monuments espacés dans le splendide panorama de Paris.

Malheureusement nos édifices ne révèlent pas toujours par la statuaire leur affectation, témoin l'*Hôtel de Ville* de Paris, qui voit sur sa façade principale se heurter des illustrations étrangères au palais Municipal, et toutes glorifiées ailleurs.

Ce pêle-mêle de célébrités ne produit pas seulement une confusion regrettable au point de vue de l'histoire, il laisse encore sans récompense, oubliés ou méconnus, de grands magistrats, des hommes de cœur dont la mémoire devrait être dans tous les temps l'honneur et l'exemple de l'Édilité parisienne.

II

Il y a quelques mois, un homme d'un extérieur distingué se présente dans mes bureaux et demande à me parler. Il est, dit-il, porteur d'une lettre que m'adresse un ancien alderman de la Cité de Londres.

J'ordonne qu'on l'introduise et je brise le cachet de la lettre. Le magistrat anglais m'annonçait la visite d'un écrivain chargé d'étudier l'histoire des plus importantes municipalités de l'Europe.

En ce qui concerne l'Édilité parisienne, ajoutait l'alderman, je compte sur votre obligeance pour rendre facile la tâche de mon protégé; lui-même vous remettra ce billet.

— Je suis à vos ordres, dis-je au futur historien, je vous engage à visiter d'abord nos monuments.

— Si ce n'était abuser de votre bonté, monsieur le Directeur, je vous prierais de vouloir bien guider mes pas.

— Je suis à votre disposition; commençons par le centre de Paris, nous irons ensuite aux extrémités.

Nous prenons une voiture et je dis tout bas au cocher : Place de l'Hôtel-de-Ville !

Arrivés, je paye, nous descendons.

Je conduis l'étranger près du pont d'Arcole, afin que ses regards puissent embrasser le palais dans tout son développement.

— Quel splendide monument ! dit l'Anglais avec une admiration bien sentie; quelle est sa destination ?

— Tâchez, monsieur l'alderman, de la deviner en interrogeant ses pierres.

Nous approchons de l'édifice, et l'étranger braque son lorgnon sur les statues qui décorent la façade principale.

— AMBROISE PARÉ! Le chirurgien de Charles IX; ce monument est un hôpital.

— On a vu sans doute quelques cerveaux malades dans ce monument, mais ce n'est pas à vrai dire un hôpital.

— PAPIN! C'est l'embarcadère d'un chemin de fer.

— Les opérations s'y traitent à la vapeur, mais ce n'est pas un embarcadère.

— BOILEAU DESPRÉAUX! Le poëte ou mieux le versificateur qui a fixé notre beau langage; c'est vraisemblablement l'Académie Française qui a reçu l'hospitalité dans cet édifice.

— Le style des personnes qui se réunissent dans ce palais n'est guère académique.

— PIERRE LESCOT! un architecte. JEAN GOUJON! un sculpteur. GROS! un peintre; c'est évidemment l'École des Beaux-Arts.

— Vous vous trompez. Les commensaux de cet hôtel ne cultivent pas plus les arts qu'ils ne caressent les muses.

— Alors, monsieur le Directeur, en voyant toutes ces célébrités d'un genre si différent, je vais croire que ce palais est une succursale du musée de Versailles.

— Pas le moins du monde, monsieur l'alderman, c'est l'HOTEL DE VILLE DE PARIS!...

— Quoi ! l'antique demeure des Prévôts des Marchands, de ces dignes Échevins dont dont vous glorifiez si justement la science administrative et le désintéressement si pur ! Comment se fait-il que les Magistrats actuels n'aient pas reproduit par la statuaire les nobles images de ceux de vos anciens Édiles qui ont le plus honoré l'institution municipale, en servant si loyalement l'autorité souveraine ?

— Cette défaillance de cœur, monsieur l'alderman, est un suicide de gloire.

Jamais illustrations plus nobles et plus dignes n'avaient mérité à tant de titres le respect et l'hommage de la postérité.

Cette ville si grande, si belle aujourd'hui, le cœur de la France et l'âme de l'Europe, qu'était-elle dans l'origine ? une misérable bourgade composée de chétives cabanes abritant de pauvres bateliers. En étudiant, en creusant l'histoire, on découvre le secret de cet agrandissement prodigieux, de cette étonnante prospérité. Si l'honneur de l'initiative en revient à nos Rois, la gloire de la fécondation en est due aux Édiles parisiens, dont nous proscrivons jusqu'au souvenir, ingrats que nous sommes !

Qui donc a mieux servi l'ancienne royauté ? qui donc osait, à l'égal de la Prévôté, faire entendre aux Souverains de plus mâles accents et mieux observer la religion du serment ?

C'est messire HECTOR DE PÉREUSE, Prévôt des Marchands en 1588, qui sut résister au duc de Guise, et dire à l'ambitieux, sous la menace du poignard : *Ab-*

*sent ou présent, Henri III est toujours mon seigneur
et maître; vive le Roi quand même!*

C'est Jacques Sanguin, Prévôt de 1606 à 1611, qui
défendait en ces termes devant le Roi Henri IV les Parisiens que Sa Majesté rendait responsables des vols et
des crimes qui se commettaient surtout de nuit dans
les rues de Paris :

« Syre, on vous a dit que le populaire de Paris était
» turbulent et dangereux; ôtez-vous cela de l'esprit,
» Syre.

» Voilà vingt années ou à peu près que je m'occupe
» d'administration ; or, il m'est de science certaine
» qu'on insulte méchamment vostre honnête ville de
» Paris. Elle renferme, il est vray, deux sortes de po-
» pulaires, mais bien dissemblables d'esprit et de cœur.
» Le bon populaire, c'est-à-dire né et élevé à Paris, est
» le plus laborieux du monde, voire même le plus in-
» telligent; mais l'autre, Syre, est le rebut de toute la
» France. Chaque ville de vos provinces a son égout
» qui amène ses impuretez à Paris.

» Par exemple, une fille se fait-elle engrosser à
» Rouen, vite elle prend le coche et débarque à Paris
» pour ensevelir sa honte. Elle met au monde un petit
» estre, et c'est le Parisien qui nourrit cet enfant que
» le Normand a eu le plaisir de faire; puys on dit : *le*
» *Parisien aime la colle!...*

» Un homme a-t-il volé à Lyon ? pour échapper à la
» justice, il vient se cacher à Paris ; et comme le mes-
» tier de voleur est le plus lucratif par le temps qui
» court, il coupe les bourses de plus belle. S'il est pris,

» voici ce qui arrive : *c'est le Parisien qui est le volé*
» *qui nourrit le Lyonnais qui est le voleur !*

» Un Marseillais a-t-il assassiné ? Paris est son re-
» fuge et son impunité ; s'il tue encore quelqu'un,
» c'est-à-dire un Parisien, la province dit : *Il n'y a que*
» *des brigands à Paris !*

» Syre, il est temps que tout cela finisse. La ville de
» Paris ne doit plus être l'hôtellerie des ribaudes et des
» bandits de vos provinces. Que des lois énergiques
» rejettent cette écume hors de la ville, à cette fin que
» le flot parisien reprenne sa transparence et sa pu-
» reté ! »

La statue de Jacques Sanguin ne décore pas la façade du palais Municipal !...

C'est ROBERT MYRON, Prévôt des Marchands en 1614,
et président du Tiers-État, qui s'exprimait en ces termes devant le Roi et la Reine, dans la séance du 23 février 1615 :

« ... Si Votre Majesté n'**y** pourvoit, il est à craindre
» que le désespoir ne fasse connaître au pauvre peuple
» que le soldat n'est autre chose qu'un paysan portant
» les armes ; que quand le vigneron aura pris l'arque-
» buse, d'enclume qu'il est il ne devienne marteau ;
» ainsi tout le monde sera soldat, il n'y aura plus de
» laboureur ; les villes, la noblesse, l'église, les princes
» et les plus grands mourront de faim...

» Qui donc pourvoira à ces désordres ? Sire, il faut
» que ce soit vous. Vous avez le moyen de le faire.
» Votre pauvre peuple qui n'a que la peau sur les **os**,
» qui se présente devant vous tout abattu, sans **force**,

» ayant plutôt l'image de mort que d'homme, vous en
» supplie au nom du Dieu éternel qui vous a fait ré-
» gner, qui vous a fait homme pour avoir pitié des
» hommes, qui vous a fait père de votre peuple pour
» avoir pitié de vos enfants. »

La statue de Robert Myron ne figure pas sur le palais Municipal !

C'est Auguste Robert de Pommereu, Prévôt des Marchands sous Louis XIV, qui disait au grand Roi :

« Votre Majesté a la noble ambition de laisser sur
» cette terre parisienne des traces de sa gloire et de son
» génie; rien de mieux. Mais il ne faut pas, Syre, exa-
» gérer les grands travaux de bâtiment dans Paris,
» attendu qu'ils appellent à sons de trompe les culti-
» vateurs et les ouvriers de vos provinces qui, une fois
» dans votre Capitale, n'en veulent plus sortir.

» C'est le superflu des nobles, des étrangers et des
» riches qui assure le nécessaire des pauvres dans
» Paris.

» Mais si ces derniers dominoient par le nombre, et
» que le travail vînt à manquer, les pauvres mange-
» roient les nobles, les étrangers, les riches et la
» royauté avec. »

La statue de Robert de Pommereu ne décore pas la façade du palais Municipal !

C'est Pierre Antoine de Castagnère, qui, se démettant des fonctions de Prévôt des Marchands, s'exprimait en ces termes devant les Échevins, Conseillers, Quartiniers et Dizainiers réunis en assemblée générale à l'Hôtel de Ville, le 27 août 1725 :

« ... Messire et Messieurs, j'entre aujourd'hui dans
» ma soixante-dix-neuvième année, et j'ai pensé qu'il
» falloit pour diriger les affaires de la Ville, sinon un
» dévouement plus grand que le mien, du moins une
» main plus ferme...

» Vous trouverez dans ce cahier un compte exact de
» ma gestion pendant l'année 1724. Je suis entré Pré-
» vôt des Marchands de la Ville de Paris ayant 6,000
» livres de rente, il ne m'en reste que 3,000. C'est
» assez pour un vieillard ; car Dieu en appelant à lui
» mes deux fils bien-aimés, m'a laissé seul !...

» Aimez et respectez vos Rois, sans être les courti-
» sans du Pouvoir. Faites du bien aux pauvres, sans
» être les flatteurs du peuple.

» En améliorant d'abord, comme c'est votre devoir,
» les quartiers malsains, en augmentant ensuite la
» prospérité des quartiers riches, ne sollicitez pas, ne
» briguez pas la reconnaissance de vos administrés,
» laissez-la monter plus haut... jusqu'au Roi qui a
» consacré vos décisions, afin que l'amour de son peu-
» ple rende la tâche du Souverain plus facile et consé-
» quemment plus heureuse.

» Sous peu de jours vous allez procéder à l'élection
» de mon successeur. Portez vos suffrages, non sur le
» plus habile, mais avant tout sur le plus honnête.

» Que le Prévôt que vous allez choisir soit d'humeur
» conciliante et de manières distinguées et polies. Si
» cette robe de satin et ce manteau de velours cou-
» vraient des formes vulgaires, on rirait d'abord du
» Magistrat, puis on se moquerait de l'institution. En

» France, ne l'oubliez pas, le ridicule tue plus sûre-
» ment que le glaive !... »

La statue d'Antoine de Castagnère n'orne pas la façade de l'Hôtel de Ville de Paris !

C'est JACQUES DE FLESSELLES, Prévôt des Marchands
qui, le 10 juillet 1789, faisait entendre au Roi Louis XVI
ces belles paroles :

« ... Sire, je sais que mon opposition aux idées nou-
» velles me coûtera la vie ; mais depuis longtemps j'en
» ai fait le sacrifice à Votre Majesté. Ce que j'estime à
» bien plus haut prix que l'existence, c'est mon hon-
» neur de Magistrat que j'entends conserver pur et in-
» tact...

» Sire, vous daignez me demander mon avis sur la
» situation du pays ; mon devoir est donc de ne vous
» rien cacher de ce qui est dans mon cœur.

» Sans doute une grande nation ne reste pas immo-
» bile et glacée en présence du progrès ; mais j'estime
» que les réformes doivent être mûrement réfléchies
» avant de passer à l'application. Je crains donc que
» des novateurs et des ambitieux ne pèsent sur la con-
» science de Votre Majesté, en impressionnant outre
» mesure son cœur généreux au récit de souffrances
» et d'abus imaginaires...

» Je comprends parfaitement que vos provinces ces-
» sent d'être bretonnes, champenoises ou normandes;
» que les priviléges particuliers soient fondus dans un
» seul et même creuset d'où sortira une France unie et
» forte.

» Mais mon entendement et ma conscience n'admet-

» tent pas la suppression des titres de noblesse, sup-
» pression qui est à mes yeux une spoliation. La bour-
» geoisie qui dévore déjà du regard et par jalousie ces
» titres nobiliaires, ne sait pas que le peuple un jour
» retournera terriblement contre elle l'argument qu'elle
» essaye de faire valoir maintenant. Un patrimoine
» d'honneur vaut mieux qu'un patrimoine d'argent ;
» qui dérobe l'un, apprend à voler l'autre.

» Quand ces titres seront lacérés, brûlés, en pous-
» sière, croyez-vous que tout sera peuple ? Pas le moins
» du monde.

» Il n'y aura plus de gentilshommes, plus de no-
» blesse d'épée, plus de noblesse de robe ; mais une
» autre tentera de s'élever avec des oripeaux en plus et
» le cœur en moins. Au lieu de saluer un Montmo-
» rency, on s'inclinera devant un enrichi, quelle que
» soit la source de sa fortune !... »

La statue de Jacques de Flesselles, qui fut assassiné pour crime de fidélité à son Souverain, selon les émeutiers, n'a pu trouver place sur une des façades de l'Hôtel de Ville de Paris !

C'est le comte CHABROL DE VOLVIC, Préfet de la Seine de 1812 à 1830, qui écrivait au Roi Charles X une lettre dans laquelle on remarque le passage suivant :

« ... Il est une vérité bien digne de l'attention de
» Votre Majesté : c'est la diminution de la population
» de nos campagnes comparée à l'augmentation fou-
» droyante de celle des grandes villes et principale-
» ment de Paris...

» Évitons toute exagération dans les travaux de bâ-
» timent... Gardons-nous aussi de laisser bloquer par
» une ceinture d'usines les hauteurs de Paris; ce se-
» rait le cordon qui l'étranglerait un jour ! »

Rappelons un fait antérieur et qui témoigne de la haute estime que le comte Chabrol avait su mériter.

Un jour, un Ministre plus royaliste que le Roi voulut inspirer à Louis XVIII des doutes sur la fidélité du Préfet de la Seine, auquel Son Excellence faisait un crime d'avoir été nommé par Napoléon. Impatientée de ces misérables attaques, Sa Majesté les fit taire par cette repartie dans laquelle le cœur du Roi se dévoila par l'esprit : *M. de Chabrol a épousé la Ville de Paris, et j'ai aboli le divorce !*

La façade de l'Hôtel de Ville n'a pas encore eu l'insigne honneur d'être décorée de la noble image du grand Magistrat, du comte Chabrol de Volvic!

Sur le palais de l'Administration, si l'on ne dresse pas les statues des administrateurs, examinons maintenant les titres de ceux qui dérobent la place que devaient occuper nos magistrats les plus illustres.

Pourquoi *Voltaire?* — Nos Édiles modernes ont-ils voulu glorifier l'auteur de *Mérope?* Sa statue est sous le péristyle du Théâtre-Français, c'est-à-dire à sa vraie place.

Sans doute nos Magistrats actuels ne peuvent avoir eu la pensée d'honorer l'auteur de *la Pucelle.*

Qu'a fait Voltaire de la vierge de Vaucouleurs, de cette douce et sainte héroïne, de cette gloire nationale la plus chaste et la plus pure? Le poëte l'a traitée comme on ne salirait même pas une prostituée de bas étage.

On pardonnerait à peine à Voltaire s'il était Anglais; mais lui élever une statue sur l'Hôtel de Ville de Paris, dans la Capitale de la France qu'il outrage en profanant sa plus belle, sa plus suave renommée, c'est là un de ces choix monstrueux qui attristent le cœur et froissent le sentiment le plus noble : l'amour de la patrie.

Pourquoi *La Fayette* ?

Des Conseillers municipaux, des administrateurs qui ne doivent s'occuper que des améliorations de Paris, ont-ils qualité pour récompenser un homme politique en froissant les sentiments conservateurs d'une partie de la population ?

Ne devons-nous pas tous concourir à l'apaisement des passions politiques, et faire que toutes les opinions se fondent dans un seul et même sentiment : l'amour de la patrie?

L'Hôtel de Ville de Paris, qui est le temple de l'administration, ne saurait exclure les administrateurs.

Cette ingratitude, ce crime de lèse-reconnaissance, étoufferait le dévouement et dessécherait le cœur.

Consacrez donc votre existence à l'administration, c'est-à-dire au bien public. A la place du désordre, du chaos, créez une harmonie parfaite.

Ici où l'on assassinait en plein jour, faites qu'on sorte tranquille et respecté la nuit.

Là où se trouvait un cloaque dans lequel végétait

une population de bohêmes, ouvrez une voie large,
magistrale, qui répande l'air et la vie.

Dans ce quartier où l'on demandait l'aumône, l'esco-
pette à la main, bâtissez un hospice et faites cesser la
mendicité.

Pour éclairer le présent, interrogez le passé municipal, si savant et si pur ; remuez avec précaution la
poussière des siècles éteints où l'on trouve tant de
parcelles d'or.

Cette étude vous demande, vous impose vingt ans,
trente ans de labeur, toute votre vie ; vous la donnez
en offrande à l'autorité souveraine. Agissez ainsi, faites
tout cela sans bruit, sans intérêt, saintement, pour que
des successeurs ingrats proscrivant jusqu'au souvenir
de vos bienfaits, deviennent impunément les fossoyeurs
de votre gloire, qui devrait être leur patrimoine d'honneur bien précieux à conserver.

Le guerrier, lui, est sûr de la renommée ; le sang
mêlé aux actions humaines leur assure l'immortalité.

Le poëte peut compter qu'on lui tressera des cou-
ronnes. Que chantait le gondolier en ramant sur les
lagunes, quand Venise était libre, quand Venise était
Reine ? les vers du Tasse et de l'Arioste.

Entrez dans cette taverne où s'ébattent de joyeux
compagnons ; que chantent ces enfants du peuple ? les
vers de Béranger.

Le peintre et le statuaire revivent dans leurs œuvres; Raphaël et Michel-Ange sont toujours jeunes de
gloire et d'immortalité!

Mais les administrateurs, voyez : un palais est à

compléter, ce palais a été le théâtre de leurs travaux, et ils ont si bien travaillé, qu'ils ont créé une ville, un monde! C'est au profit de Paris qu'ils ont déplacé le centre de la civilisation européenne.

Eh bien! leurs successeurs, au lieu d'accueillir et d'honorer leur gloire, la repoussent comme importune et lui refusent l'hospitalité.

Nos Édiles modernes pouvaient par la statuaire faire revivre dix siècles de grands magistrats ; ils n'ont su faire qu'une misérable et plate caricature du Musée de Versailles.

Louis Lazare.

LES

OCTROIS DE PARIS

PREMIÈRE PARTIE

Parmi les questions souvent discutées avec nos anciens Édiles, celle des Octrois de Paris nous a toujours paru l'une des plus graves et des plus intéressantes.

Parfois nous nous sommes trouvés en désaccord sur

des détails de perception ou autres, jamais sur les principes.

Constamment il nous a fallu reconnaître cette vérité, et nous incliner devant elle : que l'Octroi de Paris avait sa grande raison d'être, son impérieuse nécessité au point de vue d'abord de l'Autorité souveraine, dans l'intérêt ensuite de la splendeur de Paris, et surtout pour assurer aux ouvriers parisiens, en les mettant à l'abri de la concurrence provinciale et étrangère, un travail permanent, un salaire toujours rémunérateur.

En rattachant le présent et le passé à la même chaîne historique et municipale, nous avons appris que ces taxes connues aujourd'hui sous la dénomination d'Octrois, ont toujours frappé de préférence et à toutes les époques, sauf pendant nos discordes civiles, les objets de consommation et non la propriété, d'ailleurs obligée d'acquitter certaines contributions, de subir d'autres sacrifices.

Nos anciennes taxes municipales ont été constamment défendues, protégées par tous nos hommes d'État sous la royauté, comme on les a vues attaquées ou supprimées par nos révolutionnaires de 1793, 1830 et 1848.

Voyons comment le plus grand de nos ministres en soutenait l'utilité ; nous dirons ensuite en quels termes le plus populaire des agitateurs les repoussait :

« ... Les gentilshommes, les savants, les artistes, les » étrangers et les riches, disait Colbert, doivent do- » miner par le nombre dans Paris, qui est la Cité- » Reine des beaux-arts, du luxe et des plaisirs...

» C'est avec une majorité riche ou aisée que vous
» assurerez dans Paris le travail de la minorité pauvre.

» Toutes les branches de l'Administration munici-
» pale doivent s'incliner respectueuses devant ce grand
» principe qui sauvegarde merveilleusement l'Autorité
» souveraine.

» ... L'ÉLÉVATION RATIONNELLE DES TAXES MUNICIPALES
» avec lesquelles les Édiles parisiens ont construit des
» monuments si bien placés dans l'estime de l'Europe
» et dans l'admiration du monde, a pour but également
» de rendre difficile, sinon impossible, le séjour de
» Paris aux cultivateurs et artisans de la province, qui
» ne doivent pas abandonner leurs champs ou leurs
» villes secondaires...

» Sans cette digue salutaire, les flots tumultueux et
» avariés de la province envahiraient Paris, transformé
» dans un siècle en une immense Cité ouvrière.....
» ce qui serait la plus périlleuse des transformations
» pour la Royauté, immanquablement condamnée à
» périr, si la Capitale subissait une majorité pauvre et
» nécessiteuse... »

Cent quatorze années après ces paroles de Colbert,
un autre ministre qui entendait détruire ce que son
illustre prédécesseur voulait sauvegarder, s'exprimait
en ces termes :

« Les vieux Édiles parisiens, disait DANTON, six jours
» après les sanglantes journées de septembre, voulaient
» faire de Paris la ville du luxe, de la richesse et des
» plaisirs ; que par la volonté de ses nouveaux Magis-

» trats, la Capitale devienne une vaste cité ouvrière,
» la ruche de la France !

» Tout le secret de la situation consiste à mettre des-
» sus ce qui était dessous. Les riches dominaient au-
» trefois par le nombre dans Paris ; place aux pauvres
» maintenant, qu'ils dominent à leur tour !...

» Plus de taxes municipales ; plus jamais ; que la vie
» soit a meilleur marché a Paris que partout ailleurs,
» et dans moins d'un siècle, par une progression natu-
» relle, irrésistible, les classes nécessiteuses formeront
» les trois quarts de la population parisienne.

» En agissant ainsi, le dernier mot doit rester infail-
» liblement à la république, car un trône ne résiste-
» rait pas longtemps ballotté dans une Capitale où le
» flot populaire est appelé à monter aujourd'hui, de-
» main, toujours. »

En effet, dès la suppression des taxes municipales, le
flot provincial et avarié pénètre librement dans Paris, et
ce flot grossissant devient torrent. La révolution va se
faire, la révolution est faite. — Splendeur, richesse,
commerce, industrie, science, beaux arts, Royauté auguste et sainte, tout est renversé, détruit, décapité.

Les nobles, les étrangers et les riches, fuyant la sédition, désertent Paris, emportant avec eux l'or qu'ils
semaient autrefois dans cette ville. Paris, après trois
années d'agitations, se trouva privé de plus de la moitié
de sa richesse métallique.

La Capitale vit s'éloigner de ses murs 15,000 familles nobles, riches ou aisées composant un chiffre de

plus de 45,000 personnes, dont le superflu assurait autrefois le nécessaire de plus de 100,000 individus.

Ce vide fut comblé, cruellement dépassé dans la même période, par 65,000 bohêmes, se disant pour la plupart cultivateurs, ouvriers, artisans de la province, et qui entrèrent dans Paris fiévreux et empoisonné (1).

Ces émigrants, qui rappelaient *ces grandes compagnies* dont le connétable Duguesclin débarrassa la France sous Charles V, envahirent la Capitale, répétons-le, dès l'abolition des taxes.

Leurs chefs, les ambitieux, furent bientôt en majorité dans la Commune de Paris. Une fois tout-puissants à l'Hôtel de Ville, ils dominèrent la France.

(1) Ce mot empoisonné n'est point une métaphore, lisez :
« Je soussigné, Commissaire de Police de la section de
» Montreuil, appelle l'attention des citoyens composant la
» Commission des subsistances sur un abus INVÉTRÉ, au su-
» jet de toutes sortes de viandes malsaines qui se vendent
» publiquement dans les rues de Paris, sous les portes co-
» chères et allées. Plusieurs fois, j'ai fait saisir et analyser
» ces viandes, qui ne sont autres que des morceaux de
» cheval ou des débris de chien ou de chat pour la plupart
» putréfiés.
» A Paris, ce 21 messidor, l'an II de la République une,
» indivisible et impérissable.
» GILLET. »
« Je soussigné, Commissaire de Police de la section de
» l'Indivisibilité, certifie que des faits analogues à ceux ex-
» posés par mon collègue, le citoyen Gillet, se passent tous
» les jours, à chaque heure, dans ma section, et que,
» malgré les nombreuses saisies opérées par moi, le mal
» tend à s'aggraver aux dépens de la santé publique.
» ALMAIN. »

Ouvrons les registres de cette administration, ses actes vont la flétrir :

Séance du primidi , 21 brumaire an II.

« Les comités révolutionnaires de la section de l'Arsenal, des Droits de l'Homme et de l'Indivisibilité, viennent annoncer au Conseil général de la Commune qu'ils se proposent de conduire à la Convention tous les ornements et l'argenterie de l'église Saint-Paul, ainsi que l'arche. — Nous porterons aussi, dit l'orateur, les clefs de saint Pierre ; le Paradis est ouvert, nous pouvons tous y entrer.

» Le Conseil *applaudit* à cette opération philosophique et en arrête mention au procès-verbal. »

(*Registres de la Commune*, tome XXII, p. 13,304.)

Voici une autre délibération qui n'est pas moins significative :

Séance du sextidi, 26 brumaire de l'an II de la République française une et indivisible.

« L'administration des Quinze-Vingts apporte tous les objets du charlatanisme des prêtres, entre autres la fameuse chemise de saint Louis, qui se trouve n'être qu'une chemise de femme.

» Le Conseil général *arrête* que cette chemise sera brûlée dans le sein du Conseil, ce qui a été exécuté sur-le-champ ; et quant aux autres objets d'art et d'argent, le Conseil arrête qu'ils seront envoyés à la Monnaie.

» Mention civique de la conduite de l'administration des Quinze-Vingts ; insertion aux affiches de la Commune. »

(*Registres de la Commune*, tome II, page 13,345.)

Séance du deuxième jour du second mois de l'an II de la République.

« Le Conseil général, informé qu'au mépris de la loi il existe dans plusieurs rues de Paris des monuments du fanatisme et de la Royauté ; considérant qu'il est de son devoir de faire disparaître tous les monuments qui alimentaient les préjugés religieux et ceux qui rappellent la mémoire exécrable des Rois, arrête : que dans huit jours les gothiques simulacres des Rois de France qui sont placés au portail de la ci-devant église Notre-Dame seront renversés et détruits, et que l'Administration des travaux publics sera chargée, sous sa responsabilité, de lui rendre compte du présent arrêté... Arrête de plus que toutes les autres effigies religieuses qui existent dans les différents quartiers de Paris seront enlevées ; que tous les marbres, bronzes, etc., sur lesquels sont gravés les arrêts du Parlement contre les victimes du despotisme et de la férocité des prêtres, seront également anéantis. »

(*Registres de la Commune*, tome XXI, page 13,145.)

Séance du 23 août 1793.

« Le Procureur de la Commune entendu, le Conseil arrête que la guillotine sera dressée jusqu'à ce qu'il en ait été autrement ordonné, à l'exception néanmoins du coutelas, que l'exécuteur des hautes œuvres sera autorisé d'enlever après chaque exécution. »

(*Registres de la Commune*, tome IX, page 350.)

Il est inutile de continuer le récit de ces infamies ; toutes les pages, en se suivant, répètent les mêmes crimes, cela est fastidieux de honte, c'est dégoûtant de boue, c'est odieux de sang.

A force de recherches et de patience, nous sommes parvenus à connaître l'état civil des membres les plus exaltés de cette Commune de Paris, dont la grande majorité était provinciale et composée d'ambitieux venus récemment et tout exprès dans la Capitale pour se créer un horizon plus vaste, pour s'improviser une position quand même, se procurer des dupes plus nombreuses et plus faciles.

On comprend que ces Magistrats de la veille, dont nous taisons les noms pour épargner aux fils le souvenir des fautes ou des crimes de leurs pères, on comprend, disons-nous, que ces nouveaux venus à Paris ne connaissaient guère l'administration d'une Capitale, qu'on ne saurait comprendre qu'après de longues années de patientes études.

Eh bien, tous ces magistrats de pacotille ont parlé, ont écrit, ont administré dans le sens de la suppression des taxes municipales, dont ils appréhendaient le retour ; leurs paroles et leurs écrits ne sauraient se justifier, mais ils expliquent leurs actes, et voici comment:

Il fallait des soldats et toujours plus nombreux à ces

chefs, à ces meneurs de l'insurrection ; précisément la SUPPRESSION DES TAXES MUNICIPALES, qui rendait la vie plus facile à Paris que partout ailleurs, détermina, puis accéléra l'émigration provinciale, dont la Royauté et Paris furent les victimes.

Sans doute, les nouveaux venus n'étaient pas un déplacement complet de l'écume de la France et de l'étranger. Toutefois, ne l'oublions pas, les cultivateurs qui délaissent de gaieté de cœur les champs arrosés des sueurs de leurs pères, pour aller à l'aventure, les artisans et ouvriers qui abandonnent mères, femmes, enfants, qui se privent des saintes joies de la famille, toute émigration enfin, tordez-la par la pensée ; vices et vertus broyés ensemble, jamais vous n'en exprimerez l'essence la plus pure, la plus parfumée d'une grande nation.

Cette émigration était composée d'éléments divers, mais bientôt elle fut corrompue, gangrenée, et devint fumier parisien, toujours en fermentation dans la Capitale.

En effet, les artisans et ouvriers arrivant de la province et auxquels le travail n'eût pas fait peur, ne purent trouver d'occupation utile et quotidienne dans Paris, où bouillonnaient les idées révolutionnaires ; le commerce était paralysé, l'industrie anéantie, la confiance morte.

Les nécessités de la vie entretenaient seules, dans la Capitale, une espèce de besogne courante pour laquelle les ouvriers et artisans parisiens suffisaient et au delà.

Les nouveaux venus, l'oisiveté les porta dans les clubs, où leur ignorance et leurs mauvaises passions prirent feu au récit de ces exagérations, de ces monstruosités calculées, ayant pour but : de représenter sans cesse les crimes heureux dans les palais et sous les lambris dorés, et par une cruelle et menteuse opposition, les vertus torturées dans les ateliers et les chaumières.

Les meneurs de la Commune de Paris trouvèrent bientôt dans ces clubs une armée d'émeutiers disposés à tout oser, à tout faire, oui, tout, jusqu'à tuer, et les sommes que produisaient réunis les *sous additionnels*, ne servirent pas le moindrement à l'amélioration de Paris, mais uniquement à la solde des émeutiers, au payement des assassins.

Nous avons eu dans les mains, en composant notre *Dictionnaire des Rues de Paris*, plus de deux cents pièces, et ce ne sont pas les seules, constatant le payement de 40 sous par jour à plus de six mille de ces sicaires, émeutiers ou égorgeurs.

Une seule citation va suffire ici comme simple échantillon :

COMMUNE DE PARIS.

« M. le Trésorier de la Commune payera à Gilbert
» Petit, 48 livres, pour prix du temps qu'ils ont mis,
» lui et trois de ses camarades, à L'EXPÉDITION DES PRÊ-
» TRES DE SAINT-FIRMIN, pendant deux jours.

 » A la maison Commune, ce 4 septembre de l'an IV
» de la liberté, et Ier de l'Égalité, suivant la réquisi-

» tion qui nous est faite par la section des Sans-Cu-
» lottes, *qui les* A MIS EN OUVRAGE (1). »

(Suit la légalisation des signatures.)

Au dos est écrit :

« Reçu la somme de 48 livres. » Et au-dessous : —
« GILBERT PETIT a fait sa croix. » (Et la croix y est de
la main des égorgeurs, qui ne savaient pas signer, mais
qui savaient tuer.)

L'histoire municipale de Paris, de 1789 à 1795,
c'est à-dire durant la première période révolutionnaire
que nous avons creusée pendant de longues années, a
fait étinceler à nos yeux cette vérité impossible à mé-
connaître et que l'écrivain doit proclamer sous le regard de Dieu : *l'abolition des taxes municipales* a ouvert la brèche au flot étranger et provincial, qui, enva-
hissant librement la Capitale, a tout détruit.

Le roi Louis XVI, en décrétant la suppression de
ces taxes par bonté, par faiblesse ou par contrainte, le
roi Louis XVI a décrété sa propre hache !

Faisons encore toucher du doigt la pauvreté de toutes
ces théories, que l'expérience et la sagesse soufflettent
comme filles de mauvaise vie.

Après février 1848, le vieil Hôtel de Ville de Paris,
le palais de nos Magistrats, devint une immense hôtellerie ouverte à tous les parasites. Les anciens Conseillers, tous l'honneur et l'exemple de leurs professions,
avaient été renvoyés comme on chasse des laquais. Un

(1) La section des Sans-Culottes devint le quartier du
Jardin du Roi.

homme étranger à l'Administration, devint Maire de Paris, et disposa seul et à son gré d'un budget alors de 46 millions.

Que fit le Magistrat improvisé? il mit en pratique précisément la théorie que veulent renouveler à chaque révolution, les hommes inexpérimentés. Pour flatter le peuple et mendier ses sympathies, il proposa de suite au Gouvernement provisoire *la suppression des droits d'octroi sur la viande de boucherie.*

Cette suppression eut lieu par décrets des 18 et 24 avril 1848. Voyons ce qui en résulta, et laissons parler l'un de nos administrateurs éminents qui a su conquérir depuis, l'insigne honneur de la présidence du Conseil Municipal de Paris.

Dans son rapport du 24 juillet suivant, M. Lanquetin s'exprime en ces termes :

« Cette suppression nous a enlevé pour 1848 une
» somme de près de 5 millions qui devait servir à en-
» treprendre de grands travaux (1). On avait espéré
» que cette suppression d'octroi améliorerait la posi-
» tion de l'ouvrier en diminuant de quelques centimes
» sa dépense de nourriture, *mais l'on ne s'est pas rendu*
» *compte qu'elle allait le priver du salaire de sa jour-*
» *née, et lui ôter tout moyen d'existence en supprimant aussi les travaux qui ne peuvent être payés*
» *qu'avec le produit de l'octroi.*

(1) Une somme de 5 millions consacrés à l'industrie du bâtiment, fait dépenser d'ordinaire plus de 30 millions : ceci complimente au reste ce vieux proverbe parisien : — QUAND LE BATIMENT VA, TOUT VA !...

» Il est à remarquer qu'on n'a pas même obtenu
» cette réduction du prix de la viande qu'on avait en
» vue ; vous savez que pour les prix secondaires il
» est resté tel qu'il était avant la suppression du droit,
» en sorte que la mesure n'a eu d'autre effet que de
» désorganiser en pure perte le système financier de la
» Ville, de priver l'Administration des moyens de faire
» exécuter des travaux utiles, *de faire manquer de*
» *pain ceux-là mêmes auxquels on avait voulu donner*
» *la viande à quelques centimes meilleur marché.*

» Voilà où conduisent en administration les mesures
» d'entraînement, les mesures irréfléchies. »

Louis Lazare.
(Sera continué dans le 4e volume.)

EXPROPRIATION POUR CAUSE D'UTILITÉ PUBLIQUE

PROLONGEMENT DE LA RUE LA FAYETTE

*Partie comprise entre les rues Montholon et du Faubourg
Montmartre.*

TABLEAU DES OFFRES.

Rue Montholon, 19, et rue Ribouté, 9, dames Juglar,
260,000 fr. — Vialfont et Forster, marchands de vins,
locataires, 20,000. — Dame Molet, blanchisseuse,
2,000. — Woirin, tailleur, 2,000. — Merlet, coiffeur,
2,000. Duguet, fruitier, 3,000.

Rue Ribouté, 7, Popelin, propriétaire, 110,000 fr. (prix accepté). — Noël, locataire, marchand de meubles, 1,500. — Costille, fruitier, 1,200.

Rue Montholon, 21, Nicolas Marquet, propriétaire, 606,000. — Guéret, miroitier, loc., 8,000. — Lachassine, marchand de vins, 8,000. — Tissier, atelier de peintre, 800. — Dame Tissier, logement, 300.

Rue Montholon, 23, Letellier-Delafosse, propriétaire, 115,000. — Lecerf, fabricant de fourneaux, loc., 9,000. — Michaux, Charbonnier, 3,000. — Gargault, serrurier, 3,000. — Lunel, marchand de beurre, 2,500. — Verron, soudeur de métaux, 1,500.

Rue Montholon, 25, dame Ménissier, propriétaire, 143,000 (partie).

Même rue, 27, Thibaut, 230,000 (prix accepté). — Pampin, cordonnier, loc., 500.

Même rue, 29, dame Boucher, veuve Lhomme, prop., 148,000. — Jacquart, mercier, loc., 2,000.

Même rue, 31, Félicité Deleau, femme Simon, 240,000 (prix accepté).

Même rue, 33, Louis Payn, prop., 20,000 (partie). — Paillot, bandagiste, 7,000.

Rue Bleue, 18, Blétry, prop., 20 (partie).

Même rue, 20, Saussine, prop., 180,000.

Même rue, 22, dame Larget, veuve Prévost, et dames Prévost, prop., 150,000.

Même rue, 24, dames Noblet et dame Dupont, prop., 160,000. — Thuillier, loc., 1,000. — Ganneron, instituteur, loc., 18,000. — Joannes, loc., 750. — Champelat, parfumeur, loc., 3,000.

Même rue, 26, Dupré, prop., 300,000. — Neveux, traiteur, loc., 2,000. — Dame Lavocat, lingère, 2,000. — Meunier, vins en bouteilles, 2,500. — Langoisseur, 350.

Même rue, 30, dames Simon, prop., 290,000. — Benoît, crémier, loc., 3,000. — Druèsne, cordonnier, 3,000.

Même rue, 32. Angar, prop., 240,000. — Demotte, et Goescels, poêliers-fumistes, loc., 6,000. — Société d'assurances, 5,000. — Legoux, 500.

Même rue, 34, dame Charbrier, veuve Vallée et Vallée frères, ces derniers mineurs sont sous la tutelle de dame Vallée, veuve, leur mère susnommée, 240,000. — Aladie, blanchisseur, loc., 3,000. — Biddier, 400. — Durand, 675. — Boulard, 1,000. — Chabrier, 785. — Demoiselle Chabrier, 250.

Même rue, 36, Duhait, prop., 20 (partie). — Malvaisin, charbonnier, 3,000.

Même rue, 29, et passage Saulnier, 24, Balaine, prop., 20 fr. (partie).—Desnus, épicier, loc., 15,000.—Weil, 2,800 — Castellino, 2,000. — Décoster, 1,100.

Partie du sol du passage Saulnier, les propriétaires du passage Saulnier, 20 fr. (partie).

Passage Saulnier, 27, Gagnon, prop., 44,000. — Mauvais, garni, marchand de meubles, loc., 4,500.

Passage Saulnier, 29 et rue Bleue, 31, Féret et Krausé, prop., 200,000. — Renard, marchand de vins, loc., 14,000.

Rue Bleue, 33, Gaultron, prop., 140,000. —Dame

Lamarche, marchande à la toilette, loc., 3,000. —
Veuve Remy, 600.

Rue Bleue, 35, et rue Cadet, 36, 1° dame Hubaut,
veuve Merlin ; 2° Merlin ; 3° demoiselle Merlin, mi-
neure, sous la tutelle de dame veuve Merlin, sa mère
susnommée, 276,000. — Devies, boucher, loc., 33,000.
Bonnet, épicier, 8,000. Piquenard, charcutier, 18,000.

Rue Cadet, 34, Dumonceau, prop., 220,000. —
Mayaud, pharmacien, loc., 8,000. — Heurat, lingère,
2,000. — Ponson du Terrail, 800.

Même rue, 32, Foller, prop., 256,000. — dame
Masson, liquoriste, loc., 6,000. — Barras, bourrelier,
3,000. — Sellerier, — 850. — Castagnier, marchand
de meubles, 4,500. — Belpalme, 750.

Même rue, 30, dame Foulon Belleaunay, prop.,
110,000. — Lambert-Goffart, marchand d'habits, loc.,
2,500. — Rose, marchand de fourrages, 5,000.

Rue Cadet, 19, et passage des Deux-Sœurs, 16 et
14 bis, Labouret et dame Labouret, prop., 330,000
(partie). — Scheidig et Bardon, banquiers, loc., 2,500.
— dame Buquet, 3,000. — Dosch, 1,500. — Joannès,
1,000. — Comte Matharel de Fienne, 1,750. — Général de Barollet, 1,100. — Quijano et Cie, commission-
naires, 3,700. — Fraisse, entreposeur des tabacs,
2,600.

Rue Cadet, 17, Roy, prop., 125,000. — Corsin et
Cie, loc., 900.

Même rue, 15, dame Barbier, veuve Godde et dame
Devigne, prop., 140,000. Martin, coiffeur, loc., 2,000.
— Féval, 500.

Même rue, 13, dame Mouchet, prop., 600,000. — Petit, marchand de chaussures, loc., 3,500. — Dame Godefroy, épicière, 6,000. — Jourdain, chapelier, 3,500.

Même rue, 11, Rennes, Weber, Hovelt, prop. des constructions, 20 (partie). — Demoiselle Dutuit, prop. du sol, 20 fr. (partie). Bertault, lithographe, loc., 20.

Rue du Faubourg-Montmartre, 42, et passage des Deux-Sœurs, 14 et 12, Leblanc, dame et demoiselle Leblanc, prop., 200,000. — Leblanc, manége, loc., 45,000.

Rue de Buffaut, 24, Thuillier (bail emphytéotique). — Les hospices de Paris, propriétaires du sol, 111,000. — Dorre, teinturier, loc., 600. — Chère, cordonnier, 3,000. — Marrey, médecin, 1,300. — Carrey, professeur de danse, 5,000. — Demouy, cabinet d'affaires, 1,000. — Demoiselle Frontier, fleuriste, 900. — Preinsler père et fils, photographes, 750.

Même rue, 22, Tournay et Regnault (bail emphytéotique), 126,000. — L'Assistance publique, prop. du sol, 124,000. — Louet, voitures à bras, loc., 5,000. Menissier, fruitier, 2,500. — Tournay, plombier, 25,000. — Demoiselle Louet, modiste, 2,000. — Patritty, fleuriste, 2,500. — Dame Coliny, 1,400.

Même rue, 20, dame Bouchet (bail emphytéotique), 46,000. — L'Assistance publique, prop. du sol, 44,000. — Demoiselle Guébe, principale loc., hôtel meublé, 14,000. — Gentil, linger, loc., 4,500. — Scio, professeur de danse, 3,000. — Vernay, marchand à la toilette, 3,000.

Rue de Buffaut, 18, et passage des Deux-Sœurs, 7, Hurez (bail emphytéotique) 111,000. — L'Assistance publique, prop. du sol, 109,000. — Hurez, serrurier, loc., 15,000.— Guizard, marchand de vins, 6,500. — Wepfer, modiste, 3,000. — Poustier, menuisier 3,000. — Benjamin, vétérinaire, 9,000. — Debray, atelier de cordonnier, 2,000. — Bing, tailleur, 500.

Rue de Buffaut, 16, dame Ganneron, veuve Adeline (bail emphytéotique), 126,000. — L'Assistance publique, prop. du sol, 124,000. — Fleury, tapissier, loc., 3,000. — Tavernier, fruitier, 1,000. — Clément, doreur, 4,000.

Même rue, 14, Fonteyne (bail emphytéotique), 46,000. — L'Assistance publique, prop. du sol, 45,000. — Jacquillat, serrurier, loc., 10,000. — Fonteyne, chaudronnier, 10,000.

Même rue, 12, Delaloge (bail emphytéotique), 66,000. — L'Assistance publique, prop. du sol, 64,000. — Alix, grainetier, loc., 1,100.— Markowski, professeur de danse, 25,000. — Montagne, relieur, 2,000.

Passage des Deux-Sœurs, 5, Merland (bail emphytéotique), 46,000. L'Assistance publique, prop. du sol, 44,000. — Camus, parfumeur, loc., 26,000.

Rue de Buffaut, 7, Ville de Paris, prop. — Guéret, frères, sculpteur, loc., 18,000.

Même rue, 5, dame Racine, prop., 290,000.

Même rue, 3, Bruneau, 160,000. — Doby, traiteur; loc., 2,000. — Deleule, blanchisseur, 1,500.

Rue de Buffaut, 1, et rue du Faubourg-Montmartre,

48, Hermel, prop., 250,000. — Picquet, fruitier, loc., 7,000. — Fleuriot, marchand de vins, 30,000. — Beausolfil, fabricant de corsets, 1,200. — Veuve Ledunois, cordonnier, 4,500. — Bégault, limonadier, 1,500.

Rue du Faubourg-Montmartre, 50, dame Mauger, veuve Berthelot, et dame Dagonet, veuve Mauger, prop., 240,000. — Cagniard, principal loc., hôtel meublé, 40,000. — Blin, bonnetier, 20,000. — Sauffroy, marchand de glaces, 10,000.

Rue du Faubourg-Montmartre, 52, dame Gabiloteau, veuve Dubasty, prop., 480,000. — Dubray, marchand de chaussures, loc., 20,000. — Roger, linger, 10,000. — Dame Massé, mercière, 8,000. — Demoiselle Leguet, modiste, 6,000. — Grausse, 1,300. — Itasse, 1,750. — Delaroche, 1,700.

CONSTATATION

DES

NAISSANCES A DOMICILE

> Dieu créa dans nos misères
> Les baisers des enfants pour les larmes des mères.

Parmi les pétitions adressées tout récemment au Sénat, il en est une qui excite, à juste titre, toute la sérieuse attention des administrateurs; c'est la pétition qui a rapport à la constatation des naissances à domicile.

Dans plus de vingt articles différents, *la Revue Municipale* s'était élevée contre le transport cruellement homicide des enfants aux Mairies pour l'enregistrement.

Depuis l'extension de Paris, le mal s'est augmenté. En effet, les mairies des arrondissements excentriques, dont la superficie est beaucoup plus considérable que celles des arrondissements de l'intérieur, ont été placées de la façon la plus fâcheuse, c'est-à-dire à la limite extrême de ces localités, dont la plupart sont sillonnées de sentiers étroits, de ruelles souvent impraticables, toujours dangereuses lors des pluies, des neiges et des glaces de l'hiver.

Pour ne citer qu'un seul fait : la Mairie établie dans l'ancienne guinguette de *l'Ile-d'Amour*, tourne indécemment le dos aux quatre quartiers du 20e arrondissement.

Aussi, qu'une femme habitant l'extrémité de Charonne ou bien l'avenue de Vincennes soit prise des douleurs de l'enfantement et accouche, le transport du nouveau-né à la Mairie exige un voyage de long cours.

On ne peut se faire une idée de l'état horrible de ces chemins, de ces sentiers tortueux qui s'enchevêtrent ; tous sans pavage, sans empierrement, sont remplis d'ornières où l'eau croupit, où se forment l'hiver de petits lacs glacés ; aussi la femme chargée de porter l'enfant à la Mairie et qui doit traverser ces défilés si dangereux, trébuche à chaque instant et tombe parfois avec son précieux fardeau.

Nous avons fait mesurer à partir de l'avenue de Vincennes jusqu'à la Mairie du 20ᵉ arrondissement, la longueur de tous ces sentiers qui se poursuivent, et l'on a trouvé un développement de plus de 4,500 mètres.

Au lieu de dépenser neuf millions pour édifier trois théâtres dont l'industrie particulière demandait à se charger sans qu'il en coûtât un centime à la Ville, nos Édiles eussent été plus sagement inspirés, en consacrant cette somme importante à la construction de Mairies convenables dans nos arrondissements annexés.

On nous répondra que la Mairie du 20ᵉ arrondissement est logée provisoirement dans cette guinguette de l'Ile-d'Amour, et qu'un projet existe pour placer l'établissement municipal au centre de l'arrondissement. — Nous répliquons: voilà déjà deux ans et demi que dure ce provisoire, il faudra vraisemblablement subir un délai semblable avant que la nouvelle Mairie reçoive ses bureaux. Infliger cinq années d'attente à toute une population, la condamner à un voyage de long cours, alors qu'il est question de naissances, de décès, de mariages, de justice de paix, et cela en vue d'une économie de quelques milliers de francs, tandis que tant de millions ruissellent dans les quartiers de l'ouest, agir ainsi n'est pas, selon nous, faire de l'administration sagement distributive en vue de l'humanité et pour plaire à Dieu.

Qui empêchait de louer une maison au centre de l'arrondissement, vers la chaussée de Ménilmontant.

par exemple, à l'effet d'y établir pendant ce provisoire de cinq années les bureaux de la Mairie du 20ᵉ arrondissement?

Mais continuons et suivons la femme qui porte le nouveau-né à la Mairie de l'Ile-d'Amour.

Après deux heures de marche pénible durant lesquelles l'enfant a subi toutes les rigueurs du froid, cette femme entre dans un bureau chauffé comme une locomotive attachée à un *train express*. C'est la température du Sénégal opposée tout à coup à celle de la Sibérie.

Après une heure d'attente, parfois plus, la naissance de l'enfant est constatée. Mais le pauvre petit être est condamné à un deuxième voyage. Il a quitté l'air vicié qu'on respire dans les bureaux, le voilà dans les ornières de Ménilmontant et de Charonne avec la neige qui tombe et dont les flocons font ressembler ses langes à un petit linceul tout blanc et glacé.

Qui oserait mettre en parallèle la mort probable, certaine de quelques-uns de ces nouveau-nés et le misérable millier d'écus auquel nos Édiles se sont arrêtés pour ne pas louer une maison au centre du 20ᵉ arrondissement?

Maintenant que nous avons démontré au point de vue de l'administration et de l'humanité qui doivent toujours se mettre d'accord, la nécessité de la constatation des naissances à domicile, cédons la place à notre honorable confrère M. Gaffe, directeur du *Journal des Connaissances Médicales*.

Louis Lazare.

Dans le numéro du 20 mai dernier, M. Gaffe, directeur de la très-intéressante publication dont nous venons de parler, s'exprime en ces termes :

« M. le sénateur Amédée Thayer, troisième rapporteur, rappelle à ses éminents collègues qu'il y a longtemps que nombre de bons esprits se sont occupés de cette question, de la nécessité de la constatation des naissances à domicile, par un délégué de l'officier de l'état civil.

» Vers la fin du dernier siècle, elle fut traitée par Zeviani, médecin de Vérone, par Toaldo, de Padoue ; par le docteur Trevisan, de Castel-Franco.

» Plus récemment, par MM. Villermé, Milne-Edwards, Orfila, Barjavel, Melloir et Trébuchet, Bouchut, Pietra-Santa, et surtout par le docteur Loir, qui, dans plusieurs écrits, l'a envisagée sous tous ses points de vue.

» Les écrits du docteur Loir ont fixé l'attention de l'administration et de l'Académie des sciences morales et politiques à laquelle ils avaient été adressés sous forme de mémoires, dans les années 1845, 1846, 1848 et 1849.

» Les travaux de ce docteur sur la législation ancienne en France, sur le sujet qui nous occupe, lui ont mis sous les yeux, en compulsant les registres des naissances, avant 1792, un fait historique assez curieux.

» Dans ces registres on trouve l'acte de naissance des rois et des princes du sang confondu au milieu des actes de tous les citoyens.

Ainsi l'acte d'ondoiement de Louis XIV est précédé de l'acte de baptême de la fille d'Innocent Tortonni (1), et suivi de l'acte de décès d'un domestique de M. de Beaufort.

» L'acte de supplément des cérémonies du baptême de Louis XIV est précédé de l'acte de décès d'un chef de cuisine, et suivi de l'acte de baptême du fils d'un simple bourgeois.

» L'acte d'ondoiement de Louis XVI est précédé de l'acte de baptême de la fille d'un colonel, et suivi de l'acte de baptême de la fille d'un commis marchand.

» L'acte d'ondoiement de Louis XVIII est précédé de l'acte de baptême de la fille d'un journalier, et suivi de l'acte de baptême du fils d'un compagnon couvreur.

» De toutes les créatures vivantes, l'homme est certainement une de celles qui réclame le plus de soins au moment de sa naissance.

» Nous lisons dans Buffon :

« L'homme immédiatement après sa naissance est » incapable de faire encore aucun usage de ses organes » et de se servir de ses sens, l'enfant qui naît a besoin » de secours de toute espèce. C'est une image de mi- » sère et de douleur : il est, dans ces premiers temps, » plus faible qu'aucun des animaux ; sa vie incertaine » et chancelante paraît devoir finir à chaque instant : » il ne peut se soutenir ni se mouvoir ; à peine a-t-il

(1) Aïeul de la nommée Tortonni qui joua un rôle comme déesse de la liberté, à Saint-Germain-en-Laye, pendant la révolution de 1789.

» la force nécessaire pour exister et pour annoncer par
» des gémissements les souffrances qu'il éprouve. »

» On peut dire que, pendant les premiers jours, la
vie de l'enfant est encore incomplète ; ses organes subissent des modifications, la respiration et la circulation ne se font que d'une manière imparfaite, ce n'est
que peu à peu que les organes arrivent à fonctionner
d'une manière normale.

» Ce que demande l'enfant pendant les premiers
jours, c'est une chaleur factice pour remplacer celle
qui lui manque encore.

» Exposer cette faible créature à un air froid dans
les premiers instants de son existence, c'est l'exposer
aux accidents les plus fâcheux, surtout lorsqu'elle est
chétive et maladive. La coutume de porter l'enfant à la
mairie dans les trois premiers jours de sa naissance
offre donc de grands dangers pour sa vie, surtout en
hiver ; aussi toutes les statistiques constatent-elles qu'il
meurt beaucoup plus d'enfants en hiver qu'en été.

» Pour donner satisfaction au vœu des pétitionnaires, faut-il modifier la loi ? Cela ne paraît pas nécessaire. L'article 55 du Code Napoléon s'exprime ainsi :

« Les déclarations de naissance seront faites dans les
» trois jours de l'accouchement, à l'officier de l'état
» civil du lieu ; l'enfant lui sera présenté. »

» De l'injonction de présenter l'enfant à l'officier de
l'état civil ne dérive pas l'obligation de le porter à la
mairie. L'article 6 du titre III de la loi du 20 septembre 1792 exigeait que l'enfant fût porté à la maison
commune. Cette disposition a été supprimée dans l'ar-

ticle 55 du Code Napoléon, qui n'ordonne que la présentation à l'officier de l'état civil sans indiquer dans quel lieu, afin de laisser à cet égard plus de latitude. M. Réal disait, dans la séance du Conseil d'État du 6 fructidor an IX, lors de la discussion du Code Napoléon, que « l'acte de naissance tirait sa force de la dé- » claration appuyée de deux témoins, et non de la pré- » sence de l'enfant ; que, d'ailleurs, des obstacles » naturels pouvaient s'opposer à l'accomplissement de » cette formalité. »

» Il résulte de ce qui précède que la naissance peut fort bien être constatée à domicile sans modifier en rien la législation : plusieurs jurisconsultes éminents partagent cette opinion.

» C'est ici l'occasion d'apprendre au savant et disert rapporteur que, dans beaucoup de communes du midi de la France, jamais l'enfant nouveau-né n'est présenté à la mairie, il n'y a même aucune déclaration verbale de la naissance.

» Le père de l'enfant arrive au domicile du maire, qui inscrit un garçon si le père garde son chapeau sur la tête ; tout au contraire, il enregistre une fille si le père reste la tête couverte d'un bonnet.

» Admettant la constatation à domicile, par qui devra-t-elle être faite ? par le maire en personne ou par un délégué ?

» En jugeant par analogie avec ce qui se pratique actuellement, on peut conclure que ce serait par un délégué.

» En effet, l'article 77 du Code Napoléon porte : —

« Aucune inhumation ne sera faite sans une autorisa-
» tion sur papier libre et sans frais de l'officier de l'état
» civil, qui ne pourra la délivrer qu'après s'être trans-
» porté auprès de la personne décédée pour s'assurer
» du décès. »

» Dans le plus grand nombre des communes., et
même partout, à l'exception des villes de quelque. importance, il n'existe aucun médecin délégué par l'autorité municipale, pour s'assurer de la réalité du décès
et de la nature du décès, si la mort existe? si elle est
ou non le résultat d'un crime?...

» Comment cet article du Code est-il exécuté?

» Lorsque cette constatation est faite, ce qui a si rarement lieu, par qui est-elle faite? est-ce par le maire?
Non, si elle devait être faite par ce fonctionnaire, elle
deviendrait impossible : elle se fait par un délégué qui
est généralement un médecin.

» Lorsqu'un enfant est porté à la mairie, par qui la
naissance est-elle constatée et l'acte dressé dans les
villes? Par un simple employé, délégué par le maire.
Il ne serait donc pas plus contraire à la loi de faire
constater les naissances à domicile par un délégué.

» C'est, du reste, ce qui a lieu dans plusieurs villes
qui ont l'initiative de cette amélioration.

» Douai et Versailles l'adoptaient en 1846, Bruxelles
en 1847. Depuis, Carcassonne, Arras, Lyon, ont suivi
cet exemple.

» Partout où ce système a été mis en pratique, il
fonctionne régulièrement ; il n'en est résulté aucun
inconvénient : les registres sont tout aussi bien tenus

et mieux peut-être ; les indications que le délégué du maire prend au sein de la famille et qu'il inscrit sur le bulletin constatant la visite sont souvent plus exactes que celles données à la mairie.

» Ces délégués sont habituellement des médecins, ceux qui sont déjà chargés de constater les décès. Un médecin possède, en effet, des connaissances qui le rendent plus apte que personne à constater les naissances et à éviter les erreurs et les fraudes, soit sur le sexe, soit sur l'âge véritable des enfants qui lui sont présentés.

» Une expérience de plusieurs années sur différents points du territoire a été faite : ses résultats ont été partout satisfaisants. Quelles objections pourrait-on faire contre l'application dans toute la France de cette amélioration qui a été demandée par l'Académie des sciences, l'Académie de médecine, plusieurs conseils généraux, particulièrement celui de la Seine, le conseil de salubrité et plusieurs commissions d'hygiène?

» Dira-t-on que l'usage d'envoyer les enfants en nourrice presque aussitôt après leur naissance rendra cette modification inutile? Nous répondrons d'abord que tous les enfants ne sont pas envoyés en nourrice et que tous ceux qui y sont envoyés ne le sont pas dans les premiers jours ; puis, la précaution même prise par l'autorité pourrait éclairer beaucoup de parents sur les inconvénients que présente cette coutume, et les engager à retarder le départ des enfants.

» Oserait-on objecter la charge pécuniaire qui résulterait pour les communes, de l'obligation de donner une indemnité aux délégués du maire? Nous ne voulons pas même admettre qu'une telle objection puisse être faite, que l'on puisse opposer une question d'argent à une question d'humanité. Malheureusement la question d'argent sera l'invincible obstacle, malgré l'incrédulité du rapporteur.

» On s'est demandé si la constatation des naissances à domicile ne porterait aucun préjudice à la cérémonie du baptême, si l'obligation de porter l'enfant à l'église n'était pas aussi à redouter que l'obligation de le porter à la mairie.

» L'expérience a encore répondu à la première objection. A Bruxelles, à Versailles, à Douai, etc., etc., le clergé n'a point eu de réclamation à faire à ce sujet, il n'en est résulté aucun oubli des devoirs religieux, aucune négligence de la part des familles.

» Relativement à la seconde objection, nous répondrons que l'Église laisse bien plus de latitude que la loi; dans le diocèse de Paris, par exemple, le délai accordé pour le baptême est de huit jours. Or, nous l'avons dit, vers le huitième jour l'enfant est entré en pleine jouissance de la vie ; aussi le transport à l'église n'offre pas les inconvénients inhérents au transport à la mairie.

» D'ailleurs, une grande facilité est accordée, pour l'ondoiement de l'enfant délicat qu'il serait imprudent d'exposer à l'air. De plus, il est bon de rappeler qu'en cas de danger de mort, tout le monde peut baptiser un enfant.

» Dans ces deux derniers cas, les cérémonies supplémentaires du baptême ont lieu plus tard à l'église.

» L'administration du baptême à domicile n'est donc pas une conséquence nécessaire de la constatation des naissances à domicile. Ce mode de constatation resterait, du reste, toujours facultatif. On serait toujours libre de porter l'enfant à la mairie, mais on peut être assuré que cela arriverait bien rarement. On a calculé qu'à Versailles à peine un enfant sur quarante est porté à la mairie.

» Malgré les grands avantages qui résulteraient de l'application générale de cette mesure, on ne peut espérer la voir exécutée partout.

» Je prends la liberté de faire observer à M. le rapporteur qu'il est même nécessaire que la constatation à domicile ne soit pas une mesure obligatoire. M. le rapporteur, en effet, paraît avoir oublié qu'il se produit de nombreux accouchements par des filles mères qui ont besoin de laisser ignorer leur nom et leur domicile, la déclaration de la naissance de l'enfant est alors faite à la mairie par l'accoucheur avec les mots de *père et de mère non dénommés*.

» J'aurais encore fait le vœu pour que l'inscription des prénoms de l'enfant fût exigé dans l'ordre alphabétique, afin d'éviter les inversions qui élèvent plus tard des difficultés sur l'identité des personnes.

» Aujourd'hui il arrive bien souvent qu'aucune constatation de la naissance n'a lieu, et l'acte est dressé sur une simple déclaration ; en effet, peut-on exiger en hiver qu'un enfant soit porté à la mairie, surtout dans les montagnes, par la pluie, par la neige ?

» Bien souvent on ne va pas constater les décès; irait-on constater les naissances? On peut en douter.

» En tout cas, il n'y aurait pas aggravation sur la situation actuelle, pour les localités où l'on n'obtiendrait pas cette amélioration; mais il en résulterait un grand bien dans toutes les autres localités, dans les villes, et une grande diminution dans la mortalité chez les enfants, surtout dans les classes pauvres. Cette mesure ne dût-elle même sauver la vie qu'à un seul enfant sur an, il faudrait encore l'adopter.

» Par toutes les considérations exposées au Sénat, la commission pense qu'il y a lieu d'accueillir favorablement les trois pétitions et d'en ordonner le renvoi au ministre de l'intérieur. (Appuyé! appuyé!)

» (Le double renvoi est ordonné.)

» CAFFE. »

PROMENADES DANS PARIS.

-∞-

LE PÈRE ARSÈNE [1]

Nous remontâmes en voiture, et nous dîmes au cocher de gagner au plus tôt les quais de la rive droite, et de prendre ensuite la rue du Temple.

[1] Voir le 1er volume, pages 69 et 166; le 2e volume pages 112 et suivantes.

Le Père Arsène paraissait souffrant et remuait à chaque instant ses pieds.

— Qu'avez-vous, mon cher professeur? lui dis-je.

— Ce matin, répondit le Père Arsène en poussant un soupir, j'avais pris l'omnibus du Roule aux Filles-du-Calvaire, j'étais installé depuis vingt minutes, lorsque, devant Saint-Eustache, je vis de loin une grosse commère qui, avec son parapluie, faisait le télégraphe pour exprimer son intention de voir arrêter la voiture. Comme le conducteur commençait la recette de l'*impériale*, l'omnibus de continuer sa route, et la femme aux puissantes mamelles de courir après. Ce manége dura cinq minutes ; enfin la formidable commère attrapa le véhicule peu galant. A peine la pratique essoufflée eut-elle posé le pied dans l'intérieur de l'omnibus, que le conducteur, en retard et mécontent, tira la ficelle, et la femme monolithe de trébucher et de m'aplatir avec cent cinquante kilos, première catégorie, sans réjouissance, au moins pour moi, je vous assure...

— Père Arsène, un Romain serait rentré chez lui.

— En descendant en même temps que moi, un acrobate de l'impériale a fait subir à mon chapeau l'aplatissement que la Vénus des halles avait causé à ma chétive personne.

— Calmez-vous, Père Arsène, je ne suis pas actionnaire de la Compagnie des Omnibus, et je vous rédigerai un petit article qui garantira désormais votre personne et votre chapeau de tout renfoncement profane.

Cette assurance modéra l'affliction du vieillard, et la calèche de milord suivit à gauche le boulevard du Temple pour gagner la Bastille.

— Monsieur le Directeur, dit Walter Bruce, pourquoi a-t-on donné à cette belle voie le nom de boulevard du Temple ?

— Parce que cette voie rappelle les chevaliers du Temple, auxquels près du quart de la ville de Paris appartenait au commencement du quatorzième siècle.

— Ces pauvres chevaliers ont été cruellement décimés par Philippe le Bel, dit le Père Arsène en poussant un gros soupir qui rappelle son accident du matin.

— Milord, voilà notre cher professeur qui va toiser le Roi Philippe le Bel avec un instrument constitutionnel.

— Que pensez-vous de ce grand événement ?

L'ordre du Temple formait un état dans l'État. La superficie de la ville de Paris était sous Philippe le Bel de 2,528,633 mètres, sur lesquels les Templiers en possédaient plus de 600,000, sans compter ce qu'ils avaient au delà du rempart vers le nord, où se dressait leur habitation, véritable forteresse plus imposante et surtout plus redoutable que le Louvre.

Les bâtiments occupés par les chevaliers étaient aussi magnifiques que les résidences royales. Pendant le séjour qu'il fit à Paris, en 1254, le roi d'Angleterre, Henri III, choisit le Temple pour sa demeure, de préférence à celle que Louis IX lui avait offerte dans son palais de la Cité.

Le château du Temple était flanqué de tours, orné

de jardins superbes et de cours spacieuses ; une muraille crénelée en défendait les approches, et un fossé profond régnait autour de la muraille. Là, ces religieux guerriers régnèrent en despotes pendant plus d'un siècle et demi, opposant aux rois de France une juridiction que nos souverains étaient obligés de respecter. Le Temple était une forteresse si sûre, que Philippe le Hardi y fit transporter le trésor royal. Philippe le Bel imita cet exemple, et demanda l'hospitalité aux Templiers lors de l'émeute qui éclata dans Paris après l'altération des monnaies. Philippe le Bel eut tout le loisir de compter les richesses des Templiers, de mesurer leur influence, qui pouvait contre-balancer l'autorité royale.

L'hospitalité qu'il reçut au Temple fit réfléchir le Roi !...

Ces religieux, dont l'organisation était formidable, possédaient les plus belles terres de France ; leurs champs étaient mieux cultivés, leurs palais mieux entretenus que les champs, que les palais de nos rois.

Les Templiers faisaient avec d'immenses bénéfices le commerce des blés ; ils en eurent un moment le monopole. Bientôt ces moines guerriers se livrèrent à toute l'insolence et à tous les vices qu'engendrent l'orgueil et les richesses. A eux les meilleurs vins, les mets les plus exquis, les plus belles femmes, les vêtements les plus riches ! Le proverbe *boire comme un Templier* devint populaire et l'est encore.

Ce ne furent pas seulement leurs richesses qui tentèrent Philippe le Bel, leur puissance portait ombrage au Souverain ; leur organisation militaire et religieuse mettait surtout en question l'autorité royale. — Telle fut la véritable cause de leur perte.

J'en étais là de mon discours ; l'émotion que le Père Arsène avait éprouvée, par suite de la pression un peu énergique de la grosse commère, qui avait dédaigné la tringle protectrice dans l'omnibus, força le digne professeur à des stations devant ces petites colonnes que l'attention pudibonde de nos Édiles a judicieusement espacées sur nos boulevards.

En revenant prendre place dans la calèche, le Père Arsène semblait en proie à une vertueuse indignation et murmurait ces mots :

EXPOSITION UNIVERSELLE

BAUME DE COPAHU!

Telle est, messieurs, l'inscription invariable qui flamboie dans le creux de ces petits monolithes. Que pensez-vous de cette exhibition permanente, mon cher fils?

— Je pense, Père Arsène, que les étrangers doivent regarder la ville de Paris comme le grand hôpital des vénériens de l'Europe. Il est vrai que la Compagnie de l'affichage a cherché à gazer l'inconvenance de ces petits monolithes...

— Comment cela, mon cher élève?

—Voyez ce globe semé d'étoiles d'or sur fond d'azur qui domine chaque petite colonne.

— Eh bien?

— Maintenant, affirme la Compagnie, la pudeur est sauve, et tout est pour le mieux.

Nous avions dépassé le boulevard des Filles-du-Calvaire, qui doit son nom à une communauté religieuse, dont le jardin limitait au nord l'ancien rempart, et nous étions sur le boulevard de Beaumarchais, créé, en 1670, sous le nom de boulevard Saint-Antoine. Le nom actuel de cette voie publique est celui de l'auteur du *Barbier de Séville* et du *Mariage de Figaro*, dont la propriété absorbait tout l'espace limité par la rue Daval, le boulevard, la rue Amelot et la place Saint-Antoine.

— Nous voici sur la place de la Bastille, qui rappelle des souvenirs historiques dignes de l'attention de Votre Seigneurie ; mais je craindrais d'être un peu long...

— Dites toujours, Monsieur le Directeur, je suis sûr du contraire.

— Hugues Aubriot, Prévôt de Paris sous Charles V, posa la première pierre de la Bastille Saint-Antoine, le 22 avril 1370. Quoique cette forteresse fût affectée principalement aux prisonniers d'État, cependant le roi Henri IV y fit garder le trésor royal, ainsi que nous l'apprend le poëte Régnier dans sa treizième satire :

> Prenez-moi ces abbés, ces fils de financiers
> Dont depuis cinquante ans les pères usuriers,
> Volant de toute main, ont mis en leur famille
> Plus d'argent que le Roi n'en a dans la Bastille.

Sully nous dit dans ses Mémoires vers l'an 1610 : —

« Le Roy avoit, pour lors, quinze millions huit cent
» soixante-dix-huit mille livres dans les chambres voû-
» tées, coffres et caques, étant en la Bastille, outre dix
» millions qu'on en avoit tirés pour les bailler au tré-
» sorier de l'épargne. »

Mais bientôt la Bastille redevint prison d'État.

Au sujet de cette forteresse qui terrifiait les Parisiens, l'histoire a consigné un fait assez plaisant.

Quelques années avant la révolution, l'avocat Linguet fut mis à la Bastille ; là, ce prisonnier s'occupait
encore à écrire des mémoires contre le gouvernement.
Un jour, un homme pâle, grand et fluet entre dans son
cachot.

— Pourquoi me dérangez-vous ? dit Linguet avec
l'accent de la colère.

— Monsieur, je suis le barbier de la Bastille, répondit le Figaro des prisonniers d'État.

— Ceci est différent, mon cher ; puisque vous êtes le
barbier de la Bastille, *faites-moi le plaisir de la raser.*

Et Linguet se remit à écrire.

L'enceinte de la Bastille, y compris les huit tou-
relles, absorbait une superficie de.... 2,670 mètres.
La deuxième enceinte............ 7,800
Bastion et jardin attenant au fort.. 4,080

Ensemble......... 14,550 mètres.

La Bastille Saint-Antoine fut démolie, comme on le
sait, en juillet 1789. Une loi de 1792 a prescrit la formation d'une place sur le terrain qu'elle occupait.

Au sud-est de la place de la Bastille on voyait encore, il y a quelques années, un éléphant colossal, auquel se rattachait un souvenir de gloire. Un décret de février 1811 ordonna que les canons conquis dans la campagne de Friedland formeraient le bronze du monument, la chair de l'éléphant.

La place de la Bastille, qui annonce Paris à l'est de cette ville, est loin de ressembler à sa sœur cadette la place de la Concorde, si luxueuse avec ses fontaines aux panaches élégants, ses statues, ses arbres qu'on avait ornés de fraises comme les mignons de Henri III et affublés de douillettes comme celles de nos grand'-mères.

La place de la Concorde a le superflu, la place de la Bastille manque du nécessaire.

— Et sa colonne, dite de Juillet?

— Milord, que Dieu nous épargne les monuments qui rappellent nos discordes civiles! Ce bronze est un triste enseignement en face d'un faubourg!..... Que toutes nos opinions se confondent dans une seule et grande passion, l'amour de la patrie. — Gagnons au plus vite les quais. Nous sommes sur le boulevard Bourdon. Voici, à droite, le Grenier de réserve.

— Quelle est donc, mon cher Directeur, l'étymologie du nom de ce boulevard?

— Milord, sa signification est héroïque. Le décret impérial de février 1806, qui ordonne la formation de cette voie publique, porte : *Elle sera nommée boulevard Bourdon, en mémoire du colonel du 11ᵉ régiment de dragons, tué à la grande armée.*

— Voilà une rue dont l'état civil est constaté par la gloire.

— Il en est de même, Milord, du boulevard Morland, que nous allons suivre en tournant à droite. Le décret a une date semblable. *Morland* était un colonel des chasseurs de la garde, tué à Austerlitz.

— Quelle est donc, monsieur le Directeur, le nom de cet emplacement, dont l'isolement et l'abandon attristent les regards ?

— C'est l'ancienne *île Louviers*, milord. Son histoire n'est pas sans intérêt, surtout au point de vue administratif.

— Nous t'écoutons, mon cher fils.

— Autrefois la Seine, large et profonde en cet endroit, par un détour capricieux, enfermait en s'inclinant vers le nord, tout ce terrain, connu au quatorzième siècle sous le nom d'*île de Javeau* (c'était la dénomination affectée à une île formée de sable et de limon par un débordement).

Un siècle après c'était l'*île Louviers*, parce que Nicolas de *Louviers*, seigneur de Cannes, depuis Prévôt des Marchands de la bonne ville de Paris, en avait fait l'acquisition.

En 1549, si j'ai bonne mémoire, nos Échevins élevaient sur cette île un fort, un pont et une espèce de havre, pour donner à Henri II et à Catherine de Médicis le spectacle d'un combat naval et de la prise d'une forteresse.

L'île Louviers fut plus tard, en 1671, je crois, concédée à la Ville de Paris, moyennant 61,500 livres. En

1808, son emplacement fut affermé aux marchands de bois pour 40,000 fr. de location annuelle.

J'arrive, milord, à l'étrange combinaison administrative que je vous ai fait pressentir. N'oubliez pas la location annuelle de 40,000 fr.

En 1841, une ordonnance supprime le marché au bois à brûler. En 1843, on comble le petit bras du fleuve. On établit le quai Henri IV, que vous apercevez là-bas, et les rues Coligny et de l'Ile-Louviers sont tracées.

Depuis cette époque, tout ce vaste emplacement est frappé de stérilité. En 1848, après la révolution, une partie sert à un baraquement de troupes ; le surplus est loué par la Ville à des entrepreneurs qui viennent y déposer des débris d'escaliers, de vieilles fenêtres, des portes défoncées, le tout provenant des nombreuses démolitions qui commençaient dans Paris. Regardez, milord, car la parole ne saurait vous faire comprendre l'aspect repoussant, la physionomie platement hideuse de cette horrible collection de vieux matériaux. On dirait d'une ville prise d'assaut, dont la bombe et le boulet auraient brûlé ou écrasé les constructions, et cela, à quelques minutes, en face du Jardin des Plantes, de cet abrégé de l'Univers, de cet établissement scientifique sans rival dans le monde !

Résumons en quelques mots l'opération administrative : perte d'un revenu annuel de 40,000 fr., depuis 1843, c'est-à-dire depuis bientôt vingt ans, ajoutez les intérêts qu'il faut capitaliser, puis, représentez-vous une superficie de 33,638 mètres laissée sans emploi

dans un quartier où le terrain vaut plus de 150 fr. le
mètre, surtout avec un bon lotissement qui ménagerait
des constructions en bordure d'un quai d'où l'on découvre un panorama vraiment splendide. Vous voyez,
milord, que si je suis fier comme Parisien de cette
Reine qu'on appelle la Ville de Paris, il y a bien des
haillons sous sa robe de pourpre lamée d'or, brochée
de perles, de diamants et de rubis.

Votre Seigneurie est maintenant sur les quais de la
rive droite, que Napoléon Ier préférait justement aux
boulevards, parce que, disait Sa Majesté, *les monuments
y ont plus d'air et s'y comportent mieux dans le panorama de Paris.* Aussi, l'Empereur répétait souvent au
comte Frochot, son Préfet de la Seine : *Je veux faire
des quais deux voies splendides, avec des statues, de
distance en distance, aux grands hommes de l'Europe!*
Nous voici, messieurs, sur le quai des Célestins,
dont le nom rappelle le couvent des Célestins, institué
par le pape Célestin V. Touché de leur piété autant que
de leur bienfaisance, le roi Charles V leur fit construire
une nouvelle église en 1365.

Un nombre considérable de princes et de princesses
avaient leur sépulture dans cette église qui touchait à
l'hôtel royal Saint-Paul , dont j'aurai l'honneur de
parler à Votre Seigneurie.

— Mon cher fils, si j'ai bonne mémoire, les bâtiments des Célestins furent affectés provisoirement, en
1791, à l'établissement des Sourds-Muets et des Aveu-
gles-nés ; les ouvrages d'art que renfermait l'église ont

été transportés au musée des monuments français par les soins d'Alexandre Lenoir, qui préserva d'une ruine certaine un grand nombre de chefs-d'œuvre voués à la destruction par le vandalisme des révolutionnaires.

— Comment se fait-il, monsieur le Directeur, que la statue d'Alexandre Lenoir, qui a si bien mérité de la Ville de Paris, ne décore pas la façade de son Palais Municipal?

— Sans doute, Milord, nos Édiles eussent été noblement inspirés en acquittant cette dette sacrée.

— Vos administrateurs modernes, mon cher fils, dit le Père Arsène avec exaltation, ont préféré glorifier des poëtes, des savants récompensés ailleurs ou des hommes politiques sur lesquels l'histoire n'a pas dit son dernier mot, que d'accorder une généreuse hospitalité soit à de grands magistrats, leurs prédécesseurs ou leurs exemples, soit à des hommes courageux, à de vrais enfants de Paris comme Alexandre Lenoir, qui a sauvé, au péril de sa vie, des chefs-d'œuvre que cent millions ne payeraient pas à leur juste valeur, si Dieu nous accordait assez de génie pour en composer de pareils.

— Père Arsène, vous allez faire excommunier notre cher Directeur par tout l'aréopage municipal.

— Le dévouement d'Alexandre Lenoir fut spirituel et plein d'héroïsme.

La Convention avait ordonné que tous les monuments de bronze seraient fondus pour être convertis en canons; Lenoir badigeonne en blanc les plus remarquables et les sauve.

Un jour, des forcenés allaient briser une statue; Lenoir, à bout de supplications, exténué de fatigue, couvre le chef-d'œuvre de son corps. Un de ces brigands lui perce la main d'un coup de baïonnette; mais les autres, moins inhumains, protégent Lenoir en disant : « Toutes ces vieilleries ne valent pas la vie d'un citoyen. »

Je reviens, milord, au couvent des Célestins dévasté comme les autres.

— Pardon, mon cher fils, dit le Père Arsène. Je me rappelle avoir visité, en 1791, l'église des Célestins. Parmi les fastueux mausolées, on distinguait une toute petite tombe, couronnée d'une urne modeste. Cette urne renfermait le cœur d'un enfant, duc de Valois, et portait cette épitaphe que j'appris par cœur :

BLANDULUS, EXIMIUS, PULCHER, DULCISSIMUS INFANS,
DELICIÆ MATRIS, DELICIÆQUE PATRIS,
HIC SITUS EST, TENERIS RAPTUS VALESIUS ANNIS,
UT ROSA QUÆ SUBITIS IMBRIBUS ICTA CADIT.

— Père Arsène, cette épitaphe est charmante, et Malherbe en sait quelque chose.

— Monsieur le Directeur, gardez-vous de pousser une pointe latine au père Arsène, il vous faudrait ferrailler toute la journée.

—Milord, l'ancien couvent des Célestins est remplacé par la caserne de cavalerie que vous voyez là-bas. De l'autre côté de la rue du Petit-Musc et dans toute l'étendue du quai des Célestins se dressait l'hôtel royal Saint-Paul.

— Vous nous seriez agréable, monsieur le Directeur, de nous en rappeler l'origine.

— Bien volontiers. Son vaste emplacement s'étendait depuis le cours de la Seine jusqu'à la rue Saint-Antoine, et depuis la rue Saint-Paul jusqu'aux fossés de l'Arsenal et de la Bastille. Le dauphin Charles, régent du royaume pendant la captivité du roi Jean, acheta plusieurs hôtels, maisons et jardins, dont il forma un ensemble auquel il donna le nom d'*hôtel Saint-Paul*, en raison du voisinage de l'église ainsi appelée. Par lettres datées de juillet 1364, Charles V réunit l'hôtel Saint-Paul au domaine de la couronne et l'érigea en habitation du Roi pour tenir rang après le Palais Royal (aujourd'hui le Palais de Justice).

Dans le préambule de l'acte de réunion, on lit : *Considerant que nostre hostel de Paris, l'hostel Saint-Paul, lequel avons acheté et fait édifier de nos propres deniers, est l'hostel solemnel des grands esbatements...* Le même Roi agrandit sa demeure de l'hôtel des archevêques de Sens, situé sur le quai des Célestins, de celui de l'abbé de Saint-Maur et de celui du Put-y-Musc. Charles, son fils, occupa l'hôtel Saint-Maur, situé sur l'emplacement où depuis a été percée la rue Neuve-Saint-Paul.

Sur ces vastes terrains il fit aussi construire l'hôtel de la Reine, les bâtiments dits de Beautreillis, des Lions, de la Pissotte, et l'hôtel neuf du Pont-Perrin. Ces constructions, d'un genre différent, réunies dans une même enceinte et élevées à diverses époques, ne purent jamais former un ensemble régulier. Charles V logeait dans l'hôtel de l'archevêque de Sens, qui se trouvait sur le quai des Célestins.

Les historiens nous ont conservé quelques détails assez curieux sur l'appartement du Roi. Il consistait d'abord en une vaste antichambre et une chambre de parade, appelée la *chambre à parer*. Cette pièce, qui avait 30 mètres de longueur sur 12 de largeur, était aussi nommée *chambre de Charlemagne*.

A la suite de cette pièce on trouvait successivement celle du gîte du Roi, celle des nappes, la chambre d'étude, celle des bains, etc. Les poutres et solives des principaux appartements étaient ornées de fleurs de lis d'étain doré. Il y avait des barreaux de fer à chaque fenêtre, avec un treillage de fil de fer *pour empêcher les oiseaux de venir faire leurs ordures dans les chambres.*

Les vitres, peintes de différentes couleurs et chargées d'armoiries, de devises et d'images de saints, étaient semblables aux vitraux de nos anciennes basiliques. On n'y voyait d'autres siéges que des bancs ou des escabelles ; le Roi seul avait des chaises à bras garnies de cuir rouge avec franges de soie. Les lits, qu'on nommait couches alors, étaient recouverts d'un drap d'or. Les Mémoires du temps nous apprennent que les chenets de fer de la chambre du Roi pesaient 180 livres.

Dans l'hôtel Saint-Maur, aussi nommé de la *Conciergerie*, où logeaient le Dauphin Charles et Louis, duc d'Orléans, on remarquait une pièce appelée *le retrait où dit ses heures Monsieur Louis de France.* Les

III.   17

jardins n'étaient point plantés d'ifs et de tilleuls, mais de pommiers, de poiriers, de vignes et de cerisiers. On y voyait la lavande, le romarin, des fèves, de longues treilles. On sait que c'est d'une belle treille qui faisait le principal ornement de ces jardins et d'une belle allée plantée de cerisiers, que l'hôtel, la rue Beautreillis et celle de la Cerisaie ont pris leurs noms.

Les basses-cours étaient flanquées de colombiers et remplies de volailles que les fermiers des terres et domaines du Roi étaient tenus de lui envoyer, et qu'on engraissait pour sa table et pour celle de ses commensaux. On y voyait aussi une volière, une ménagerie pour les grands et petits lions.

Cet hôtel, comme toutes les maisons royales de ce temps, était flanqué de grosses **tours** ; l'on trouvait alors que ces constructions massives donnaient à de tels édifices un caractère de puissance et de majesté.

Le Roi, la Reine, les enfants de France, les princes du sang, le connétable, les chanceliers et les grands en faveur, y avaient d'immenses appartements, accompagnés de chapelles, de jardins, de préaux, de galeries. On y comptait plusieurs grandes cours, une entre autres très-spacieuse où se faisaient les exercices de chevalerie, avait pris le nom de *cour des joutes.*

Dans la suite, l'hôtel Saint-Paul où l'on respirait un air fétide, produit par le voisinage des fossés de la ville, fut abandonné par nos Rois, qui préférèrent le palais des Tournelles. L'hôtel Saint-Paul délaissé tombait en ruines, lorsqu'en 1516 François Ier voulut en vendre une partie à Jacques Genouillac, dit

Gaillot, grand maître de l'artillerie. Sur cet emplacement on établit dans la suite l'Arsenal. Toutes les autres parties de cette habitation furent successivement aliénées, et aux seizième et dix-septième siècles on ouvrit sur leur terrain des rues dont les noms rappellent les principaux ornements du palais de Charles V.

— Sans nous éloigner de la ligne des quais que nous avons choisie pour but de notre promenade, ne pourrions-nous pas, mon cher fils, entrer un peu dans la rue Saint-Paul, qui rappelle des souvenirs historiques ?

— Si cela convient à Sa Seigneurie, je n'y vois aucun inconvénient.

— J'ai la crainte seulement de vous fatiguer.

— Nullement, milord. Que Votre Seigneurie daigne regarder cette maison à l'angle droit de la rue Saint-Paul et de celle des Lions.

— Son aspect est sinistre avec ses vieilles murailles noircies par le temps.

— Milord, c'était la demeure de la marquise de Brinvilliers (1).

— Pauvre marquis de Brinvilliers, dit le Père Arsène, être ainsi en puissance de femme !

— Milord, les propriété 30 et 32 occupent aujourd'hui une partie de l'emplacement de l'ancienne église Saint-Paul.

Ce n'était d'abord qu'une simple chapelle sous le

(1) L'hôtel habité par la marquise de Brinvilliers porte le nº 6 dans la rue Saint-Paul et le nº 19 de la rue des Lions.

titre de *Saint-Paul.* Saint Éloi la fit bâtir vers l'an
633, au milieu d'un emplacement destiné à servir de
sépulture aux religieuses du monastère qu'il avait
fondé dans la Cité. En raison de sa situation hors des
murs de la ville, elle prit le nom de *chapelle de Saint-
Paul-des-Champs.* Cet oratoire fut plusieurs fois détruit par les Normands. Le quartier au centre duquel
s'élevait cette église s'augmenta considérablement sous
Charles V. Le prince habitait l'hôtel Saint-Paul ; les
courtisans vinrent alors se loger près de la demeure
royale et y attirèrent une foule de marchands et d'ouvriers. L'ancienne église Saint-Paul, devenue trop
petite, fut rebâtie par les libéralités de Charles V. La
dédicace eut lieu en 1431, par Jacques du Chastellier,
évêque de Paris. On y admirait les peintures des vitraux de la nef faites par Désaugives. Trois mignons
de la cour de Henri III, Quélus, Maugiron, tués en
duel le 27 avril 1578, et Saint-Mégrin, assassiné par
ordre du duc de Guise, le 21 juillet de la même année,
avaient été inhumés près du grand autel. Le roi leur
fit construire de magnifiques tombeaux, et l'on grava
aux pieds de leurs statues, extrêmement ressemblantes,
et qu'on devait au ciseau de Germain Pilon, plusieurs
épitaphes très-louangeuses. J'ai retenu celle qui était
placée sur la tombe de Maugiron ; la voici :

> La déesse Cyprine avoit conçu des cieux
> En ce siècle dernier, un enfant dont la vue
> De flammes et d'éclairs étoit si bien pourvue
> Qu'Amour, son fils aîné, en devint envieux.
> Chagrin contre son frère et jaloux de ses yeux,

Le gauche lui creva, mais sa main fut déçue ;
Car l'autre, qui étoit d'une lumière aiguë,
Blessoit plus que devant les hommes et les dieux,
Il vient en soupirant s'en complaindre à sa mère :
Sa mère s'en moqua ; lui, tout plein de colère,
La Parque supplia de lui donner confort.
La Parque, comme Amour, en devint amoureuse ;
Aussi, Maugiron gît sous cette tombe ombreuse,
Et vaincu par l'Amour et vaincu par la Mort.

Lorsqu'on apprit à Paris la mort des Guise, tués à Blois le 27 décembre 1588, par ordre de Henri III, le peuple, que les prédications des moines avaient rendu furieux, courut à Saint-Paul et détruisit les tombeaux de Quélus, de Maugiron et Saint-Mégrin, disant *qu'il n'appartenoit pas à ces méchants, morts en reniant Dieu, sangsues du peuple, d'avoir si braves monuments et si superbes en l'église de Dieu, et que leurs corps n'étoient pas dignes d'autre parement qu'un gibet.*

L'homme au masque de fer fut également enterré à Saint-Paul, le 20 novembre 1703, à quatre heures après midi, sous le nom de *Marchiali.* — Son enterrement coûta 40 livres.

Dans le cimetière Saint-Paul se trouvaient les sépultures du joyeux curé de Meudon et de l'illustre *Jules Hardouin Mansart*, l'un de nos architectes les plus célèbres. Le temps avait détruit la tombe de l'auteur de Pantagruel, de *François Rabelais*, mais on montrait encore avant la révolution l'arbre au pied duquel on l'avait inhumé.

Au mois de juin 1790, on déposa dans le cimetière de cette église les ossements de quatre squelettes trouvés enchaînés dans les cachots de la Bastille ; on leur éleva un monument sur lequel fut gravé cette inscription :

« Sous les pierres mêmes des cachots où elles gé-
» missaient vivantes, reposent en paix quatre victimes
» du despotisme ; leurs os, découverts et recueillis par
» leurs frères libres, ne se lèveront plus qu'au jour
» des justice pour confondre leurs tyrans. »

L'église Saint-Paul fut supprimée en 1790.

Séance du primidi, 21 *brumaire an II.*

« Les comités révolutionnaires de la section de l'Ar-
» senal, des Droits de l'Homme et de l'Indivisibilité,
» viennent annoncer au Conseil qu'ils se proposent de
» conduire à la Convention tous les ornements et l'ar-
» genterie de l'église Saint-Paul, ainsi que l'arche. —
» Nous porterons aussi, dit l'orateur, les clefs de saint
» Pierre ; le paradis est ouvert, nous pouvons tous y
» entrer. Le conseil applaudit à cette opération philo-
» sophique et en arrête mention au procès-verbal. »

(*Registres de la Commune*, tome XXII, page 13,304.)

Devenue propriété nationale, l'église Saint-Paul fut vendue le 6 nivôse an V, et démolie deux années après. Le culte a été transféré dans l'ancienne église des Jésuites de la rue Saint-Antoine.

A côté de l'église Saint-Paul, on voyait un vieux bâtiment appelé la *Grange-Saint-Éloi*, qui servait de prison publique.

Lors des débats sanglants des Bourguignons et des Armagnacs, cette prison, comme toutes celles de Paris à cette époque, fut le théâtre des plus horribles assassinats. Le 12 juin 1418, les égorgeurs, qui s'étaient organisés en confrérie à Saint-Eustache sous le nom de *Confrérie de Saint-André,* assaillirent la prison de Saint-Éloi et massacrèrent les prisonniers. Un seul, Philippe de Vilette, abbé de Saint-Denis, parvint à se soustraire à leur fureur. Il se revêtit de ses habits sacerdotaux, se mit à genoux devant l'autel, tenant en ses mains une hostie consacrée. Les assassins s'arrêtèrent et n'osèrent le frapper ; il fut sauvé.

Cette prison, depuis destinée aux femmes, a été supprimée au commencement de la révolution.

— Maintenant, milord, retournons bien vite sur les quais.

Nous sommes sur le *quai Saint-Paul.* Là, se dressait anciennement la *porte Barbette-sur-l'Iaue,* qui faisait partie de l'enceinte de la ville de Paris sous Philippe-Auguste. De ce côté, la muraille était flanquée de tours carrées et suivait parallèlement le bord de la Seine jusqu'à l'endroit où débouche actuellement la gare de l'Arsenal sur le quai ; puis se brisant brusquement, le mur d'enceinte décrivait une perpendiculaire au fleuve jusqu'à la porte Saint-Antoine.

A l'angle formé par le fossé de l'Arsenal et le cours de la Seine on voyait une tour ronde qu'on nommait *tour de Billy* ou *de l'Écluse.* Elle a subsisté jusqu'en 1538 ; à cette époque, elle fut détruite par la foudre qui enflamma les poudres que contenait l'édifice. L'explosion fut terrible et se fit sentir jusqu'à Corbeil.

— Nous voici, mon cher fils, sur le *quai des Ormes.*

— Oui, Père Arsène, ce quai était déjà planté sous Charles V d'ormes magnifiques. Son voisin, le quai de la Grève, s'appelait à la même époque le *chemin aux Merrains* (aux marchands de bois de charpente). C'était encore, il y a trente ans, le *port au Blé* et parfois lors des débordements du fleuve, les flots, montant sans obstacle, venaient battre les murailles du vieil Hôtel de Ville de Paris.

Nous allons nous arrêter un instant, messieurs, dans ces parages. Si vous me le permettez, je vous expliquerai les études que j'ai faites sur l'ensemble des travaux exécutés dans l'intérêt des abords de l'Hôtel de Ville et des Halles Centrales. J'espère, milord, que mes réflexions ne seront pas sans utilité pour l'ouvrage que vous méditez.

— Monsieur le Directeur, nous vous écoutons.

— Mes études, messieurs, ont embrassé le périmètre dont voici la délimitation.

A l'est, l'église Saint-Gervais, l'Hôtel de Ville et les casernes. A l'ouest, la place du Louvre, Saint-Germain l'Auxerrois et la nouvelle mairie du 1er arrondissement.

Au nord, les Halles Centrales, les rues de Rambuteau et Coquillière. Au midi, les quais de la Grève, Le Peletier, de Gesvres, de la Mégisserie et de l'École.

Depuis vingt années, plus de 80 millions ont été dépensés dans ce périmètre dont vous pouvez apprécier la transformation en comparant un plan de Paris de 1843 avec un plan de cette ville en 1863. Reconnaissons de suite que les plus grandes et les plus utiles améliorations, au profit de cette partie de la ville, ont été réalisées par le gouvernement actuel.

Au point de vue de l'assainissement de la Capitale, cette transformation est précieuse d'humanité. — Ce quartier des Arcis sillonné surtout de ruelles étroites, malsaines, hideuses, renfermait une population de bohêmes et de prostituées dont l'agglomération était dangereuse à deux pas de l'Hôtel de Ville ; toutes ces ruelles ont été assainies, transformées ou effacées de la carte de Paris.

Honneur au gouvernement qui a fait disparaître une de ces lèpres hideuses qui finissent, en s'étendant lentement mais toujours, par gangrener une grande Cité !

Cette justice, rendue dans toute la sincérité de la conscience de l'écrivain, nous allons examiner ensemble si l'Édilité actuelle a toujours été dans les détails d'exécution éminemment parisienne.

Ici, deux mots, milord. Enfant de Paris, j'ai pour cette ville une affection qui tient et de la tendresse qu'un fils a pour sa mère et de l'amour qu'on ressent pour une femme à laquelle on découvre chaque jour un charme nouveau. Cet amour est toujours jeune et toujours ambitieux.

Aimer ma belle ville de Paris, l'admirer, la cajoler, c'est tout mon plaisir, ma jouissance, mon orgueil, ma vie de Parisien. Eh bien ! milord, cette exaltation ou cette folie, comme il vous plaira de l'appeler, fait que je suis heureux du luxe dont on l'entoure, que je souffre quand on l'affuble d'ornements vulgaires et sans goût.

— Mon cher fils, dit le Père Arsène avec exaltation, c'est aussi la tendresse que je ressens pour la ville de Paris.

— De par Dieu, messieurs ! la ville de Paris est une femme qui a bien des amoureux.

— Milord, tous ceux qui regardent quelque temps cette sirène, sont éblouis, enivrés, enchaînés, esclaves, à genoux ! Impossible de la quitter sans regret, sans un déchirement du cœur; on lui promet de revenir et l'on revient bientôt plus épris, plus fou, plus esclave qu'avant ; c'est que voyez-vous, milord, ses beautés, ses charmes sont réels, visibles, palpables, sans crinoline.

— C'est bien cela, je le sens, mon cher fils, dit le Père Arsène en roulant des yeux à faire peur à une vivandière.

— Milord, excusez ma folie, je reviens à la raison. Apercevez-vous, à droite, la partie élevée d'un portail?

— Certainement, monsieur le Directeur.

—Eh bien, milord, ce portail, celui de l'église Saint-Gervais, est l'œuvre de Jacques de Brosse, l'architecte du palais du Luxembourg.

— Quel malheur, dit le Père Arsène, que cette église ait été bloquée par deux casernes. Comme sa belle et noble architecture eût été heureuse de se mirer dans le fleuve. Du quai de la Grève, où nous sommes, et du quai Napoléon, le promeneur eût été charmé de pouvoir admirer ses nobles proportions.

— Père Arsène, il importait de donner satisfaction à un grand intérêt de sécurité publique, de bâtir ces casernes pour mettre le palais Municipal à l'abri de toute insulte.

— Mon fils, toute la question doit être posée en ces termes rigoureux : Pouvait-on combiner la sûreté de l'Hôtel de Ville avec le dégagement complet et monumental de l'église Saint-Gervais et du palais municipal à l'est de l'édifice ?

— Père Arsène, je pense que ces deux combinaisons pouvaient se produire et prospérer en bonne intelligence.

— Vois, mon cher élève, cette petite place, ce vestibule de l'église Saint-Gervais, resserré, étouffé entre les deux casernes; comme ce vestibule est étroit, mesquin, sans caractère ! En tournant le dos au portail, nous n'avons devant les yeux qu'une partie de la *façade* de l'Hôtel de Ville ; le monument se présente tronqué, mutilé, ce n'est plus qu'un lambeau d'architecture.

— Gagnons, milord, la rue de Rivoli, pour venir ensuite sur la place de l'Hôtel de Ville où nous aurons un examen sérieux à faire.

— Comment se peut-il, mon cher fils, que les maisons de la rue de Rivoli, en face de la caserne, maisons construites il y a quelques années, subissent des escaliers de pierre en bordure de la voie publique ? L'on savait très-bien que la rue de Rivoli ne s'arrêterait pas à la caserne, où elle n'eût formé qu'une impasse. Le nivellement devait donc être étudié pour raccorder le sol de la rue de Rivoli avec celui de la rue Saint-Antoine.

C'est précisément ce qu'on a oublié. Quand le prolongement de la rue de Rivoli a été effectué et les maisons bâties, il a fallu creuser le sol. Aujourd'hui, les constructions nouvelles ont l'air de vouloir s'envoler, et il faut grimper plusieurs marches au lieu d'entrer de plain pied dans les boutiques. Messieurs, retournons sur la place de l'Hôtel-de-Ville. Comme observation préliminaire, regardez à droite cette rue qui débouche sur cette place, au croisement de la rue de Rivoli.

— C'est la rue du Temple, mon cher élève.

— Autrefois la rue des Coquilles, Père Arsène. Lors du prolongement de la rue de Rivoli, il eût été rationnel de profiter de cette circonstance pour ne pas rétablir les deux maisons d'angle, afin de donner à ce tronçon de la rue du Temple une largeur en rapport avec le long développement de la grande artère.

— En administration, cette vérité est élémentaire.

— Eh bien, Père Arsène, on a permis de reconstruire, sur un alignement à DIX MÈTRES de *largeur*, dans la partie la plus encombrée de cette rue, dont la longueur avec son faubourg est de 2,422 mètres.

Il est juste de rappeler que cette faute a été commise avant la nomination du préfet actuel. Milord, ordonnez à votre cocher d'arrêter; il nous faut descendre pour parcourir à pied et en tout sens le périmètre dont je vous ai parlé.

Le Père Arsène saute à bas de la voiture avec cet

orgueil de vieillard toujours ambitieux de singer la jeunesse, puis le cher professeur se plante en saule pleureur devant les deux bâtiments qui se dressent en face de l'Hôtel de Ville.

— Monsieur le Directeur, veuillez me faire part de vos observations au sujet de cette place, de ce vestibule du palais Municipal et des abords du monument.

— Milord, comme je l'ai dit à Votre Seigneurie, au point de vue de la salubrité, ce qui a été fait est précieux d'humanité ; cette transformation du vieux Paris constituera un jour la gloire de l'Édilité actuelle. Mais si l'on examine ces travaux en élevant son intelligence à l'unisson de la splendeur de la Capitale, des défauts se dressent çà et là devant nous et viennent humilier notre orgueil de Parisien.

L'opinion que je vais émettre n'est pas une appréciation uniquement personnelle et par cela même sujette à l'erreur, cette opinion qui va se formuler nettement est une émanation de tout un public d'élite.

Posons tout d'abord cette question : A quels principes devait-on l'obéissance et le respect en construisant une nouvelle place pour l'Hôtel de Ville de Paris ?

Évidemment, la physionomie de la nouvelle voie devait refléter en quelque sorte l'architecture et l'ornementation du palais Municipal ; il fallait donc que les maisons de la rue de Rivoli, celles qui étaient appelées à l'honneur de former le côté nord de la place, eussent des façades symétriques et monumentales. Il en devait être ainsi pour les bâtiments à élever en face du palais et sans aucun mélange ni replâtrage de constructions à la moderne. Au midi, il n'y avait rien à faire, rien à gâter ; c'est le fleuve qui sert de limite à la place de l'Hôtel-de-Ville, et dans le fond l'église Notre-Dame avec sa splendide architecture.

— Maintenant, messieurs, examinez et prononcez : nos Édiles ont-ils donné pleine et entière satisfaction à cette nécessité de respect et de magnificence envers un édifice éminemment historique et bien placé comme œuvre d'art dans l'estime de l'Europe ?

— Non, mon cher fils, la place au nord a été habillée à la moderne ; la rue de Rivoli, comme une parvenue et une insolente qu'elle est, passe son chemin sans saluer la place de l'Hôtel-de-Ville. A l'ouest, on a greffé une architecture, réminiscence peu courtoise de l'ancien palais Municipal sur deux maisons, tristes et pauvres expressions de l'époque actuelle ; de sorte qu'il en résulte une incohérence de styles, un accouplement contre nature qui a produit ce que vous voyez, c'est-à-dire quelque chose sans définition dans le langage artistique, un être sans sexe bien accentué qu'on regarde en lui demandant : D'où viens-tu ? — Pardon, mon cher fils, de cette interruption.

— Je vous en remercie, Père Arsène, votre appréciation étincelante de vérité est éminemment parisienne. Je continue.

Tournons le dos à l'Hôtel de Ville pour examiner ces deux bâtiments ; le premier, à gauche, est le siége de l'administration hospitalière ; le second est une annexe des bureaux de l'Hôtel de Ville.

Pour asseoir son édifice, l'architecte des hospices, M. Labrouste, a disposé d'un périmètre moins désavantageux que l'emplacement défectueux et tronqué que l'architecte municipal, M. Baltard, a dû subir; aussi, en déplorant le triste aspect de la cour du nouvel hôtel des bureaux ressemblant à un puits énorme, à un vaste réservoir, nous exprimons un regret sans formuler un reproche à l'endroit de l'habile et savant architecte des Halles Centrales. Milord, vous plairait-il d'entrer dans l'avenue Victoria ?

— Je vous suis, monsieur le Directeur.

Arrivés à l'extrémité de ce tronçon d'avenue, le Père Arsène se plaça, d'après mon invitation, dans l'axe de la porte d'entrée du milieu de l'Hôtel de Ville, au-dessus de laquelle resplendit la noble image du Roi Henri IV.

— Maintenant, dis-je au Père Arsène, regardez l'Hôtel de Ville et faites-nous part de vos impressions.

— Messieurs, l'aile droite du palais Municipal a l'air de se dérober, et le cadran de l'horloge semble avoir l'intention d'aller se jeter dans la Seine.

— Eh bien, milord, notre cher professeur exprime là un sentiment parisien, c'est-à-dire naturel, juste et artistique.

L'avenue Victoria aurait été une voie publique utile nécessaire, monumentale, si l'on eût appliqué l'idée de Henri IV, de Louis XIV et de Napoléon Ier, qui tous trois avaient projeté de rattacher le Louvre au palais Municipal par un boulevard splendide (1).

(1) Les dépenses nécessitées ou mieux glorifiées par la

Cette grande idée écartée dans le but de sauvegarder à tort ou à raison l'église Saint-Germain-l'Auxerrois, à quoi bon alors ce trait d'union, ce tronçon d'avenue; à quoi bon cette parallèle écourtée de la ligne des quais et de la rue de Rivoli ?

Dans cette situation, l'Hôtel de Ville, n'ayant pas même pour horizon l'hôtel des Postes, dont le projet est abandonné, l'Hôtel de Ville sera-t-il condamné à subir pour perspective une construction particulière, c'est-à-dire, et soyez-en sûrs, quelque chose de mesquin, de vulgaire, sans couleur, sans sexe comme sans nom ?

Quelqu'un me frappa légèrement sur l'épaule; je me retournai, c'était un Conseiller municipal.

Louis Lazare.
(La suite dans le 4e volume.)

lutte héroïque que la France soutint contre l'Europe coalisée firent abandonner, par Napoléon, le beau projet de la grande voie impériale devant partir de la colonnade du Louvre pour aboutir au rond-point de la barrière du Trône. Toutefois, l'Empereur prescrivit au comte Frochot, Préfet de la Seine, l'étude d'une avenue monumentale entre le Louvre et le palais Municipal.

LES

CONSULTATIONS DE Mᵉ THIBAULT

SUR LES EXPROPRIATIONS

DES LOYERS D'AVANCE

— Bonjour, mon cher locataire, je viens, selon l'usage, vous faire ma petite visite trimestrielle. Voici votre quittance.

— Mais, monsieur Bourgeois, je n'ai pas d'argent pour vous.

— Comment ! vous auriez oublié que c'est aujourd'hui le 15 avril ! vous, le plus ponctuel de tous mes locataires, et qui n'avez jamais eu de retards dans vos payements !

— Mais pas du tout.

— Alors, je vois ce que c'est, vous aviez compté sur une rentrée qui n'est pas faite, mais soyez tranquille, j'ai eu de trop bons rapports avec vous depuis treize ans passés pour vous tourmenter au moment de nous quitter. Je vais attendre quelques jours.

— Non, vous n'y êtes pas ; je ne vous paye pas parce que je ne vous dois plus rien.

— C'est une plaisanterie. N'avez-vous pas occupé ma maison ces trois derniers mois comme les autres?

— Incontestablement; mais vous ne vous rappelez donc pas, à votre tour, que nous sommes expropriés vous et moi pour le terme de juillet prochain, et que le 31 décembre dernier j'ai reçu de M. le Préfet de la Seine un congé pour avoir à quitter ma boutique le 15 juillet prochain ; or, puisque mon bail finira à cette époque, je suis dans les six derniers mois de jouissance sur lesquels les six mois de loyer payés d'avance doivent s'imputer.

— Par exemple! mais vous savez bien que je n'ai que le revenu de ma maison pour vivre, je ne m'attendais guère à votre refus. Il est impossible que cela se passe ainsi, et puis, du reste, j'ai consulté un de mes amis, qui m'a dit que j'avais le droit de me faire payer jusqu'au 15 juillet prochain inclusivement.

— Eh bien, et mes six mois d'avance seront donc perdus ?

— Non, je vous les rembourserai le jour où je toucherai mon indemnité.

— Mais j'ai besoin de cet argent-là pour donner mes six mois d'avance au propriétaire de la nouvelle maison où je dois aller, et il ne me laissera pas commencer mon installation sans cela.

— S'il en est ainsi, je ne vois plus qu'un moyen de nous en tirer l'un et l'autre et de nous éclairer sur nos droits respectifs sans faire de procès qui nous mangerait plus d'argent que nous ne voudrions, c'est d'aller consulter M⁰ Thibault et de nous en rapporter à lui.

— M⁰ Thibault?

— Oui, vous savez bien, cet ancien avocat à la Cour de Cassation, qui a vendu sa charge dernièrement et qui se fait un plaisir d'arranger les affaires du quartier, par bienveillance, en donnant de bons conseils gratis aux voisins.

— Parfaitement, j'y suis, c'est lui qui a arrangé le procès du plombier à côté.

— C'est cela même.

— C'est entendu, allons-y ensemble, j'ai pleine confiance en lui.

Dix minutes après, le locataire et le propriétaire se trouvaient dans le cabinet de M⁰ Thibault, et lui exposaient le sujet de leur visite.

Après les avoir religieusement écoutés et savouré une copieuse prise de tabac, M. Thibaut leur dit :

— Si je vous ai bien compris, il s'agit de savoir si vous, M. Bourgeois, propriétaire, avez le droit de vous faire payer par votre locataire M. Faber, ici présent, le terme échu aujourd'hui, alors que la maison doit être expropriée pour le 15 juillet, et qu'il y a six mois de loyer payés d'avance ?

— C'est bien cela.

— Puisque vous me demandez mon avis, le voilà : Monsieur Bourgeois, c'est vous qui avez tort.

— Ah ! fit M. Bourgeois d'un air profondément désappointé ; pensez donc, monsieur Thibaut, que ma maison est ma seule fortune, c'est le produit de vingt années de travail ; je n'ai absolument que les loyers qu'elle rapporte pour vivre, et si l'on ne me paye pas, je serai donc obligé de voler ou de faire des dettes.

— Voyons, calmez-vous. Vous deviez bien savoir qu'à un moment donné cela arriverait, puisque vous aviez reçu six mois de loyers d'avance.

— D'abord, ce n'est pas moi qui les ai reçus. M. Faber était locataire dans la maison avant que je n'en devinsse propriétaire, c'est mon vendeur qui les avait palpés, et il a stipulé dans le contrat qu'il ne serait pas tenu de me les rembourser.

— C'est en effet l'habitude, ajouta Me Thibaut; c'est là une clause de style dans les contrats, et l'on n'y prête pas assez d'attention. Si vous aviez bien réfléchi, vous eussiez compris que votre vendeur, en ne vous remboursant pas les six mois d'avance, vous vendait sa maison d'autant plus cher.

— Je l'ai compris trop tard. Mais quand même je les aurais reçus, je ne les aurais plus aujourd'hui, ils seraient dépensés.

— Et quand seraient arrivés les six derniers mois, vous auriez donc jeûné ? Je ne vous croyais pas un prodigue, monsieur Bourgeois.

— Ah ! permettez, le bail a encore dix ans à courir, j'aurais économisé sur les dernières années pour couvrir le déficit. Mais je ne pouvais pas m'attendre à cette expropriation qui dérange toute ma fortune, et, sur laquelle j'aurai souvent à vous consulter, car elle me tracasse tant que j'en maigris.

— Tant que vous voudrez, mon voisin ; mais revenons à nos moutons, comme on dit. Je vais maintenant vous expliquer comment il se fait que vous avez tort.

Ce que vous n'avez pas compris, vous comme beaucoup d'autres, c'est que les loyers payés d'avance ne sont qu'une garantie donnée par le locataire à son propriétaire de sa solvabilité future.

— Mais on a déjà le mobilier.

— Alors pourquoi les loyers d'avance?

— Dame... parce que c'est l'usage.

—Oui, mais, reprit en souriant M. Thibault, l'usage a toujours une raison d'être, et la voici. Je sais bien que vous avez le mobilier du locataire comme garantie, mais pour le faire saisir et vendre, pour soutenir un procès, vous risquez souvent de manger tant d'argent, qu'il n'en reste plus assez pour vous payer, surtout s'il y a plusieurs termes d'échus.

— Très-bien, je comprends, ce n'est alors qu'un dépôt de garantie.

— Précisément, c'est une somme déposée entre vos mains, à laquelle vous n'avez en réalité droit que le jour où sont échus les derniers termes du bail. Dès lors, comme vous êtes supposé avoir toujours là sous la main les six mois d'avance, il est naturel que lorsque, en fait, la location vient à cesser par force majeure, on agisse comme si le bail prenait fin par l'expiration des délais convenus. Au contraire, le locataire, s'il vous payait jusqu'au dernier jour, se trouverait embarrassé pour aller payer ailleurs les six mois d'avance.

— Mais puisqu'il ne payera dans son nouveau local

que le jour où il entrera en possession, c'est-à-dire le 15 juillet prochain, et que ce jour-là moi je lui rembourserai, cela lui est égal.

— Pas tout à fait. — D'abord il peut avoir à les donner avant cette époque pour commencer son installation, ensuite quand la somme est grosse, il y a une perte d'intérêts qui peut avoir son importance, enfin vous êtes censé avoir les fonds en dépôt pour les six derniers mois de jouissance, comme en fait ce sont les six derniers mois qui arrivent, si vous ne les avez plus, c'est vous qui devez en supporter la peine, et non votre locataire, qui est dans son droit.

— Mais si je plaidais, qu'arriverait-il ?

— Vous perdriez, bien certainement, comme ont perdu bien d'autres avant vous. Si vous tenez à être renseigné, je vais vous donner les indications nécessaires pour retrouver la trace de cinq ou six jugements qui sont tout à fait de mon opinion.

Et fouillant dans un dossier, M. Thibault ajouta:

— Vous trouverez cela au cabinet de lecture du coin de la rue, dans les numéros de leur collection du journal *le Droit*, des 18 janvier, 24 avril, 13 décembre 1861, et 26 janvier 1862. Si cela ne vous suffit pas, je vous en chercherai et je vous en trouverai encore bien d'autres.

— Alors vous me conseillez de ne pas plaider ?

— Très-certainement, car vous en seriez pour votre peine et votre argent, et vous devez comprendre, maintenant, que ce serait justice.

— Allons, c'est dit, merci, monsieur Thibaut, nous

vous laissons à vos affaires. Moi, je vais tâcher de me procurer de l'argent ailleurs, je crois que c'est le mieux à faire (1).

BOGELOT,

Avocat à la Cour Impériale.

(Sera continué.)

EXPROPRIATIONS POUR CAUSE D'UTILITÉ PUBLIQUE

RECONSTRUCTION DE L'ÉGLISE SAINT-AMBROISE

(XIᶜ Arrondissement.)

Avant de parler de la construction de la nouvelle église, il n'est pas sans intérêt de rappeler ce que nous écrivions en 1854 dans *la Revue Municipale*, n° du 10 janvier, pages 1162 et suivantes.

En reproduisant, lorsqu'il est nécessaire, les articles extraits de cette publication, qui, lors de sa suppression, comptait vingt et une années d'existence, utilement remplies, nous désirons que nos lecteurs soient à même d'apprécier avec quelle énergie et quel dévouement cette feuille soutenait les quartiers pauvres et traduisait avec vérité leurs besoins et leurs misères.

(1) La doctrine des auteurs se rallie complètement à la jurisprudence. (*Note du Rédacteur.*)

Nos lecteurs se demanderont ensuite dans leur conscience si cette publication, qui avait conquis l'estime publique et dont le chef avait été récompensé trois fois par le Conseil Municipal de Paris, pour des ouvrages qui avaient réclamé de longues et patientes études, était digne d'être sauvegardée par l'Autorité qu'elle ambitionnait de bien servir.

Voici le texte de l'article du 10 janvier 1854 :

« La meilleure preuve que nous ayons à donner à nos magistrats de notre respect et de notre sincère affection, est de les engager à s'imposer la louable obligation de parcourir souvent nos quartiers pauvres, afin d'étudier les besoins de la classe ouvrière.

» Il n'y a pas d'administration qui puisse valoir celle qu'on fait dans la rue, face à face avec les abus, surtout lorsqu'on a dans le cœur ce désir chaleureux d'en avoir raison et de bien servir l'Autorité supérieure.

» Si nos Édiles remplissaient leurs nobles fonctions dans toute la sincérité du devoir, ils ne laisseraient pas l'église Saint-Ambroise dans la situation où nous la voyons depuis trop longtemps.

» Rappelons d'abord l'origine de cet édifice religieux, d'après les documents officiels que nous avons recueillis dans nos archives parisiennes.

» Cette église, bâtie en 1659, servait autrefois de chapelle aux *religieuses annonciades* du Saint-Esprit.

» L'ordre des Annonciades fut fondé par Jeanne de France, fille de Louis XI et première femme de Louis XII. Ces religieuses détachées des Annonciades de l'Hôtel-Dieu de Saint-Nicolas de Melun, vinrent s'établir en 1636 à Popincourt, dans une maison qu'elles achetèrent par contrat du 12 juillet, de M. Euverte Angran. Au milieu du dix-huitième siècle, ces religieuses, dont la charité avait épuisé les ressources, furent obligées d'aliéner leurs biens. La première vente eut lieu en 1769; ce fut celle d'un terrain situé entre le couvent et l'emplacement sur lequel on éleva depuis une caserne.

» D'aliénation en aliénation et par un enchaînement de circonstances trop longues à consigner ici, les Annonciades furent obligées en 1781 de vendre leur maison et leur église, dont MM. *Perot de Chezelles, de Blosseville* et *Valentin* firent l'acquisition.

» Une partie de cette propriété fut aliénée en 1787, au profit du Gouvernement, qui résolut de construire en cet endroit un hôpital pour la garde de Paris. Cet hôpital devait avoir trente-six lits. A cette époque, deux rues furent tracées sur l'autre partie de cet emplacement très-considérable. La première de ces voies a pris le nom de *Saint-Ambroise*, l'autre devait être dénommée *rue de Beauharnais*. Cette dernière ne fut que tracée. La création de l'avenue Parmentier, le long de l'abattoir Popincourt, rendit complétement inutile la rue de Beauharnais, qui suivait la même direction. Aussi, la suppression de cette voie publique fut-elle ordonnée par décision ministérielle du 9 octobre 1818.

» Quant à la chapelle des Annonciades, elle devint propriété nationale, fut vendue le 2 prairial an V, et devint en 1802, sous le vocable de saint Ambroise, la seconde succursale de la paroisse Sainte-Marguerite.

» L'église Saint-Ambroise, rachetée par la Ville de Paris, le 31 août 1811, moyennant 67,500 fr., fut restaurée par M. Godde, architecte, et bénite le 15 novembre 1818.

» Tels sont les documents officiels qui se rattachent à cet édifice qui, dans sa situation actuelle, ne saurait satisfaire à toutes les nécessités du culte.

» Entrons à ce sujet dans quelques détails de nature à intéresser nos lecteurs.

» Le 8ᵉ arrondissement, principalement dans sa partie nord-ouest, est resté complétement étranger, depuis un demi-siècle surtout, aux améliorations dont nos Édiles ont doté si libéralement nos quartiers du centre de la ville. — La superficie du 8ᵉ est de 6,110,000 mètres, c'est le plus grand de tous les arrondissements de Paris ; ainsi, le 1ᵉʳ arrondissement qui vient immédiatement après, n'a qu'une superficie de 5,550,000 mètres ; enfin, le 8ᵉ est onze fois plus grand que le 4ᵉ, huit fois plus grand que les 7ᵉ et 9ᵉ, et cinq fois plus étendu que le 3ᵉ. Le quartier Popincourt dont nous nous occupons ici, a un développement de 1,890,000 mètres, et la circonscription de Saint-Ambroise renferme 25,000 habitants.

» L'ancienne chapelle des Annonciades, dont la superficie n'est que de 883 mètres, est donc complètement insuffisante. Le dimanche, faute de place, nos artisans ne peuvent pénétrer dans l'église Saint-Ambroise.

» Vraiment, c'est bien malgré nous que nous reprochons si souvent à nos Édiles leurs préférences pour les quartiers riches. — Ainsi, il est question maintenant de construire sur une partie des Menus-Plaisirs une nouvelle église qui serait dédiée à sainte Cécile. Ne serait-il pas plus juste d'agrandir Saint-Ambroise, qui n'a pas le nécessaire, que de donner le superflu au 2ᵉ arrondissement, qui compte déjà quatre églises, savoir : Saint-Roch, Notre-Dame-de-Lorette, Saint-André et la Trinité ?

» Quand nous disons que Saint-Ambroise n'a pas le nécessaire, c'est une triste vérité que nous avons vérifiée nous-même. Ainsi, lorsqu'un enterrement arrive le dimanche, il faut déposer le corps dans la chapelle de la Vierge. Eh bien, MM. les Conseillers, pour ces pauvres enfants, pour ces jeunes filles qui suivent le catéchisme, c'est là un spectacle bien lugubre. Ce tableau de la mort, pour ces enfants qui commencent la vie, impressionne vivement leurs natures si frêles ; il ne faut qu'une goutte d'eau trop forte par une pluie d'orage pour briser le calice de ces petites fleurs des champs qui s'inclinent alors vers la terre.

» Ainsi, de ces enfants de nos ouvriers qu'on est obligé souvent d'emporter hors de l'église.

» Agrandissez Saint-Ambroise, MM. les Conseillers, et vous ferez une bonne action, utile à la classe ouvrière et agréable à Dieu. Multipliez les églises, principalement dans les quartiers pauvres. Notre belle et sainte religion est si compatissante à ceux qui travaillent et qui souffrent ! L'ouvrier qui entrera dans l'église le dimanche, la bonne ménagère qui viendra prier avec ses enfants, amasseront de la résignation, du

courage pour toute une semaine de labeur et de pri-
vations. Mettez souvent le prêtre au milieu des artisans, sa douce parole effacera bien des haines, dissi-
pera bien des jalousies qui fermentent parfois dans le
cœur du pauvre! »

Telle était notre manière d'apprécier l'utilité d'a-
grandir l'église Saint-Ambroise en 1854, alors qu'il
n'était pas question de l'ouverture, depuis réalisée, du
boulevard du Prince-Eugène.

L'exécution de cette voie réclamait-elle la démolition
de l'ancienne église? Mieux valait-il la conserver pour
en construire une seconde sous un autre vocable et
au milieu d'une agglomération de population voisine.

En principe, n'est-il pas plus sage de multiplier les
églises modestes, que de les démolir pour construire
des édifices luxueux et à grand renfort de millions.

C'est là une question que la sagesse de nos lecteurs
résoudra. Toujours est-il que l'administration actuelle
a jugé convenable d'abattre l'ancien édifice religieux
et de le reconstruire dans son voisinage immédiat, avec
façade ou débouché sur le boulevard du Prince-Eugène
et le boulevard Parmentier prolongé.

Cet emplacement est-il le meilleur?

Nous eussions préféré voir la nouvelle église s'élever
sur la place du Prince-Eugène d'un côté, et la mairie
du 11ᵉ arrondissement de l'autre.

Cette préférence nous paraît motivée par ce principe
qu'il faut, autant que possible, ménager aux monuments des perspectives de nature à grandir, à orner le

panorama déjà si mouvant, si varié de la ville de Paris.

Malheureusement la mairie et l'église n'eussent pas été bien à l'aise sur cette place ou mieux sur ce carrefour mesquin, aux formes vulgaires, qu'on appelle place du Prince-Eugène.

En général, nos places publiques de création récente ne feront guère honneur à l'Édilité moderne, témoin les places du Châtelet et Saint-Michel, cette dernière à la naissance du boulevard de Sébastopol (rive gauche).

Quoi qu'il en soit, la question qui nous occupe est résolue, c'est un procès jugé, non plaidé.

La Ville de Paris vient d'exproprier les immeubles nécessaires à l'emplacement de la nouvelle église Saint-Ambroise, et voici les allocations du jury, en regard des offres de la Ville et des demandes des propriétaires et locataires :

Rue Saint-Ambroise, 2 et 4, époux Daubourg, propriétaire, offre acceptée 102,000 fr. — Leroux, serrurier faïencier, locataire, bail 4 ans 6 mois, à raison de 800 fr. par an, O. 2,000; D. 15,700; A. 6,000. Ducos, hôtel meublé, bail 5 ans 3 mois, 2,500. O. 1,250; D. 18,500; A. 8,000. Vaillant, marchand de vins, bail 1 an 6 mois, 800. O. 2,000; D. 13,687; A. 5,000. Mulder, 300. Petit-Jean, 300. Speuck, 280.

Rue Saint-Ambroise, 6, époux Duchateau, propriét., offre acceptée, 63,000. Perpette, épicier, locat., bail 1 an 9 mois, 1,200. O. 1,500; D. 10,000; A. 4,000. Broner, A. 700.

Rue Saint-Ambroise, 8, Ville de Paris, prop. Ponsignon, principal locataire, bail 2 ans 6 mois, 600. O.

1,000; D. 3,400; A. 2,000. Leroux, crémier, 1,300. O. 650; D. 18,000; A. 5,000. Rauss, horloger, bail 2 ans 6 mois, 600. O. 1,000. D. 16,500; A. 3,500.

Rue Saint-Ambroise, 10, époux Perrier, propriét., O. 120,000 ; D. 350,000 ; A. 220,000. Chevalet, marchand de vins, loc., bail 14 ans, 1,300. O. 12,000; D. 60,000; A. 30,000. Vélard, tailleur, bail 6 ans 9 mois, 340. O. 500; D. 11,500; A. 3,000. Chenais, épicier-distillateur, bail 5 ans, 800. O. 15,000 ; D. 57,500 ; A. 35,000. Dalibout, hôtel garni, bail 5 ans, 1,500. O. 4,000; D. 20,000; A. 8,000. Béchu, A. 1,250.

Rue Saint-Ambroise, 12 et 14, sieur et dame Béchu, prop., O. 187,000 ; D. 407,000 ; A. 283,000. Bourtequoy, marchand de vins, loc., bail 9 ans, 1,400 fr. O. 2,500; D. 22,500; A. 10,000. Badel, boulanger, bail 15 ans, 2,000. O. 16,000; D. 56,000; A. 35,000.

Rue Saint-Ambroise, 16, et avenue Parmentier, 23, dame Berger, pr., O. 90,000; D. 152,874; A. 130,000. Guilbert, marchand de vins, loc., bail 11 ans 6 mois, 2,100. O. 10,000 ; D. 60,000; A 35,000. Gault, coiffeur, bail 11 ans 6 mois, 500. O. 2,000 ; D. 18,500 ; A. 8,000. Veuve Raoul, charbonnière, bail 11 ans 6 mois, 500. O. 3,000; D. 14,700; A. 5,000.

Avenue Parmentier, 21, sieur Béchu, propriét., O. 50,000; D. 110,000; A. 85,000. Durand, principal locataire, bail 11 ans 6 m., 2,700. O. 11,000; D. 40,000; A. 20,000. Avaulcé, marchand de vins, bail 6 ans, 1,000. O. 4,000; D. 20,000; A. 9,750. Dame Rotival, mercière, bail 2 ans, 800. O, 2,500; D. 12,000; A. 5,000.

Avenue Parmentier, 19, veuve Guny, propriétaire, O. 45,000; D. 116,000; A. 80,000. Rotival, traiteur, marchand de vins, bail 6 ans, 1,000. O. 5,500; D. 24,000; A. 12,000. Guny fils, taillandier, bail 22 ans 6 mois, 700. O. 4,000; D. 35,000; A. 12,000.

Avenue Parmentier, 17, et impasse Saint-Ambroise, 3, époux Béchu, propriét., O. 70,000; D. 176,300; A. 120,000. Béchu, industriel, O. 12,000; D. 76,895; A. 32,000. Barbara, marchand de vins, bail 4 ans, 1,380. O. 4,800; D. 30,000; A. 15,000.

LES

TABLEAUX DE PARIS

PALAIS-ROYAL

1783

Point unique sur le globe. Visitez Londres, Amsterdam, Madrid, Vienne, vous ne verrez rien de pareil : un prisonnier pourrrait y vivre sans ennui, et ne songer à la liberté qu'au bout de plusieurs années. C'est justement l'endroit que Platon voulait qu'on assignât à un captif, afin de le retenir sans geôlier et sans violence, par des chaînes douces et volontaires. On l'appelle la *Capitale de Paris*. Tout s'y trouve; mais mettez là un jeune homme ayant vingt ans et cinquante mille livres de rente, il ne voudra plus, il ne pourra plus sortir de ce lieu de féerie ;

il deviendra un Renaud dans ce palais d'Armide; et si ce héros y perdit son temps et presque sa gloire, notre jeune homme y perdra le sien et peut-être sa fortune; ce n'est plus que là désormais qu'il pourra jouir; partout ailleurs il s'ennuiera. Ce séjour enchanté est une petite ville luxueuse, renfermée dans une grande; c'est le temple de la volupté, d'où les vices brillants ont banni jusqu'au fantôme de la pudeur : il n'y a pas de guinguette dans le monde plus gracieusement dépravée; on y rit, et c'est de l'innocence qui rougit encore.

Quant au bâtiment, quel dommage que l'enceinte n'ait pas permis un plus vaste développement, une forme oblongue au lieu de ce *carré* qui tient trop de la construction d'un cloître ! Avec quelle rapidité magique nous l'avons vu s'élever ! Il excita cependant des murmures très-vifs dans le public. C'est à cette occasion que, lorsqu'on représentait à l'auguste propriétaire que son bâtiment allait lui coûter une dépense énorme, il répondit gaiement : *Point du tout, car tout le monde me jette la pierre.*

Quelque chose que vous puissiez désirer, vous êtes sûr de l'y trouver; vous y aurez des cours de physique, de poésie, de chimie, d'anatomie, de langue, d'histoire naturelle, etc., etc., etc... Là, les femmes qui ont renoncé à la gravité pédantesque de celles de l'ancien hôtel de Rambouillet, badinent avec les sciences qui ne sont plus pour elles qu'un joujou qui les amuse autant que leur caniche ou leur perruche. Ce sont presque partout des clubs où la musique et quelquefois l'instruction, président........

Là on peut tout voir, tout entendre, tout connaître; il y a de quoi faire d'un jeune homme un petit savant en détail; mais c'est là aussi que l'empire du libertinage agit sur une jeunesse effrénée, qui, répandue ensuite dans les sociétés, y promène un ton inconnu partout ailleurs, l'indécence sans passion. Le libertinage y est éternel; à chaque heure du jour et de la nuit, son temple est ouvert, et à toutes sortes de prix.

Les Athéniens élevaient des temples à leurs Phrynés ; les nôtres trouvent le leur dans cette enceinte, dont on a voulu, dans un moment de rigorisme sans doute, les chasser dernièrement ; mais cette légère disgrâce n'a fait que renforcer le triomphe de celles qui composent l'ordre le plus éclatant.

Les agioteurs, faisant le pendant des jolies prostituées, vont trois fois par jour au Palais-Royal, et toutes ces bouches n'y parlent que d'argent et de prostitution politique. Tel joueur à la *hausse* et à la *baisse* peut dire, en parlant de la bourse : Rome n'est plus dans Rome, elle est toute où je suis. La banque se tient dans les cafés : c'est là qu'il faut voir et étudier les visages subitement décomposés par la perte ou par le gain ; celui-ci se désole, celui-là triomphe.

Ce lieu est donc une jolie boîte de Pandore ; elle est ciselée, travaillée, mais tout le monde sait ce que renfermait la boîte de cette statue animée par Vulcain.

L'art des ragoûts est à côté des hautes sciences. Les brillants chiffons du libertinage pendent auprès des instruments de chirurgie qui lui deviendront nécessaires. Tous les colifichets de la mode, qui durent un jour, sont dans la même boutique avec les bijoux astronomiques les plus précieux qui durent des siècles. Un homme passe et dit en voyant cet éblouissant étalage : *Ah ! si je pouvais jouir de tout cela !* et il gémit ; cet autre homme passe et dit : *Que de choses dont je sais fort bien me passer !* et il rit.

Tous les *Sardanapales,* tous les petits *Lucullus* logent au Palais-Royal, dans des appartements que le roi d'Assyrie et le consul romain eussent enviés. On n'y entend jamais le bruit du marteau, ou de la grosse lime ; jamais on n'y respire que la fumée des cuisines ou l'odeur du café : il y a là de quoi tuer le génie de dix Cromwell, de vingt Guise, de trente Mazanielle.

Les cafés regorgent d'hommes dont la seule occupation, toute la journée, est de débiter ou d'entendre des nouvelles que l'on ne reconnaît plus par la couleur que chacun leur donne d'après son état.

Quoique tout augmente, triple et quadruple de prix dans ce lieu, il semble y régner une attraction qui attire l'argent de toutes les poches, surtout de celles des étrangers qui raffolent de cet assemblage de jouissances variées, et qui sont sous leur main ; c'est que l'endroit privilégié est un point de réunion pour trouver dans le moment tout ce que votre situation exige dans tous les genres ; il dessèche aussi les autres quartiers de la ville, qui déjà figurent comme des provinces tristes et inhabitées.

La cherté des locations, que fait monter l'avide concurrence, ruine les marchands. Les banqueroutes y sont fréquentes ; on les compte par douzaine. C'est là que l'effronterie de ces boutiquiers est sans exemple dans le reste de la France ; ils vous vendent intrépidement du cuivre pour de l'or, du strass pour du diamant, les étoffes ne sont que des imitations brillantes d'autres étoffes vraiment solides ; il semble que le loyer excessif de leurs arcades les autorise à friponner sans le plus léger remords. Les yeux sont fascinés par toutes ces décorations extérieures qui trompent le curieux séduit, et qui ne s'aperçoit de la tromperie qu'on lui a faite que lorsqu'il n'est plus temps d'y remédier.

Il est triste, en marchant, de voir un tas de jeunes débauchés, au teint pâle, à la mine suffisante, au maintien impertinent, et qui s'annoncent par le bruit des breloques de leurs deux montres, circuler dans ce labyrinthe de rubans, de gazes, de pompons, de fleurs, de robes, de masques, de boîtes de rouge, de paquets d'épingles longues de plus d'un demi-pied ; ils battent le *Camp des Tartares* dans cette oisiveté profonde qui nourrit tous les vices ; et l'arrogance qu'ils affectent ne peut dissimuler leur profonde nullité.

On appelle *Camp des Tartares* les deux galeries adossées qui sont encore en bois, et qui attendent un plan magnifique de colonnes, superbe décoration qui achèvera la beauté de l'édifice. C'est là que tous les soirs les femmes viennent, deux à deux, affronter le regard des hommes, chargées de toutes ces modes, quelquefois si fantasques, qu'elles imaginent pour quelques jours, et quelles renversent quelques jours après.

Les noms des modes qu'elles donnent à chaque partie de leur habillement, formeraient un dictionnaire en plusieurs volumes in-folio. Cet ouvrage manque à la nation; mais Panckoucke y travaille, dit-on, avec la plus grande activité.

Les plus laides sont presque toujours celles qui se parent le plus richement, et cela doit être. Une mère de famille n'oserait, le soir, traverser la bruyante promenade avec ses deux jeunes filles; la vertueuse épouse, la citoyenne honnête, n'oseraient paraître à côté de ces courtisanes hardies; leur parure, leur tenue, leurs airs, et souvent même leurs paroles, tout les force à fuir, en gémissant sur la corruption générale des deux sexes.

C'est sous ces planches, que le feu dévorera peut-être en une nuit, qu'on voit le précoce libertinage; il est à l'encan pour l'homme qui s'éteint. On y remarque une foule de jeunes gens qui, en fredonnant, se précipitent dans les petits spectacles, plus fréquentés que les grands, car ils sont immoraux.

Ces jeunes gens ont des physionomies toutes particulières, où se peignent des âmes blasées, des cœurs froids, des passions sans plaisir et sans vigueur; le trafic des sens, le dépérissement des races, la sacrilége familiarité des enfants, qui ne regardent plus leurs parents que comme d'avares économes, dont ils désirent confusément la mort, sans oser trop désavouer cet horrible désir, voilà les vices qui marchent tête levée: on n'est plus que le vil et sot fabricateur de son fils, que la gouvernante imbécile et surannée de sa fille; et les mœurs sacrées sont abolies et même ridiculisées dans les entretiens de ces déplorables adolescents, déjà

formés pour les fausses idées d'une génération corrompue,
et pire que celle qui l'a précédée.

C'est là que vous entendrez réciter tout haut les vers les
plus infâmes de l'infâme Pucelle, ainsi que les principes les
plus irréligieux de cet homme qui séduisit la France, mais
qui ne séduisit qu'elle, parce qu'il ne travaillait que pour
elle; de cet homme qui eut plus d'art pour usurper une
grande réputation que de génie pour la mériter; de cet
homme qui a plus influé sur les cœurs qu'il a corrompus
que sur les esprits qu'il se vantait d'éclairer; de cet homme
enfin qui, d'après le portrait que nous venons d'en esquis-
ser, devait tout naturellement devenir l'ennemi de Jean-
Jacques Rousseau, et se couvrir d'opprobre, par son lâche
acharnement à persécuter le plus vertueux des hommes,
qui le pleura à sa mort. Il ne manque plus au lieu, que
d'élever la statue de Voltaire, au centre du jardin, et d'é-
crire sur le piédestal:

Au Chantre Gris-Bourdon!

Hélas! en vain vous y chercherez la timide retenue, le
doux embarras, la rougeur de l'innocence, la pâleur qui la
couvre quand on ose l'attaquer, les aimables couleurs de
l'adolescence, le charme attendrissant de l'aurore d'une
beauté jeune et sage; partout vous y lirez que depuis dix
ans il y a la plus déplorable différence dans le seul physique
des Parisiens.

A peine une fille est-elle sortie des jeux innocents qui
amusaient son enfance, qu'elle se plait à étudier des dan-
ses voluptueuses, et tous les arts, et tous les mystères de
l'amour.

A peine une femme est-elle assise à la table de son mari,
que d'un regard furtif elle y cherche un amant. Bientôt,
elle ne choisit plus; elle croit que dans l'obscurité tous les
plaisirs deviennent légitimes.

N'est-ce point la peinture de nos mœurs dans le quartier
du Palais-Royal? Eh bien! c'est Horace qui l'a tracée; mais

il n'avait pas deviné les retraites commodes que la débauche furtive ou intéressée soudoie, non par heure, mais par minute. Ce calcul l'aurait surpris, et il eût alors passé les pinceaux à un Juvénal.

Eh ! d'après un si brûlant foyer de voluptés faciles, de jouissance vénales, faut-il s'étonner si l'on fuit la plus respectable et la plus charmante des unions, l'unique bien sur la terre qui joint les plaisirs enflammés de l'amour aux douces émotions, au bonheur pur de l'amitié ?

Cependant toutes les heures ne sont pas également livrées à cette débauche ouverte. Il en est d'autres où l'on se promène au moins avec une apparence de décence. Le respect pour le public semble y régner. C'est à peu près vers les cinq heures, dans le printemps et dans l'été, et surtout le matin, vers onze heures, qu'une femme honnête et belle peut se trouver au jardin du Palais-Royal, sans avoir à se plaindre d'un regard. Une belle femme, qui est le plus beau spectacle de la nature, pourra étaler la puissance de ses attraits. On l'admirera et elle jouira paisiblement du plaisir de la promenade, dans une enceinte qui, à certains égards, semble bâtie par les fées.

Le cirque est le monument d'architecture le plus beau, le plus gracieux, le plus original, si on ose le dire qui existe à Paris.

On sourit, il est vrai, quand on se rappelle celui de l'ancienne Rome : mais il est juste de convenir que la destination de l'un et de l'autre n'ont aucune ressemblance.

On peut dire sans exagération, qu'en petit c'est un temple, c'est une salle, c'est un édifice qui réunit le mérite de pouvoir y donner des fêtes et d'y rassembler le peuple ; c'est une création souterraine formée d'un coup de baguette magique.

Le Prince doit élever, dit-on, son palais sur cent quarante colonnes, et ce sera alors le plus charmant, et le plus majestueux palais de la capitale ; et la capitale, dans cent ans, pour peu que cela continue, deviendra la plus magnifique de l'Europe.

Au reste, ce quartier exige une tutelle perpétuelle, et une vigilance plus étendue et plus détaillée qu'ailleurs. Il occupe donc la police avec ses dépendances, presque autant que le reste de la ville.

MERCIER.

(Tome X, pages 221 et suivantes.)

PALAIS-ROYAL

1863

Autant que les hommes, les monuments ont leurs vicissitudes, et souvent sur la pierre on trouve de meilleurs enseignements que dans les livres ou les vieux parchemins.

Le Palais-Royal ne compte pas plus de deux siècles et demi, et cependant de tous les monuments de Paris, c'est évidemment celui qui, après les Tuileries, a vu le plus d'événements, assisté aux drames les plus lugubres, aux comédies les plus burlesques et subi les plus curieuses métamorphoses.

Rappelons, aussi succinctement que possible, son origine, ses prospérités et ses malheurs, pour mieux faire apprécier ensuite le Palais-Royal d'autrefois et le Palais-Royal d'aujourd'hui.

Sur l'emplacement des hôtels d'Armagnac et de Rambouillet, le cardinal de Richelieu fait bâtir en 1629, par son architecte Jacques Lemercier, un hôtel qui porte le nom du ministre. Mais l'habitation de Son Éminence se trouve à l'étroit enfermée dans l'enceinte de Paris, construite sous Charles V ; aussi le cardinal, dont la fortune et la puissance sont à leur apogée, ne veut plus se contenter de la demeure d'un simple gentilhomme. Son parti est pris, il fait abattre le mur d'enceinte, combler le fossé qui le bordait, se rend maître d'un vaste emplacement, et bientôt, c'est-à-dire en 1636, l'hôtel Richelieu devient le palais Cardinal.

Tout un quartier est tracé, bâti près de la demeure du Ministre, et Paris répète ces vers du grand Corneille :

> Non, l'univers entier ne peut rien voir d'égal
> Aux superbes dehors du Palais Cardinal ;
> Toute une ville entière avec pompe bâtie,
> Semble d'un vieux fossé par miracle sortie,
> Et nous fait présumer à ses superbes toits
> Que tous ses habitants sont des dieux ou des rois.

Le 6 juin de la même année, Richelieu fait don entre-vifs de son palais Cardinal au roi Louis XIII.

L'acte est ainsi conçu :

« ... Donne à Sa Majesté, entre-vifs, pure simple,
» perpétuelle et irrévocable, son hôtel de Richelieu,
» consistant en bâtiments, cours, jardins, fontaines,
» et eaux, sans autre chose en excepter, ni réserver en
» l'état que les lieux sont à présent ou qu'ils pourront
» être mis par les soins et la dépense dudit Cardinal et
» sans autre clause et condition qu'il a plu à Sa Ma-
» jesté d'agréer et commander d'être insérées en la

» présente donation, savoir que ledit Cardinal jouira
» sa vie durant dudit hôtel et de tout ce qui en dé-
» pend, ainsi qu'il a fait jusqu'ici. Qu'après son décès,
» ledit hôtel demeurera à jamais inaliénable de la cou-
» ronne, sans même pouvoir être donné à aucun
» prince, seigneur ou autre personnage, pour y loger
» sa vie durant et à temps.

» L'intention du dit Cardinal étant qu'il ne serve que
» pour le logement de Sa Majesté quand elle l'aura
» pour agréable, ses successeurs Rois de France, ou de
» l'héritier de la couronne seulement, et non autre,
» ne s'étant porté à bâtir cette maison avec tant de dé-
» pense, que dans le dessein qu'elle ne serve qu'à la
» première ou la seconde personne du royaume, en
» faveur même de laquelle Sa Majesté ou ses succes-
» seurs ne pourront jamais disposer que de l'usage de
» l'habitation seulement, etc. »

Richelieu, après avoir rappelé et confirmé cette donation dans son testament fait à Narbonne au mois de
mai de l'année 1643, mourut tranquillement dans son
palais Cardinal le 4 décembre suivant.

Anne d'Autriche, devenue régente, abandonna le
Louvre pour venir, le 7 octobre 1643, avec ses deux
fils, occuper le palais Cardinal, qu'on décora bientôt
du nom de *Palais-Royal*.

Le jeune Louis XIV habita la chambre du grand ministre.

Nous ne retracerons pas ici les scènes de la Fronde ;
les événements qui se rattachent à cette guerre civile

ont pu naître dans ce palais, mais c'est ailleurs qu'ils se sont terminés.

Ce fut le 21 octobre 1652 que Louis XIV revint de Saint-Germain à Paris. Le même jour il abandonna la résidence de Saint-Germain pour aller habiter le Louvre. On assigna le Palais-Royal à Henriette-Marie, reine d'Angleterre, qui l'occupa jusqu'en 1661.

A cette époque, *Monsieur*, frère de Louis XIV, vint habiter ce palais ; mais ce ne fut qu'après le mariage de son fils, le duc de Chartres, avec Marie-Françoise de Bourbon, fille légitimée de Louis XIV, qu'il en devint propriétaire, ainsi que le témoigne l'acte ci-après :

Février 1692. — *Lettres patentes du roy, portant don par Sa Majesté, à* Monsieur, *son frère unique, et à ses enfants mâles, du Palais-Royal, par augmentation d'apanage.*

« Louis, etc.

» L'affection singulière que nous avons pour notre
» cher et très-aimé frère unique *Philippe, fils de France,*
» duc d'Orléans, de Chartres, de Valois et de Nemours,
» nous portant à lui en donner des marques conti-
» nuelles, nous avons résolu de lui accorder et délais-
» ser, sous le titre et nature d'apanage, la *maison et*
» *hôtel du Palais-Cardinal* et ses dépendances, situés
» en notre bonne ville de Paris, rue Saint-Honoré,
» donnés au feu roy notre très-honoré seigneur et père,
» par feu notre cousin le cardinal duc de Richelieu,
» afin que notredit frère et sa postérité masculine
» puissent y avoir un logement qui réponde à la gran-

» deur de leur naissance, etc..... Signé Louis; et sur le
» repli : par le roy, Phélipeaux, *visa*. — Signé Bou-
» cherat, et scellé du grand sceau de cire verte, en
» lacs de soie rouge et verte. »

Quelque temps après le mariage de *Monsieur* avec
Henriette-Anne d'Angleterre, le Palais-Royal fut
agrandi. Les augmentations peuvent être facilement
reconnues en comparant le plan de 1648 avec celui de
1679. Louis XIV avait acheté divers terrains sur la rue
de Richelieu, ainsi que l'hôtel de Brion, et ce fut sur
leur emplacement que Jules Hardouin *Mansard* éleva
la galerie décorée par Coypel, et représentant, en quatorze tableaux, les principaux épisodes de l'*Énéide*.

Le frère de Louis XIV étant mort en 1701, le duc de
Chartres, son fils, prit le titre de *duc d'Orléans*. — Le
Palais-Royal changea bientôt de physionomie. Philippe, nommé régent le 2 septembre 1715, s'entoura
d'hommes et de femmes qui flattaient son penchant à
la débauche. Les ducs, les comtes, qu'il appelait ses
roués, et dont plusieurs, en effet, eussent mérité de
figurer sur la roue; les duchesses, les actrices, les dan-
seuses, les dames d'honneur, etc., tous à l'envi parti-
cipaient à ses débordements, et se faisaient gloire de
remplir auprès du nouveau sultan un emploi diffamé,
même dans les lieux de prostitution.

Le duc d'Orléans, doué dans sa jeunesse d'une figure agréable, d'un caractère doux et affable, d'une
grande bravoure, promettait un prince distingué; mais
il fut bientôt corrompu par Dubois, son sous-précep-
teur.

En 1722, on célébrait au palais des orgies nommées *Fêtes d'Adam*. Le duc de Richelieu, qui y assistait, en parle ainsi :

« Là, se trouvaient des femmes publiques, conduites
» de nuit les yeux bandés, pour qu'elles ignorassent le
» nom du lieu où elles étoient. Le Régent, ses femmes
» et ses roués qui ne vouloient pas être connus, se cou-
» vroient de masques ; et je dois dire à ce sujet qu'on
» dit un jour en face de ce prince, *qu'il n'y avoit que*
» *le Régent et Dubois capables d'imaginer de pareils*
» *divertissements.*

» D'autres fois, on choisissoit les plus beaux jeunes
» gens de l'un et de l'autre sexe qui dansoient à l'O-
» péra, pour répéter des ballets que le ton aisé de la
» société, pendant la Régence, avoit rendus si lascifs,
» et que ces gens exécutoient dans cet état primitif où
» étoient les hommes avant qu'ils connussent les voiles
» et les vêtements. Ces orgies que le Régent, Dubois
» et ses *roués* appeloient *fêtes d'Adam,* ne furent répé-
» tées qu'une douzaine de fois, car le prince parut s'en
» dégoûter. »

Ne nous arrêtons pas plus longtemps à de telles tur-pitudes, et revenons aux constructions du Palais-Royal.

Le Régent porta dans les embellissements intérieurs du Palais-Royal la passion qu'il avait pour les arts. Il confia à son architecte Oppenort la construction d'un salon qui servait d'entrée à la vaste galerie élevée par Mansard. Ces bâtiments, qui s'étendaient jusqu'à la rue de Richelieu, ont été détruits lors de la construction du Théâtre-Français.

Louis, fils de Philippe, duc d'Orléans, régent, fit planter sur un dessin nouveau le jardin du Palais-Royal, sauf la grande allée du cardinal, qu'il conserva. On y voyait deux belles pelouses, bordées d'ormes en boules, qui entouraient un grand bassin placé dans une demi-lune ornée de treillages et de statues en stuc, la plupart de la main de Laremberg. Au-dessus de cette demi-lune régnait un quinconce de tilleuls, se rattachant à la grande allée, qui formait un berceau délicieux et impénétrable au soleil.

La salle de l'Opéra, qui occupait l'aile droite du palais, fut incendiée en 1763 ; Louis-Philippe, duc d'Orléans, en exigea la reconstruction aux frais de la ville. La direction des travaux fut confiée par le Prévôt des Marchands à l'architecte Moreau. Le prince, de son côté, fit bâtir par Contant d'Ivry, les parties du corps principal de l'édifice qui avaient été endommagées, ainsi que les vestibules, le grand escalier et presque tous les appartements. La rivalité qui régnait entre les deux artistes fut très-nuisible à l'harmonie de l'édifice. Devenu propriétaire du Palais-Royal, le duc de Chartres, fils du précédent, forma le projet d'agrandir sa demeure, à la suite de l'incendie de la nouvelle salle de l'Opéra, le 8 juin 1781. Il s'adressa bientôt à Sa Majesté, qui accorda l'autorisation d'élever de nouvelles constructions.

13 août 1784. — *Lettres patentes qui permettent à M. le duc de Chartres d'accenser les terrains et bâti-ments du Palais-Royal, parallèles aux rues des*

Bons-Enfants, Neuve-des-Petits-Champs et de Richelieu.

« Louis, par la grâce de Dieu, etc... A nos amés et
» féaux conseillers les gens tenant notre cour de Par-
» lement et Chambre des comptes à Paris, salut. Notre
» très-cher et bien amé cousin, Louis-Philippe-Joseph
» d'Orléans, duc de Chartres, prince de notre sang,
» nous aurait représenté qu'aux droits de notre très-
» cher et bien amé cousin Louis-Philippe, duc d'Or-
» léans, son père, premier prince de notre sang, il
» possède à titre d'apanage le Palais-Royal et le jardin
» qui en fait partie; qu'il a pensé que ce jardin serait
» plus agréable et plus commode s'il était environné,
» le long des trois côtés parallèles aux rues des Bons-
» Enfants, Neuve-des-Petits-Champs et de Richelieu,
» de galeries couvertes pratiquées dans des maisons
» uniformes ornées de pilastres et autres décorations
» d'architecture, analogues à la façade qu'il a com-
» mencé d'élever sur le même jardin, parallèlement à
» la rue Saint-Honoré, pour perfectionner, agrandir et
» améliorer ledit palais, suivant les plans géométri-
» ques et d'élévation de Louis, architecte, qu'il nous
» aurait représentés; qu'il l'aurait déjà exécuté en
» grande partie au moyen des avances qu'il s'est pro-
» curées; que le seul moyen d'achever ce projet serait
» de pouvoir se rembourser de ces avances en accen-
» sant le sol desdites maisons sur les trois côtés ci-
» dessus et celui des passages nécessaires à leur ser-
» vice, à raison de vingt sols par chaque toise, de

» redevance annuelle dans la directe du dit apa-
» nage, etc. »

Les trois galeries s'élevèrent sous la direction de
Louis, architecte avantageusement connu par la construction du magnifique théâtre de Bordeaux. Les
nouveaux bâtiments n'étaient pas complétement ache-
vés, lorsque la révolution, qui grondait sourdement,
éclata tout à coup. Le jardin du Palais-Royal devint le
rendez-vous des agitateurs les plus exaltés; là se réu-
nissaient des hommes ardents, qui ne pouvaient supporter les formes imposées dans les districts. Des orateurs montaient sur des chaises, prenaient la parole,
étaient sifflés ou portés en triomphe. Camille Desmoulins se faisait remarquer par la verve et l'originalité
de son esprit. La Fayette avait de la peine à contenir
ces rassemblements par des patrouilles continuelles, et
déjà la garde nationale était accusée d'aristocratie. —
« *Il n'y avait pas*, disait Desmoulins, *de patrouille au
Céramique.* »

Dans la journée du 12 juillet 1789, ce jeune tribun
exerça une grande influence sur la multitude en pro-
posant de prendre les armes et d'arborer une nouvelle
cocarde comme signe de ralliement. Camille nous ra-
conte lui-même cette scène curieuse : « Il était deux
» heures et demie; je venais de sonder le peuple. Ma
» colère était tournée en désespoir. Je ne voyais pas les
» groupes, quoique vivement émus et consternés, assez
» disposés au soulèvement. Trois jeunes gens me pa-
» rurent agités d'un plus véhément courage; ils se te-
» naient par la main : je vis qu'ils étaient venus au

» Palais-Royal dans le même dessein que moi; quel-
» ques citoyens passifs les suivaient : — « Messieurs,
» leur dis-je, voici un commencement d'attroupement
» civique, il faut qu'un de nous se dévoue et monte sur
» une table pour haranguer le peuple. »—« Montez-y! »
» — « J'y consens. Aussitôt je fus plutôt porté sur la
» table que je n'y montai. A peine y étais-je, que je
» me vis entouré d'une foule immense. Voici ma courte
» harangue, que je n'oublierai jamais :

« Citoyens, il n'y a pas un moment à perdre. J'arrive
» de Versailles. M. Necker est renvoyé : ce renvoi est
» le tocsin d'une Saint-Barthélemy de patriotes : ce soir
» tous les bataillons suisses et allemands sortiront du
» Champ-de-Mars pour nous égorger; il ne nous reste
» qu'une ressource, c'est de courir aux armes et de
» prendre des cocardes pour nous reconnaître. »

» J'avais les larmes aux yeux, et je parlais avec une
» action que je ne pourrais ni retrouver ni peindre. Ma
» motion fut reçue avec des applaudissements infinis.
» Je continuai : « Quelle couleur voulez-vous? » Quel-
» qu'un s'écria : « Choisissez. » — « Voulez-vous le
» vert, couleur de l'espérance, ou le bleu Cincinnatus,
» couleur de la liberté d'Amérique et de la démocra-
» tie? » Des voix s'élevèrent : « Le vert, couleur de l'es-
» pérance! » Alors je m'écriai : « Amis! le signal est
» donné. Voici les espions et les satellites de la police
» qui me regardent en face. Je ne tomberai pas du
» moins vivant entre leurs mains. » Puis, tirant deux
» pistolets de ma poche, je dis : « Que tous les citoyens
» m'imitent! » Je descendis étouffé d'embrassements;

» les uns me serraient contre leur cœur, d'autres me
» baignaient de leurs larmes : un citoyen de Toulouse,
» craignant pour mes jours, ne voulut jamais m'aban-
» donner. Cependant, on m'avait apporté un ruban
» vert ; j'en mis le premier à mon chapeau, et j'en dis-
» tribuai à ceux qui m'environnaient. Mais un préjugé
» populaire s'étant élevé contre la couleur verte, on lui
» substitua les trois couleurs, qui furent alors procla-
» mées comme les couleurs nationales. »

Le surlendemain de cette scène, la Bastille s'écrou-
lait.

Mais il nous faut rentrer dans le Palais-Royal pour
enregistrer d'autres faits. Le 9 janvier 1792, Louis-
Philippe-Joseph d'Orléans, pressé par ses créanciers,
signait un concordat par lequel il s'engageait à faire
vendre à leur profit ceux de ses biens dont l'aliénation
serait jugée nécessaire pour effectuer le rembourse-
ment intégral de leurs créances.

Nous ne suivrons pas le prince au milieu du tourbil-
lon dans lequel son ambition l'avait jeté. Il siégeait
dans cette terrible Assemblée qui n'accordait ni trève
ni merci. La noblesse de son nom d'Orléans pouvant
nuire au tribun qui allait juger son Roi, Louis-Philippe
Joseph en réclama le changement.

« Séance du 15 septembre 1792. — Sur la demande
» de Louis-Philippe-Joseph, prince français ; le procu-
» reur de la Commune entendu ; le Conseil général ar-
» rête : 1° Louis-Philippe-Joseph et sa postérité por-
» teront désormais pour nom de famille *Égalité* ; 2° le
» jardin connu jusqu'à présent sous le nom de Palais-

» Royal s'appellera désormais *Jardin de la Révolu-*
» *tion;* 3° Louis-Philippe-Joseph Égalité est autorisé
» à faire faire, soit sur les registres publics, soit dans
» les actes notariés, mention du présent arrêté; 4° le
» présent arrêté sera imprimé et affiché. » (Extrait des
registres de la Commune.)

Le 16 janvier 1793, la Convention s'était réunie pour
décider du sort de Louis XVI. Il était sept heures et
demie du soir. Chaque député dont le nom sortait de
l'urne montait à la tribune et proclamait à haute voix
son vote, que les spectateurs accueillaient avec des applaudissements ou insultaient par des imprécations.
A l'appel du nom de Louis-Philippe-Joseph Égalité, un
profond silence règne aussitôt dans l'Assemblée. L'ancien duc d'Orléans se lève, traverse la salle, monte à
la tribune et laisse tomber lentement ces deux mots : *la
mort !*

Le 6 novembre suivant, une charrette conduisait un
condamné au supplice. Arrivée devant la façade du
Palais-Royal, la charrette s'arrêta, et le patient promena
ses regards sur l'édifice; quelques minutes après, la
voiture continua sa route jusqu'à la place de la Révolution. L'échafaud venait d'être dressé; le duc d'Orléans y monta d'un pas ferme et reçut le coup mortel.

Le Palais-Royal fut alors réuni au domaine national,
puis envahi par une race de bohémiens qui entamèrent
les murailles pour élargir les fenêtres ou percer des
portes.

Napoléon donna le Palais-Royal au Tribunat pour
en faire le lieu de ses séances. A cet effet, M. Beaumont

construisit une salle qui plus tard servit de chapelle. Après la dissolution du Tribunat, le Palais-Royal fut réuni au domaine extraordinaire de la Couronne.

« En 1814, dit M. Vatout, auquel on doit un travail remarquable sur *les Résidences royales*, un auguste exilé revient dans sa patrie ; il se présente seul et sans se faire connaître au Palais-Royal. Le suisse, qui portait encore la livrée impériale, ne voulait pas le laisser entrer ; il insiste, il passe, il s'incline, il baise avec respect les marches du grand escalier... C'était l'héritier des ducs d'Orléans qui rentrait dans le palais de ses pères ! »

Pendant les *Cent-Jours*, cette habitation fut occupée par le prince Lucien Bonaparte, qui ne changea rien aux dispositions que son prédécesseur avait prises.

Depuis le commencement de la révolution, le Palais-Royal était devenu le grand bazar parisien. Cet édifice, regardé comme le temple du goût et de la mode, attirait à lui tous les provinciaux qui venaient visiter la capitale. C'était un harem toujours peuplé, toujours ouvert. Les Galeries de Bois, bordées de nombreuses boutiques de marchandes de modes, devenaient le lieu de prédilection des promeneurs du soir, qui s'entassaient dans cet espace étroit et malsain.

Au mois de mai 1830, Louis-Philippe, duc d'Orléans, donna dans son palais une fête à l'occasion de la présence du roi de Naples à Paris ; Charles X y assistait. Des scènes de désordre eurent lieu dans le jardin, et une certaine agitation, signe précurseur de graves événements, régnait dans les esprits. « C'est une fête ma-

» gnifique et tout à fait napolitaine, dit M. de Sal-
» vandy ; *nous dansons sur un volcan.* » — Un mois
après, la révolution éclatait. Le 26 juillet, des groupes
nombreux se formèrent au Palais-Royal ; enfin, le 1er
août, la Commission municipale, présidée par le général La Fayette, vint offrir au duc d'Orléans le titre de
lieutenant général, qu'il échangea bientôt contre celui
de roi des Français. Peu de temps après son élévation,
le nouveau roi quittait le Palais-Royal pour aller habiter les Tuileries. — Le Palais-Royal est aujourd'hui
la demeure du prince Napoléon, cousin de l'Empereur
actuel.

En quelques pages nous avons fait l'histoire du Palais-Royal.

Les hommes dont l'âge dépasse la quarantaine, ont
vu dans leur jeunesse cette demeure luxueuse, animée, pimpante; ils la retrouvent aujourd'hui chagrine,
ennuyée, morte.

En remontant un demi-siècle à peine, c'était un
grand bazar où scintillaient à profusion les diamants
les plus riches, où chatoyaient les étoffes les plus rares, où brillaient les femmes les plus belles et les moins
vertueuses. Ces dernières étaient si bien parées, qu'un
innocent les eût prises pour des reines. Elles se ven-
daient moins cher que les diamants et les étoffes; nos
pères savaient à quoi s'en tenir.

Aujourd'hui, la prostitution se donne les airs can-
dides de l'innocence, de la vertu, et chercherait à faire
concurrence aux rosières de Nanterre, si ces dernières
étaient encore de mode. *Les filles folles* d'autrefois ont

l'air de filles sages maintenant. Elles copient la mise, le maintien, le regard des femmes honnêtes, des demoiselles de bonne maison.

Ce ne sont pas seulement les provinciaux et les échappés de collége qui s'y laissent prendre, mais bien dûment et encore le Parisien, ce peuple le plus fûté de l'univers.

Autrefois, il y avait des maisons de débauche, des lupanars qu'on trouvait bien vite à certains signes apparents. Aujourd'hui, les trois quarts des filles publiques ont leur domicile et font un commerce clandestin de leurs charmes non contrôlés par la police.

Celles qui sont enrégimentées, sont cruellement exploitées par des matrones qui leur louent au poids de l'or jusqu'au vêtement qui couvre ces malheureuses. Les matrones font signer à leurs pensionnaires des engagements qui les retiennent pour toujours empêtrées dans la fange.

Quand une fille non cloîtrée a passé l'âge de plaire et qu'elle ne peut plus se vendre même à l'étranger, comme se débitent nos vieux rubans et les articles de Paris qui ont passé de mode; elle fonde, avec ses capitaux, une maison de prostitution pour son compte.

Alors, elle se venge à son tour de la tyrannie qu'elle a subie et rançonne impitoyablement les pauvres filles que la misère lui jette en pâture.

Souvent lorsqu'elle a tiré de bonnes plumes des jeunes libertins et des vieillards plus débauchés encore, elle entreprend une autre spéculation qui est le couronnement de sa vie, elle se marie et se retire avec son époux en province. Là, le couple fait grande figure; le mari est parfois conseiller municipal et la femme dame de charité.

Sans doute, dans une grande capitale comme Paris, la prostitution est un mal nécessaire qui devient la sauvegarde de nos femmes et de nos filles.

Cette terre, sur laquelle se dressent, se marient les fleurs les plus rares et les plus belles, aux plus suaves parfums, n'a-t-elle pas été couverte d'un fumier tout noir et empuanti ?

Mais il faut à Paris que la prostitution se reconnaisse facilement, qu'elle ait ses maisons, ses indications apparentes, afin d'éviter des erreurs, des déceptions dont la santé publique serait infailliblement victime.

Le Palais-Royal a perdu lorsqu'on a chassé de ses murs ses filles de joie; il semble regretter aussi ses loteries et ses maisons de jeu qui lui faisaient encaisser tant de louis d'or.

Les loteries dites aujourd'hui de bienfaisance comme celles du lingot d'or et autres, ne sont-elles pas plus pernicieuses pour les classes laborieuses que les loteries d'autrefois ? Les nouvelles surexcitent d'une manière plus fâcheuse encore la passion fiévreuse de nos ouvriers et artisans. L'argent qu'on en tirait anciennement était mieux employé que les sommes qu'elles produisent maintenant. Il y avait en plus un contrôle plus efficace dans le passé qu'à notre époque.

Quant à la fermeture des grandes maisons de jeu, n'a-t-elle pas eu pour résultat d'enlever à Paris des sommes considérables ? La ferme-régie des jeux produisait annuellement à la Ville de Paris plusieurs millions consacrés à des établissements de bienfaisance, à des améliorations saintement utiles.

Si nos administrateurs regardent avec raison la prostitution comme un mal nécessaire, les anciennes maisons de jeux n'étaient-elles pas dans cette triste catégorie mais singulièrement plus lucratives dans l'intérêt des classes pauvres?

Les riches étrangers, les grands seigneurs ont-ils été moralisés par la fermeture des maisons de jeu de Paris? Ils sont allés semer sur les tapis verts de l'Allemagne l'or qu'ils laissaient dans nos murs.

En diminuant les ressources de la Ville de Paris, la suppression des maisons de jeu a-t-elle été bien réellement profitable à la morale publique? Aux établissements reconnus, surveillés par l'autorité ont succédé les maisons clandestines, les souricières où viennent se prendre les étrangers et les jeunes gens. Quand l'œil de la police finit par découvrir une de ces maisons, et d'ordinaire ce n'est qu'une maison borgne, on la ferme. Mais n'existe-t-il pas dans Paris de ces maisons luxueuses, hantées richement, qui possèdent le privilége de l'impunité? Mieux valait, selon nous, l'existence reconnue, avouée, surveillée des anciens établissements. Ce qu'il y avait à faire, c'était de les rendre impossibles aux jeunes gens de famille. Quant aux hommes d'un âge mûr qui sont possédés de la funeste passion du jeu, la guérison n'est pas possible; ils vont se ruiner à la Bourse aujourd'hui au lieu de se ruiner comme autrefois au Palais-Royal.

La Bourse est un gouffre qui dévore bien d'autres existences et plus gloutonnement que les anciennes maisons de jeu où les seules mises considérables qui ne fussent pas surveillées et qui se répétaient, provenaient de riches étrangers dont les fortunes étaient inépuisables.

La décadence du Palais-Royal tient aussi à une autre métamorphose, mais au moins celle-là est réellement un bonheur. A 300 mètres de l'ancienne demeure du Cardinal de Richelieu, existe une promenade bien plus gaie, plus amusante et plus variée que les arcades et le jardin du Palais-Royal; — il s'agit des boulevards.

Là, on respire à l'aise, les yeux sont charmés; c'est un panorama mouvant qui plaît aux Parisiens, et dont les étrangers raffolent.

Le boulevard des Italiens ne ressemble pas le moins du monde au boulevard de Beaumarchais, et le boulevard du Temple, avant qu'on l'eût défiguré, possédait une de ces franches et robustes beautés qui dans son sens populaire valait au moins la grandeur et la magnificence du boulevard de la Madeleine.

Les voies de création moderne ont certainement leur utilité, mais ce sont de larges rues, voilà tout. Elles vous fatiguent et vous ennuient avec leurs deux lignes de maisons froidement parallèles.

Le boulevard de Sébastopol, par exemple, sur la rive droite, voit une partie de ses magasins dont la fermeture, à la nuit tombante, laisse une partie de la voie dans l'obscurité.

Ces magasins sont occupés par les marchands en gros échappés des rues Saint-Denis et Saint-Martin.

Les anciens remparts devenus boulevards, resplendissent encore plus la nuit que le jour ; on fréquente les voies nouvelles pour affaires, on va sur les boulevards pour se promener.

Sa Majesté Louis XIV avait donc grandement raison de dire : « La mesure administrative la plus profitable à Paris, sous mon règne, est sans contredit la transformation des anciens remparts en boulevards ; dans un siècle ou deux ils constitueront la plus belle promenade du monde.»

Louis Lazare.

LE QUAI DE LA GRÈVE

(Voir le plan dans ce Numéro.)

Une observation des plus sérieuses que le public adresse souvent à l'Administration municipale, c'est de ne jamais achever complétement et d'un seul coup les améliorations ou les créations qu'elle entreprend.

Lorsque nos Édiles ont arrêté la reconstruction du pont Louis-Philippe, lorsqu'ils ont pratiqué dans l'île Saint-Louis l'ouverture en prolongement de ce pont, il était bien facile de se rendre compte des suites de ces travaux et des dépenses complémentaires qu'elles entraîneraient.

Le plan officiel leur avait sans doute indiqué de la

manière la plus claire, la surélévation du sol du quai de la Grève, et comme conséquence forcée, le barrage en face des propriétés situées dans le voisinage et à la descente du pont sur la rive droite.

En ce qui concerne la trouée pratiquée dans l'île Saint-Louis, on savait parfaitement qu'elle laisserait debout plusieurs maisons formant quille et de l'effet le plus déplorable et le plus disgracieux.

De toute nécessité, il faudra jeter par terre ces quelques propriétés et former sur leur emplacement un square qu'on devrait décorer de la statue de saint Louis.

Ce bouquet de verdure, cette image d'un Roi qui fut à la fois un héros, un législateur et un saint, compléteraient de la façon la plus heureuse la perspective de ce quai qui contourne de ce côté, en suivant le cours du fleuve.

La question relative à la surélévation du sol du quai de la Grève est d'une tout autre gravité, ainsi que l'explique parfaitement et géométriquement le plan annexé à cette livraison.

Nous croyons aussi ne pouvoir mieux faire dans l'intérêt des riverains, ou mieux des victimes de ce barrage, que de reproduire la pétition qu'ils ont adressée tout récemment au chef de l'État.

La voici textuellement :

A Sa Majesté l'Empereur Napoléon III

SIRE,

Dans les courts instants que lui laissent les grands

intérêts de l'État qu'elle sauvegarde si noblement, Votre Majesté se plaît à s'occuper de la splendeur et de l'assainissement de sa Capitale.

Mais si désireux que vous soyez, Sire, de voir s'opérer sous votre règne cette transformation de Paris, votre cœur répugnerait à ce résultat, s'il fallait l'obtenir aux dépens du bien-être et de la sécurité des familles.

Votre Majesté entend que chaque création se réalise sans qu'elle cause de regrets, sans qu'elle impose de sacrifices.

Malheureusement, Sire, vos nobles intentions ne sont pas toujours remplies avec le respect et le dévouement qu'elles méritent; aussi, les soussignés, pour se préserver d'une ruine certaine, ont-ils recours à l'intervention tutélaire de Votre Majesté.

Un décret Impérial a prescrit, il y a quelques années, la reconstruction du pont Louis-Philippe.

Par suite de cette reconstruction, il a fallu surélever le sol d'une partie du quai de la Grève, pour le mettre de niveau avec celui du pont.

Cette surélévation, voici le mal qu'elle nous a causé :

Les rez-de-chaussée de nos maisons se trouvant en contre-bas, nos magasins ont cessé d'être de plain-pied avec la voie publique.

Pour empêcher les passants de tomber dans le talus que l'exhaussement du sol avait produit, on a posé une balustrade qui, nous isolant du quai, nous bloque dans nos magasins.

Depuis ce barrage, nos propriétés sont dépréciées,

nos industries paralysées, le commerce souffre et se meurt.

Sire, nous sommes pour la plupart de petits propriétaires, de modestes commerçants. Nous avions amassé lentement, bien lentement quelques économies qui assuraient le pain de nos enfants et nous promettaient le repos, après de longues années de labeur.

Pour nous maintenir, pour faire face au préjudice que nous causait la diminution des affaires, par l'effet de ce barrage repoussant de nos maisons les acheteurs, nos petites économies ont été dépensées.

Maintenant, c'est une perte de chaque jour, un sacrifice de chaque instant, et pour terme la ruine de nos établissements.

Déjà, plusieurs d'entre nous ont succombé. Sommes-nous condamnés tous à la misère ?

Non, Sire, Votre Majesté ne le souffrira pas.

Ces belles et grandes créations qui recommanderont un jour le nom de Votre Majesté au souvenir reconnaissant de l'histoire, en seraient défigurées et amoindries au regard de Dieu, si elles se produisaient au détriment des lois, sans réparation pour des préjudices réels, sans adoucissement pour des souffrances imméritées.

Quand parfois et bien rarement nos vieux et dignes Échevins commettaient une erreur ou causaient un préjudice, nos braves aïeux les enfants de Paris, disaient : Si le Roi notre père le savait !

Sire, vous êtes instruit.

Que Votre Majesté, en se rendant au bois de Vincennes, daigne s'arrêter un instant au quai de la Grève, Elle verra combien notre réclamation est fondée, et justice sera faite.

Les soussignés sont, avec le plus profond respect,

De Votre Majesté,

Les fidèles sujets.

Ont signé :

Girard, marchand de sels, quai de la Grève, 12.

Boiteux, marchand d'ustensiles de pêche, quai de la Grève, 6.

Solenge, marchând de vins, quai de la Grève, 2 et 4.

Claveau, cordonnier, quai de la Grève, 10.

Séguin, huissier, quai de la Grève, 10.

Labitte, marchand de vins, rue du Pont-Louis-Philippe, 2.

Planche, quai de la Grève, 28.

Cotteret, liquoriste, quai de la Grève, 22.

Benoît, marchand de vins, quai de la Grève, 32.

Cramm, chapelier, quai de la Grève, 24.

Damonville, quincaillier, quai de la Grève, 36 et 38.

Reignaud, marchand d'habits, quai de la Grève, 26.

Lefranc, chapelier, quai de la Grève, 8.

Huit jours après avoir adressé cette supplique à Sa Majesté, l'un des pétitionnaires, M. Girard, recevait, le 1ᵉʳ juin dernier, une réponse qui annonçait que la requête en question avait été renvoyée par ordre de Sa Majesté à M. le Préfet de la Seine pour information.

L'humanité du Magistrat fera sans doute cesser une situation qui est ruineuse pour les commerçants dont les modestes établissements bordent cette partie du quai de la Grève, à la descente du pont Louis-Philippe.

Qu'une enquête soit faite au plus tôt au sujet de ce barrage, et l'administration se rendra compte des souffrances endurées déjà par de braves gens ; ces souffrances sont si cruelles, qu'en se prolongeant ce serait le manque de pain, la misère pour plusieurs familles dont les établissements prospéraient avant la surélévation du sol du quai de la Grève.

Louis Lazare.

LES ABORDS DES HALLES

(Voir dans cette livraison le plan d'ensemble.)

De nombreuses réclamations nous sont adressées depuis plusieurs mois surtout, au sujet de l'encombrement dont souffrent les voies publiques aux abords des Halles.

Ces réclamations devaient être pour nous le sujet de sérieuses études après lesquelles nous avons rédigé un travail complet sur cette question.

Ce travail allait être publié dans ce volume; mais les articles déjà commencés, et qu'il importait de ne pas laisser en suspens, nous ont forcé à leur accorder une priorité justement motivée.

Notre travail sur les Halles Centrales ne peut donc paraître que dans le 4ᵉ volume de notre Collection Municipale.

Toutefois, nous n'avons pas voulu ajourner la publication du plan d'ensemble, que nos lecteurs consulteront avec fruit, en attendant la rédaction qui doit l'accompagner.

Ce plan ne contient que des voies officiellement arrêtées, et dont l'exécution ferait cesser les encombrements dont le public se plaint si justement, parce qu'ils sont les causes parfois d'accidents très-graves, souvent mortels.

Le soin que nous avons apporté dans la réduction de ce plan et dans l'agencement des voies publiques composant le périmètre des grandes Halles de Paris, témoignera de notre désir d'imprimer à notre publication un caractère sérieux d'utilité publique de nature à lui concilier les sympathies de nos lecteurs.

Louis Lazare.

DICTIONNAIRE DES RUES ET MONUMENTS DE PARIS

DE MM. LAZARE FRÈRES.

Nos lecteurs nous demandent pourquoi nous ne publions pas la 3ᵉ édition de cet ouvrage ? La raison en est simple : l'Administration municipale n'a pas encore appliqué le travail sur la nouvelle nomenclature des voies publiques de Paris.

Néanmoins, nous avons cru devoir nous préparer depuis plusieurs mois, et dès que les changements auront été sanctionnés par l'autorité supérieure, la publication de notre Dictionnaire commencera.

Toutefois, notre prospectus paraîtra dans la prochaine livraison, en indiquant les améliorations que nous avons cru devoir introduire dans une œuvre que l'Administration municipale a déjà récompensée deux fois.

Louis Lazare.

EXPROPRIATIONS POUR CAUSE D'UTILITÉ PUBLIQUE.

PROLONGEMENT DE LA RUE DE LA FAYETTE

(Partie comprise entre les rues Montholon et du Faubourg-Montmartre.)

Tableau des Offres, Demandes et Allocations.

Rue Montholon, 19, et rue Ribouté, 9, dame Juglar et consorts, propriétaire, offre acceptée, 335,000 fr. Vialfont et Forster, marchand de vins, locat., bail 9

ans à raison de 1,600 fr. par an, Offre 20,000; Demande 75,000 ; Allocation 30,000. Dame Molet, blanchisseuse, bail 6 ans, 1,000 fr. O. 2,000; D. 16,000; A. 4,000. Woirin, tailleur, bail 5 ans, 1,000. O. 2,000; D. 15,000; A. 5,000. Merlet, coiffeur, bail 6 ans, 1,000. O. 2,000 ; D. 18,500; A. 6,000. Duguet, fruitier, bail 6 ans, 1,000. O. 3,000; D. 26,400; A. 5,000.

Rue Ribouté, 7, époux Popelin, prop., offre acceptée 110,000. Noël, marchand de meubles, loc., bail 1 an 9 mois, 600. O. 1,500; D. 22,000; A. 5,000. Costille, fruitier, bail 1 an 9 m. 490. O. 1,200; D. 12,000; A. 3,000.

Rue Montholon, 21, Marquet, prop., offre acceptée, 710,000. Marquet, déplacement, locat., offre acceptée, 10,000. Guéret, miroitier, bail 6 ans, 2,400. O. 8,000; D. 69,000; A. 8,000. Lachassine, marchand de vins, bail 6 ans 6 m. 2,700. O. 8,000; D. 47,500; A. 20,000. Tissier, atelier de peintre, 1,600. O. 800; D. 10,000; A. 3,000. Dame Tissier, logement, 600. O. 300.

Rue Montholon, 23, époux Letellier, propriétaire, O. 115,000; D. 275,000; A. 210,000. Lecerf, fabric. de fourneaux, locataire, bail 1 an 9 mois, 3,200. O. 9,000; D. 60,000; A. 35,000. Michaux, charbonnier, bail 1 an 9 mois, 1,500. O. 3,000; D. 19,500; A. 8,000. Gargaut, serrurier, 1,500. O. 3,000; D. 31,000; A. 5,000. Lunel, marchand de beurre, bail 1 an 9 mois, 600. O. 2,500; D. 13,000; A. 4,000. Verron, soudeur de métaux, bail 1 an 9 mois, 350. O. 1,500, D. 10,000; A. 2,500.

Rue Montholon, 25, veuve Desfontaines, propriét.,

O. 142,000 fr. partie, D. 362,500; A. 240,000. Robot, locat., O. 1,200; D. 14,163; A. 2,500.

Rue Montholon, 27, sieur Thibaut et consorts, offre acceptée, 230,000. Pampin, cordonnier, bail 8 ans 3 mois, 1,000. O. 500; D. 31,100; A. 8,000. Siméon, O. 1,200; D. 12,000; A. 5,000.

Rue Montholon, 29, veuve Lhomme, offre acceptée, 200,000. Jacquart, mercier, locat., bail 2 ans 3 mois, 700. O. 2,000; D. 13,500; A. 5,000. Foin, O. 680; D. 14,600; A. 2,000.

Rue Montholon, 31, dame Siméon, prop., offre acceptée, 240,000. Debourg, locat., O. 500; D. 2,600; A. 1,000. Méron, O. 3,000; D. 24,000; A. 3,500.

Rue Montholon, 33, époux Payn, prop., O. 20,000; partie expropriation totale. Paillot, bandagiste, locat., bail 6 ans 3 mois, O. 7,000; D. 30,400; A. 12,000.

Rue Bleue, 18, époux Bletry, O. 20 fr. partie traité.

Rue Bleue, 20, Saussine, propriét., O. 180,000; D. 422,000; A. 310,000.

Rue Bleue, 22, veuve Prévost, prop., offre acceptée, 200,000. Munier, locat., O. 1,500; D. 7,500; A. 4,000.

Rue Bleue, 24, dame Delamarre et consorts, prop., O. 160,000; D. 292,000; A. 210,000. Thuillier, princ. locat., bail 1 an 3 mois, 2,400. O. 1,000; D. 1,925; A. 1,200. Ganneron, instituteur, bail 12 ans, 1,398. O. 18,000; D. 77,000; A. 40,000. Joannès, appartement, bail 5 ans, 1,500. O. 750; D. 8,000; A. 3,000. Champelot, parfumeur, bail 1 an 3 mois, 1,250. O. 3,000; D. 25,000; A. 5,000. Parmentier, O. 300; D. 10,000; A. 1,500.

Rue Bleue, 26, époux Dupré, prop., O. 300,000; D. 567,000; A. 360,000. Neveux, traiteur, locat., bail 1 an 3 mois, 750. O. 2,000; D. 18,495; A. 5,000. Dame Lavocat, lingère, bail 1 an, 590. O. 2,000; D. 12,120; A. 4;000. Meunier, vins en bouteilles, 929. O. 2,500; D. 24,000; A. 6,000. Langoisseur, appartement, bail 3 ans 9 mois, 700. O. 700; D. 7,000; O. 1,500.

Rue Bleue, 30, veuve Simon, usufruitière, dame Deschets, nu propriétaire, O. 290,000; D. 433,000; A. 325,000. Benoît, crémier, locat., bail 3 ans 9 mois, 800. O. 3,000; D. 13,000; A. 7,000. Druesne, cordonnier, bail 4 ans, 800. O 3,000; D. 18,000; A. 4,000.

Rue Bleue, 32, Angar, prop., O. 240,000; D. 355,000; A. 290,000. Demotte et Gœscels, poêliers fumistes, locat., bail 5 ans, 1,100. O. 6,000; D. 62,100; A. 18,000. Société d'Assurances, O. 5,000; D. 90,496 80; A. 20,000.

Rue Bleue, 34, veuve Vallée et consorts, propriét., O. 240,000; D. 403,000; A. 325,000. Abadie, blanchisseur, locat., bail 2 ans 9 mois, 1,500. O. 3,000; D. 30,200; A. 8,000. Bidder, 800. O. 400; D. 4,000; A. 1,800. Chabrier, appartement, bail 1 an 9 mois, 1,570. O. 785; D. 578,640; A. 3,000. Demoiselle Beer, appartement, bail 3 mois, 500. Offre acceptée, 250. Blolet, O. 150; D. 225; A. 225. Demoiselle Munblée, O. 150; D. 6,000; A. 300.

(Sera continué dans le 4° volume.)

TABLE DES MATIÈRES

TROISIÈME VOLUME

TABLE DES MATIÈRES.

Paris. — Typ. Morris et Comp., rue Amelot, 64

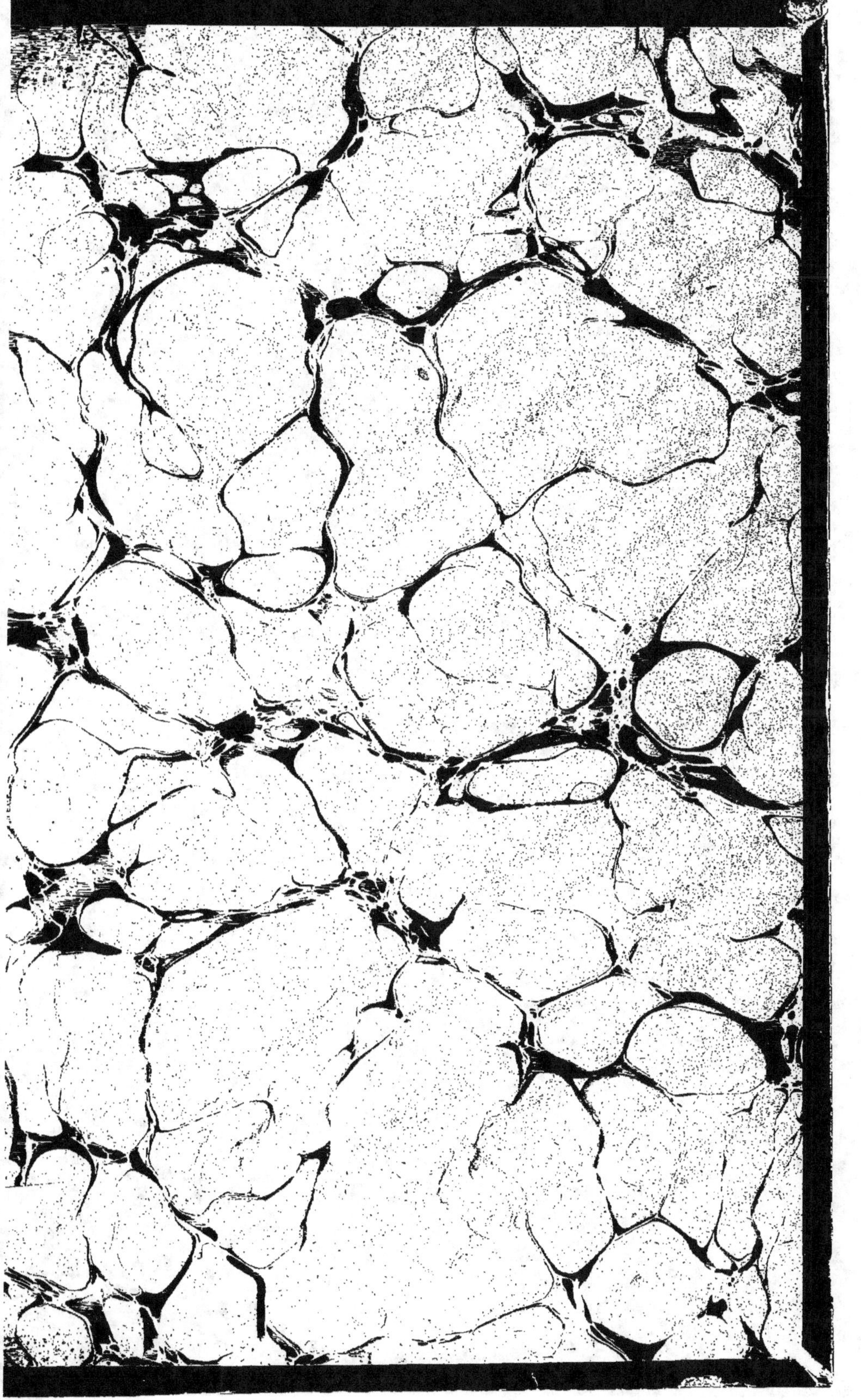